普通人如何做小红书

琳达不呆 著

·长沙·

©中南博集天卷文化传媒有限公司。本书版权受法律保护。未经权利人许可，任何人不得以任何方式使用本书包括正文、插图、封面、版式等任何部分内容，违者将受到法律制裁。

图书在版编目（CIP）数据

普通人如何做小红书 / 琳达不呆著 . -- 长沙：湖南文艺出版社，2025.7. -- ISBN 978-7-5726-2486-5

Ⅰ . F713.365.2

中国国家版本馆 CIP 数据核字第 202590G2J6 号

上架建议：管理·市场营销

PUTONGREN RUHE ZUO XIAOHONGSHU

普通人如何做小红书

著　　者：琳达不呆
出 版 人：陈新文
责任编辑：何　莹
监　　制：张微微
策划编辑：阿　梨
特约编辑：紫　盈
营销编辑：王　睿
装帧设计：潘雪琴
出　　版：湖南文艺出版社
　　　　　（长沙市雨花区东二环一段 508 号　邮编：410014）
网　　址：www.hnwy.net
印　　刷：北京天宇万达印刷有限公司
经　　销：新华书店
开　　本：875 mm×1230 mm　1/32
字　　数：314 千字
印　　张：10.625
版　　次：2025 年 7 月第 1 版
印　　次：2025 年 7 月第 1 次印刷
书　　号：ISBN 978-7-5726-2486-5
定　　价：56.00 元

若有质量问题，请致电质量监督电话：010-59096394
团购电话：010-59320018

推荐序

对我来说，一本好书必须具备两个条件，才值得我去读。

一是作者获得了不凡的成就，二是作者是普通人出身，没有资源或是上天赏饭吃的天赋。

如果不满足第二个条件，图书也会畅销。因为人们想要了解那些人，那些有着绝妙的外在的人，那些有着超凡的头脑的人。人们读这种书时像在看戏，而我却不愿意读。因为我学不会，也不想学。

如果不满足第一个条件，哗众取宠的图书也有可能畅销。毕竟，干货太干，在这样一个快节奏的时代，我们都渴望易消化的内容。但读这样的书，我又觉得浪费时间，而我们的内心深处，又都是一个个渴望成功的人（尽管我们不允许由数字来定义什么是成功）。

赞同我所说的这个观点的人，不妨继续往下读。

现在请你闭上眼睛，想想你每天刷的小红书，那么多人，那么多号，那么多笔记，是不是大部分都属于以上两种：要么太普通了，要么"臣妾做不到"。平凡而又踏实地做出卓越成绩的人，到底在哪里？

而在我认识的人中，琳达正是取得了这种成绩的最佳范例。认识琳达不知不觉就很多年了。她给我最大的感觉就是真诚、理性、从容。

有的人有100说1000，有的人有100说100，有的人有100说不出50来。琳达呢，她大概是有100说95的人（剩下的5%并非保留私货，而是她觉得那是还在总结、仍需打磨的部分）。

正因为如此，我才很享受我们的每一次交流。每当我们聊到各自熟悉的领域，都感受不到时间的流逝，打电话打到手臂发麻，见面聊到咖啡馆打烊。

记得有一次，她很正式地说要采访我，为此来到我的办公室，支起了各类专业设备。结果呢，因为我们聊得太投入了，设备忘记打开了。几个小时的精彩聊天，只做了几秒钟的内容。

小红书上最常见的现象之一，就是只有做自己的人才能成功。而大多数人首先想到的是模仿别人，别人的笔记几万个赞，而你模仿后却只有20个赞。然后就这样，一次又一次重拾信心，一次又一次栽进同一个坑里。

直到有一天，如果你的福报足够的话，你拍案而起："'老娘'不学了！'老娘'想怎么说就怎么说！"那一天你就火了。

别误会，这不是人们喜欢粗俗，这是人们喜欢真正的你。

所以琳达才说，小红书不只是一个平台，它更像一面镜子：照见你的优势，也映出你的胆怯和迟疑。

收到本书书稿的那天夜里，我一口气翻完整本，合上封面时脑中只有一句话：这是一本读完就想立刻动手实践的书。

这不是一本堆砌行业话术的教科书，而是一位良师益友用心打磨的行动指南。通篇读下来，我不只是看到选题、文案、封面、变现等"技术面"，更看到她如何把自信与耐心注入整个流程，让普通人得以持续产出有价值的内容，而不被瞬息万变的流量牵着走。

坦白地说，我觉得书名有点保守，若换作我，会叫《普通人如何在小红书上找到自信》。琳达老师正在做一件很伟大的事，就是教你如何在做自己的同时有流量。只要你肯踏出一步，平台就会回报给你真实的反馈，这远比你自己瞎想有价值得多。这份"把信心还给创作者"的力量，正是当下最稀缺的资产。

所以，若你已经打开这本书，请别再犹豫。选一个你最有共鸣的章节，立刻行动：写下一句有趣的话、拍下一个随意的15秒视频，或是静心做一次深度复盘。当你真正上手，会发现琳达的每一句话都在你身后推你一把，而这本书，以及你即将亲身验证的结果，将成为支撑你一路前行的底气。

完美不是头脑中的一道闪电，而是你自己一点点打磨出来的。祝你在小红书的旅程中，找到属于自己的节奏。

我们平台见！

Xmind创始人 孙方（园长）

2025年5月

目录 CONTENTS

写在前面 /001

第一部分：知彼知己

第一章 为什么要做小红书？我们已在浪潮之巅

我的故事 /009

他们的故事 /010

现在做小红书，晚了吗？ /012

3 分钟了解小红书 /016

做博主最重要的 7 件事 /021

新人最焦虑的 9 个问题 /027

如何使用这本书？ /028

第二章 选好赛道，让创作事半功倍

小红书热门赛道 /030

小红书账号的两种类型 /037

只用两张图，找到真正适合你的赛道 /044

3 分钟写好个人简介 /068

如何找对标账号？同行是最好的老师 /073

聊聊差异化——创新比你想象的更简单 /083

热度最高的 5 个赛道问题：焦虑？没必要！ /085

第二部分：
爆款笔记创作全攻略

第三章　重新认识小红书笔记，出爆款真的有规律

打假！这些推荐机制可能是错的！ /095

小红书笔记 5 要素 /099

小红书笔记只有 2 类 /100

第四章　选题篇：好的选题是成功的一半

什么是选题？ /109

如何积累爆款选题？5 招解决"不知道发什么"！ /111

如何创造爆款选题？3 招，把灵感变成爆款！ /115

制作笔记选题库：记忆靠不住，还是得记录！ /120

第五章　文案篇：
　　　　　爆款的灵魂是文案

什么是文案？文案，比你想象的更多元！ /123
10 类爆款开头：好的开头是成功的一半 /126
5 种爆款文案结构：爆文有"套路"！ /139
避雷！你一定踩过的 8 个文案雷区 /168
搭建素材库：爆款文案背后的秘密 /176

第六章　标题封面篇：
　　　　　点击率暴涨的秘密

如何写出让人忍不住点击的标题？ /182
如何做出瞬间抓人眼球的封面？ /196

第七章　视频拍摄篇：
　　　　　零基础也能做出涨粉爆款视频！

手机真的够了吗？揭秘大博主的秘密武器 /216
5 个拍摄前要注意的事项——每个博主都踩过的坑 /218
拍摄脚本怎么写？不做无用功，拍摄效率噌噌涨！ /222
视频的 6 个展现方式——不要只知道坐着口播了 /224
6 个技巧，提升视频表现力——从磕磕巴巴到嘻嘻哈哈 /232
视频怎么剪？加点小心机，提高视频完播率！ /239

第八章　如何复盘？偶然出爆款靠运气，持续出爆款靠复盘

如何复盘才能持续写出爆款？ /250

如何发布一篇笔记？ /256

如何规划内容发布频率？ /258

不要陷入爆款诅咒："魔鬼"有时披着爆款的外衣而来 /260

第九章　用 AI 做小红书：从灵感、文案到变现

如何将 AI 调教成比你还聪明的小红书助理？ /266

AI 创作文案 6 步法：专治没灵感和写不出！ /268

AI 制作标题和封面：点击率飙升不是梦！ /279

AI 复盘：笔记数据不好？这么改！ /281

小红书中的 AI 类账号：涨粉迅猛，变现模式多元 /284

AI 会替代创作者吗？ /284

第三部分：小红书变现

第十章　如何做一个能赚钱的小红书？

品牌合作 / 289

笔记带货 / 293

直播 / 297

小清单 / 299

开通店铺 / 300

违规了怎么办？别怕！凡困难皆有解法 / 303

第四部分：小红书新趋势

第十一章　自媒体，唯一不变的就是变化

我做小红书这 4 年 / 310

解读小红书新趋势：创作者应该怎么办？ / 312

7 块夺命暗礁：永远别去这些地方！ / 319

结尾：真正的力量始终在你手里 / 325

写在前面

想做成一件事有两种方法，一种是靠自己摸索，另一种是学习成事者的经验。

刚做小红书时，我的方法是前者。当我误打误撞进入这个平台时，它远没有现在这么有名气，我父母根本就没有听说过它。没有经验，没有教程，我必须在黑暗中前行。

天知道我走了多少弯路。

你们犯的所有"错"我几乎都犯过。比如废话连篇，比如"自嗨"，比如没有选题思维，比如由着自己的性子来，比如觉得自己什么都能做可一旦实践又发现什么都做不好，比如一连好几篇笔记数据惨淡，比如更新很久粉丝量却迟迟不涨，比如封面点击率惨淡，比如拿不准封面要不要加字及如何保持美感，比如拍出爆款后却发现难以持续，比如拍视频时小动作特别多，比如视频怎么都表现不自然，等等。

当时，我身边的朋友都是工科生，做着算法工程师、程序员和产品经理之类的工作，而不擅长社交的我在当时也没有什么博主朋友。唯一的伙伴是我的男友，他会认真地倾听我的想法，和我讨论，鼓励我，无条件地相信我，并尽其所能给我意见。回顾那时，我如同在黑夜中，身边闪着微弱萤火，一边跌跤，一边摸索。很多时候，我刚刚重拾希望，又陷入绝望。

天哪，我实在不忍心让任何人再经历一遍这个过程了。

如果说我人生头20年有什么优势，大概就是学习优势。在读书时，同学都叫我"学霸"（很多"学霸"可能不喜欢被这么称呼）。之所以是"学霸"，而不是"学神"，是因为我并非智商超群之人，能取得好成绩，更多靠的是努力，是摸索出了高效方法。

这份韧劲在我做小红书时帮了我。即便在看不到反馈的日子，我也没想过放弃。

小时候爸爸常对我说：方法总比困难多。

一定有办法的。

为了学习起标题和写文案，我读了市面上几乎所有畅销的文案书。为了写好广告，我又读了很多相关书籍。为了讲好一个故事，我开始读小说和小说写作工具书。为了让视频更有趣，我学习了脱口秀，也即将站上开放麦的舞台。为了平衡心态，我坚持冥想、跑步、读毛选，学哲学。

别紧张。除了平衡心态，其他都不是必选项。

我开始复盘自己的笔记，试图从中找出爆款的规律。我开始大量阅读别人的笔记，打破自己的狭隘偏见。在大量的练习和分析中，我慢慢建立了选题思维，有了对文案的感知。于是，我写出的爆款越来越多，粉丝数也从0涨到现在的80万。

我不教自己没用过的方法。换言之，本书的方法都是我用过且行之有效的。这些方法，不仅帮我持续做出爆款，也在大量学员和咨询者中得到了验证。有人因此做出万赞爆款，有人因一篇笔记涨粉过万，有人因一篇笔记获得了比以往十几篇笔记更精准的客源，等等。

学习有一定经验者的方法，一定比单靠自己摸索更快，更高效。

今天，小红书已经被大众熟知，各路技巧层出不穷。

现在的人们，面对的困境，不是方法太少，而是技巧太多。

比如，你一定看到过"一招让笔记'小眼睛'从100变10000""换个开头，笔记点赞高了100倍"之类的内容。你兴致昂扬地观看、学习（这样的标题实在是太吸引人了）。这些内容让人上头，你看得摩拳擦掌，以为从此就能永别低谷期，走上数据巅峰，成为一个靠小红书养活自己的自由职业者。

可是，当你真正去做的时候，却发现依然脑袋空空，一个字也写不出来。

倘若用《孙子兵法》来解读，以上炫目的招数可以称为"奇谋诡道"（非贬义），是一些灵活多变的小手段，属于战术层面。拿做小红书举例，就是囤积标题、掌握开头技巧、搜集涨粉话术等。

和"奇谋诡道"对应的，是"五事七计"，是踏踏实实的战前储备与敌我优势分析。同样拿做小红书举例，就是指分析自身优势、分析受众喜好、持续输出有价值的内容、复盘、保持学习和高质量输入等等。"五事七计"才属于战略层面，是打胜仗的核心。

"奇谋诡道"之所以让人兴奋，是因为它迎合了人性趋利避害、追求速成的弱点，但它不能解决根本问题。就算你掌握了100种关于标题和开头的写作技巧，只要内容空洞，也不能持续写出爆款——没有任何人是靠技巧成功的。

"五事七计"却没有那么多人喜欢。它欠缺神秘感，并且略显无聊，但这条路却是最靠谱的。小红书中也有很多笔记，没有用任何标题和开头技巧，却成了点赞数几万，甚至几十万的爆款（本书后面会举例）。

做内容4年多，我承认"奇谋诡道"完全没错，但它必须建立在"五事七计"的基础上。但在我教学的过程中，却心痛地发现，太多人追逐"奇谋诡道"，却忽视"五事七计"了。

因此在这本书中，不仅有"奇谋诡道"，帮你提升点击率，降低跳出率等，也有"五事七计"，帮你找到自己的优势，做出有价值的内容，从而持续做出爆款；帮你走出一个又一个低谷期，获得粉丝量的持续增长,成为一个稳扎稳打的博主,获得更稳定的收入——让这条路,成为一个长期的事业,而不是短期的追逐热点和流量狂欢。

如果你刚做小红书不久,没有太多粉丝,不要跳读。按顺序阅读,你一定会有深刻的收获。

如果你是已经有一定粉丝体量的博主,可以用速读和精读相互配合的方式阅读本书。对你比较熟悉的部分,可以快速浏览,详细阅读自己感兴趣或者存在"卡点"的地方。我相信,即便对成熟的内容创作者来说,本书分享的很多思路也能让你眼前一亮,获得灵感与突破点。

实不相瞒,在我遇到"卡点"时,我也会重新阅读这些内容。它们帮我突破了一个又一个瓶颈期,数次成功转型。

不过,还是有必要告诉每位读者,本书也有不适合它的受众。

如果你追求7天迅速起号,如果你想要靠抄袭别人的内容做出爆款,如果你总是在找一条捷径却不愿付出时间,如果你付出一点时间就想迅速看到效果,如果你数据一不好就埋怨限流而不是检查自己的内容,如果你认为成为一个能赚钱的博主纯粹靠运气——对不起,这本书也许并不适合你。

从自己身上找原因很难,这意味着要接受自己暂时的失败。

但做小红书必须如此。

我承认,一定有天赋异禀之人,他们能毫不费力地成为一个有几十万甚至上百万粉丝量的博主。但我并非他们中的一员,我也不认识他们中的任何一个。

幸运的因素确实存在,但幸运眷顾的永远是有准备的人。没有准备者,即便撞上运气,也会因为无法持续产出优质内容,从而昙花一现。

对一个博主来说,做出爆款没那么重要,能持续做出爆款才重要。

没有认真写过并复盘过100篇笔记,就不要埋怨幸运女神的缺席。

而当你放弃祈求幸运女神的眷顾,将心思和时间花在内容上,你会发现,幸运竟然自己找上门来了。

夜深了。办公区只剩下我和斜对角女生猛烈敲打键盘的声音。我想起刚做小红书那年，我在一篇笔记中写道：我想写一本书，在30岁之前。真巧啊，在我30岁这年，这本书出版了。

我很荣幸，在这条路上遇到了你们。没有你们，就没有现在的我。同时，要特别感谢书中所有提供案例的博主朋友，是他们优质的内容让这本书有了更鲜活的生命力。

这本书写了一年，被我反复斟酌、修改，也该收尾了。收尾不意味着结束，希望这本书，不仅是我单向输出的作品，也欢迎每个人在小红书上分享你的阅读感受、观点、带给你的成长，甚至是本书某个章节的思维导图（实在不好意思，这部分内容实在没有精力完成，偷个懒交给你们了），等等。

一本书出版后，它就属于读者了。

希望它能带你开启生命中新的一页。

琳达

2025年2月8日 于上海徐汇

小红书是一个什么样的平台?
在小红书中,我适合做什么类型的账号和内容?

第一部分

知彼知己

第一章

为什么要做小红书?
我们已在浪潮之巅

我是在4年前的一个晚上决定做小红书的。

那时我刚工作不久,并不顺心,总是加班。生活没有像我毕业时设想的那样变得越来越广阔,相反,它坍缩成2平方米的格子间,狭窄到只剩下两点一线。有一天下午,我去茶水间接完水,站在窗边向外望去。那时正值春天,树变得翠绿,叶子随风摇摆。我突然变得很难过:

"难道我的一生就要在格子间里度过,错过无数个春天吗?"

我和父母讲了自己的想法,他们说:

"大家都是这么过来的。过几年就好了。"

过几年,真的会好吗?

没多久,我旁边的一些同事陆续离开了。

裁员开始了。

我的故事

有一天,我下班回到家已经是晚上9点多了。当我把钥匙插进锁眼里的那一刻,脑子里突然有一个声音击中了我。它说:

"你还要这样生活到什么时候?如果你每天都重复着同样的生活,你怎么能期望未来会变得更好呢?"

那一刻我突然惊醒:

如果我想拥有我从未有过的东西,就必须去做我从来没做过的事。

否则，生活是永远不会变好的。

一晃4年过去了。

这4年，我从一个零基础的小白，摸爬滚打，成为一个拥有80万粉丝的博主。其间，我经历数次转型，才慢慢找到适合自己的内容和风格。做小红书2年后，我对图文已经驾轻就熟，几乎能做到篇篇互动过千。于是，我决定开始新的挑战——加入视频内容。经过几个月的摸索，我开始屡出爆款。一年时间，我做出了20条上万人点赞的视频，涨粉30多万。

正因为多元的经历，我能深刻地洞悉你们在做小红书时，可能遇到的大部分难题："卡点"、疑问、焦虑……不仅因为我经历过，更因为我解决过，以及我靠自己突破过。

现在，我已经很久没坐在格子间里了。我在任何地方工作：上海的各种咖啡店，大理看得到洱海的阳台，卡塔尔，沙特阿拉伯，西雅图的湖边……当然，川西的大巴车，城市的地铁、出租车，飞机机舱，各种快餐店，等等，也是我的工作场所。

我也不用必须在旺季出游了。淡季的景区，便宜、舒适得多。

工作强度并没有降低，但时间已经完完全全属于我。

这4年的成长，比过去10年都要猛烈得多。生活，终于像我20岁时设想的那样，变得越来越广阔。

而这一切的改变，都发生在4年前，我决定做小红书的那一刻。

他们的故事

小红书不仅改变了我的生活，这一年，我看到了太多我的学员，通过做小红书改变了他们的生活。

短短1年时间，@大乐Daleee[1]成功从图文赛道转向视频赛道，涨粉1.7万，品牌合作一度爆单；@李莉安Lilian单篇笔记涨粉6万；@梦想

---

[1] 小红书上的博主昵称、笔记标题及相关数据等可能会发生变化，本书提及的信息均是基于作者撰稿时的实际情况，读者阅读本书时，可适当参考。——编者

家瑶光突破瓶颈期,涨粉3万,目前在全国旅居;@雪妮爱串门3.7万粉丝,单篇报价2.5万,商单不断;@圈圈有灵感从绘画赛道转型做职场内容,很快做出点赞过万的爆款视频,这条视频也给她带来8000多的粉丝增长量,使她开启副业之路;@啵啵小圆子从商业瓶颈期到做出2万点赞的爆款,并转化了大量意向客户;@EnglishOnAirMrZ曾摸索1年只涨粉27个,学习后不到1年涨粉近7000;@糖小小开挂了靠单篇笔记涨粉1万;等等。此外,我有幸见证了非常多学员的"第一次",比如"写出第一条千赞/万赞爆款笔记""第一次接到品牌合作邀约""第一次粉丝破千/破万"等等。

很多人在这些方法、经验的帮助下,从素人成长为一个有上千、上万粉丝的博主,走上了内容创作之路,并获得了第二份收入。因为收入结构的多元化,职场人不再有裁员焦虑;因为有了赚钱的能力和外界的认同,被生育影响,甚至收入中断的女性,重新拥有了自信和强大的话语权;因为有了小红书运营技能,企业、商家和个人创业者都能更轻松地将产品卖出去……

如今的小红书,已经远不是个人IP(影响力资产)的天下。随着小红书商业化的发展,低粉变现的玩法层出不穷。我的咨询者中,有粉丝只有几百人、点赞数量只有十几个[1],但月营收突破20万的咨询所,有粉丝1000个但月入5万—6万元的职场人,有粉丝3000个年入7位数的老师,等等。

收入上的回报是最直接的刺激,让人们在这个职业不再稳定的时代也有属于自己的一叶扁舟。除此之外,让我坚持下去的另一个动力,是我分享的观点和方法能在互联网上传播,从而触发影响,帮助更多人。偶尔在大街上,有人会走过来告诉我,我的某篇笔记帮助了他。这是一种戒不掉的喜悦和成就感。

很多人会问我:"为什么要把自己赚钱的方法分享出来?"

---

[1] 对商业类(有自己的商品或服务)账号来说,一大目标就是瞄准用户群体做内容,实现精准转化。而这部分内容点赞人数很大概率不会很多,但很可能转化率非常高。——作者(以下若无特殊说明,均为作者注)

不要将做小红书视为一场零和博弈。这个世界的资源和机会，比我们想象的多得多。分享的过程，不是失去，而是获得。我通过分享，积累了80万粉丝；我通过分享，有了上千名优秀的学员；我通过分享，获得了出版这本书的机会；我通过分享，与我之前从未接触过的机会和资源有了连接。这就是分享的意义：

它不会让你失去什么，只会让你得到更多。

去做小红书吧，去分享你的一切。

现在做小红书，晚了吗？

说来奇怪，我接触过非常多想做小红书的朋友，被问过最多的问题，不是小红书怎么做，而是：

现在做小红书，晚了吗？

很多问"做小红书晚不晚"的人，忽视了一个现状：

我们已经在浪潮之中。

这个几年前还被认为"小众"的平台，已经开始深入太多人的生活。下图为2021年9月—2024年9月小红书的百度搜索指数[1]，在这3年

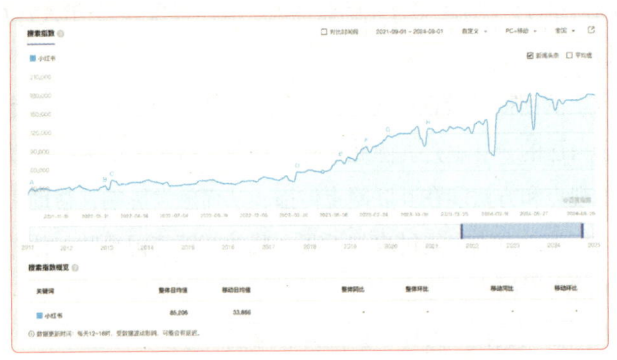

2021年9月—2024年9月小红书的百度搜索指数

---

[1] 百度搜索指数以网民在百度的搜索量为数据基础，通过一系列科学计算，能够反映出互联网用户对某个关键词的关注程度及其持续变化情况。

间，小红书的百度搜索指数热度增长了约600%。

如今，无论是在咖啡馆还是走在大街上，我经常无意中听到有人说："去小红书上搜一下。"

对此种现象，我想每个阅读这本书的人都深有感触。

旅行前，我们会看小红书，找拍摄机位、漂亮的打卡点，同时"避雷"某些景点。装修前，我们会看小红书，找符合我们审美的家庭装修样式，看大家买了什么样的家具、家电，甚至很多人连房屋设计师都是在小红书上找的。考试前，我们会看小红书，看"学霸"分享的学习方法和备考方法。找工作前，我们会看小红书，搜罗面试攻略；当然，也有一些之前因为信息壁垒很少能关注到的"找工作野路子"……更不用说美妆、穿搭、美食、首饰等大家日常关注的方面了。

小红书的日搜索量已达到6亿次，接近百度的一半。

我们的生活，已经离不开小红书了。

我们必须和浪潮共舞。

对个人来说，想获取更多机会，必须学会通过小红书放大自己的优势。

比如，此前我只是一个在格子间里写代码的毫不起眼的AI（人工智能）算法工程师，也能通过在小红书上分享自己的观点感悟和成长方法，收获80万人关注，开启自己的第二职业。我也和很多企业家有了深入交流的机会，并为他们的员工分享自媒体运营经验。我有一个咨询者，在小红书上分享英语教学方法，受到很多家长的信任，于是打造了自己的教学课程，课程非常受欢迎。目前她已经有了自己的教学团队，并开始写书。

自媒体给普通人带来了传统的职场路径中绝无可能获得的机会。在自媒体行业，学历的壁垒被打破了，任何人都有弯道超车的可能。

这是一件幸事。

如果你专升本成功，可以分享备考方法；如果你英语不错，即便非名校出身，也可以分享英语学习方法，未来还可能开设自己的英语课程；如果你书桌布置得很好看，可以做书桌博主，不露脸分享自己的氛围感书桌或者生活感悟;如果你手账写得不错,可以分享手账写法及写手账给你带来的成长,我有学员还因此在小红书上开了一家卖手账用品的店铺,每月也有很不错的收入;如果你很享受独居生活,可以分享独居时一人食、布置房间等治愈时刻;如果你喜欢带饭上班,可以分享每日的健康便当;如果你喜欢下班学习,可以分享你下班学习的内容和故事;如果你和男友非常甜蜜,可以做情侣账号;如果你是一个上进的职场人,可以分享升职加薪和高效的职场工作方法;如果你是一个"卷"不动的打工人,可以分享最真实的上班心路历程,让职场人产生共鸣。

各种类型的小红书笔记[1]

对商家来说,一方面肉眼观察到传统的电商销量已经开始下滑,另一方面发现越来越多用户会因为小红书"种草"而果断下单。因此,想要保持自己产品的竞争力和影响力,也必须经营好商家的自媒体账号。

如今,自媒体已经渗透到生活和工作的方方面面,自媒体运营成为个人的重要技能之一。这个技能,就像英语口语流利一样,一定会为你带来更多机会。没有人问"30岁学英语晚了吗?",因为只要开始学,

---

[1] 为了符合出版规范,本书对部分示例截图、文案做了修改,可能与小红书平台的实际显示不一致。——编者

就会有收获，进一寸有一寸的欢喜。做小红书也是一样。即便未来有了其他平台，做小红书习得的自媒体技能也能让你在未来的平台上更快地得到结果，就像多年前微博、公众号做得不错的那批人，来到小红书后，也会比零基础的普通人更加迅速地起号。

自媒体平台远远谈不上饱和，优质的内容永远稀缺。2005年创立的全球视频平台YouTube，到如今已有20年，平台上有非常多百万粉丝、千万粉丝的博主，但直到今天，每年依然有源源不断的新博主迅速成长起来。

和他们相比，我们的自媒体，才不过刚刚起步。

在小红书上，很多人尤其关注新人博主还有没有机会。这个问题其实很好回答。

一方面，弱小和强大从来不是绝对的，而是会相互转化。小红书的分发机制是去头部化的，流量并不会明显地朝头部博主倾斜，新人依然会有很多出头的机会。相反，大博主如果没有持续精进内容，很快就会遇到瓶颈期，数据变差，陷入涨粉慢，甚至是掉粉的境地，直接影响商业合作的数量，被新生代博主超越。

另一方面，也是本质的方面，不仅是小红书，任何内容平台，想持续活下去，必须源源不断地引入新鲜血液。因为，用户在变，用户的喜好也在变，只有内容越来越多元、丰富、有趣，他们才能持续使用该平台，平台才能持续赚到钱[①]，生存下去。在任何情况下，平台都不可能打压新人博主，类似"必须投流才能做起来"的话都是谣言，纯属无稽之谈。倘若你的内容数据不好，大概率只有一个原因，就是你作为一个新人，还不熟悉自媒体内容的创作规则——而本书，就在帮你解决问题。

最后，如果你还有疑惑，我想请你回答一个问题：

[①] 日活跃用户数、月活跃用户数和用户平均停留时长等是很多互联网平台非常重要的指标，能直接影响平台的商业价值。

如果你想改变自己的生活，除了做小红书，还有其他几乎零投入的选择吗？

如果没有，为什么不试试呢？

自媒体时代已经到来。我们已在浪潮之巅。

3分钟了解小红书

现在的小红书，到底是什么样的？

小红书以美妆穿搭类内容起家。目前，美妆穿搭类内容依然是小红书上非常受欢迎的内容。

美妆穿搭类账号示例

不过，现在小红书的内容越来越丰富、多元，开始渗透生活的方方面面。

小红书上有各种各样的攻略，比如装修攻略、旅行攻略、美食攻略、减肥攻略、电器选购攻略、省钱攻略等等。这些攻略，有些是为了"种草"，有些是帮人避坑。很多用户在出行、装修、购物前都会来小红书搜一搜，多比较比较，能节省很多时间。

攻略类账号示例

小红书上还有非常多的个人成长类内容。很多博主会分享自己的成长方法和感悟，比如不同教育阶段的学习方法、职场通关秘籍、书单影单、搞钱方法，以及关于亲情、友情、爱情、婚姻的一些所思所感，等等。

个人成长类账号示例

除了实用类内容，小红书上还有很多真实的个人随感或故事分享。它们往往生发于创作者的真实经历，比如我的学员@喵喵在巴黎分享了自己逛古董市场时，偶遇的老太太把婚纱送给自己的故事；学员@Mua送你小心心分享了在年后复工的高铁上，突然而来的人生感悟；博主@拖延症自救日记记录了自己体验到的学校教育与社会的脱节。

这类内容很像网友唠嗑，风格并不严肃，很多笔记即便没有精美的构图和美好的拍摄场景，也能获得很多网友的围观和讨论。

个人随感或故事类账号示例

除此之外，小红书上也有很多生活分享类的内容，比如分享一段美好的风景，分享生活中的某个瞬间，分享一段好听的音乐，等等。

比如，博主@王总kk的笔记《soulmate（灵魂伴侣）是相处出来的，不是遇到的》，就分享了和爱人相处的甜蜜瞬间，虽然笔记文案只有一句，但美好的图片却给用户带来了很强的情绪价值。我的笔记《替你们试过了，20分钟公园定律真的没骗人》就分享了我在西雅图公园里看到的一些治愈片段。

生活分享类账号示例

当然，以上只是小红书丰富多彩的内容的一小部分。

无论是衣食住行、吃喝玩乐，还是喜怒哀乐，我们的生活都已经离不开小红书了。

小红书用户群体

目前，小红书的日活跃用户数量已突破1亿，月活跃用户数量超过3亿，男女比例约为3∶7。其中，"90后"占比36%以上，一线、新一线城市用户占比超66%。

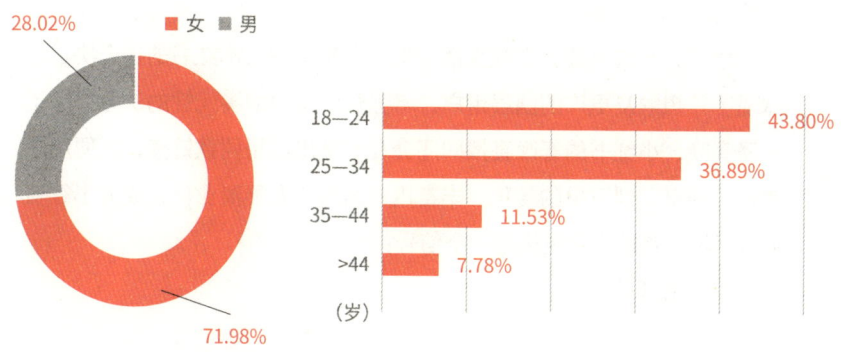

小红书用户性别分布图　　　　小红书用户年龄分布图

小红书目前的主要活跃用户依然是一线、新一线城市的中青年女性，她们热爱生活，追求品质，消费能力较强，非常愿意为美好生活买单。

同时，男性用户已经占到了不容忽视的约30%。他们大部分披着"马甲"，不喜欢说话，被人喊"姐妹"也默默接受。很多男性朋友告诉我，他们非常喜欢小红书的氛围：友好、有趣、内容实用，不会一不小心就被人怼了……

小红书每天发布的笔记超过300万篇，求链接等与购买决策相关的评论接近300万条，70%的人不完全依赖系统推荐，而是主动搜索自己需要的内容。比如，很多人会搜索装修、餐饮、旅行攻略，还有人会将小红书当成知识百科，去学习求职、英语、育儿等。在用户的搜索行为中，有87%与购物决策有关。

当然，还有很多人将它视作一个放松娱乐的平台，在上面看各类段子、八卦、吐槽等等。

小红书的内容形式也从靠图文起家，到了图文、视频全面开花。如今，小红书开始向商业化发展，集中力量发展买手、直播带货等电商业务。2023年2月到2024年8月，19个月的时间，小红书的买手和主理人规模增长27倍，购买用户增长12倍。2022年，小红书的净利润为亏损2亿美元。而得益于电商转型，加上高毛利的广告业务，仅仅1年后，小红书就实现盈利，达到了37亿美元的营收，净利润达5亿美元，远超年初预期的5000万美元。

之后，小红书成为春晚直播与笔记分享平台。小红书的这个决定，体现了其想触及更广的圈层用户，增强社区用户的多元性的决心。除了直播春晚，小红书的春晚直播间还会及时跳出明星同款链接，方便用户实现"种草"到下单的转化。丰富用户结构和发展商业化，成为小红书的新目标。赞助春晚也像是一个信号：

小红书开始发力了。

做博主最重要的7件事

成为博主，并不需要有多光鲜的履历。我身边就有很多虽然不是名校出身，但小红书做得非常好，粉丝数量达到数百万的博主朋友。

人人都可以成为博主。

那是不是意味着做博主就没有门槛了？

并不是。

这4年，我也接触过不少博主，有一夜涨粉百万的，也有坚持不下去断更的。我发现：

做博主最重要的，不是硬技术，而是软技能。

什么是硬技术？

很多人想做自媒体，第一个问题就是：如何拍摄、剪辑？拍摄、剪辑等能力并非博主的核心竞争力，它们都属于硬技术。如果你舍得花钱，很快就能找到行业顶尖的摄影师、剪辑师为你服务。但即便你有了最美、最绚烂的视频，也可能成不了一个优秀的博主。

硬技术，边做边练，6个月足以从入门到熟练。

软技能，决定你能不能撑过那6个月。

这些技能，到底是什么？

一、放弃对"奇技淫巧"的幻想

学员@圈圈有灵感是一个大厂设计师，也是一个绘画博主。因为工作繁忙，制作手绘笔记需要花费的时间较长，她的账号断更了很长时间。圈圈找我咨询后，我发现她的个人经历很适合职场方向。于是，她开始转型做职场内容，很快就做出一篇1.1万赞的爆款视频，这个视频也给她带来8000多的粉丝数量增长。

在某些人眼中，圈圈踩了好多"雷"：换赛道、停更、内容不垂直……如果你是转型前的圈圈，你是不是会想：停更会不会对账号有影响？内容不垂直会不会对账号有影响？这个账号还能不能用？要不要换账号？[①]这些纠结会让你如坐针毡，一旦数据不好，你就会想，是不是

[①] 关于账号的问题，我会在第二章系统解答。

圈圈的账号

账号出了问题？

朋友们，小红书算法比我们想象的聪明得多。

我看过无数篇数据不好，被创作者归因为限流、换赛道、账号不行的小红书笔记。这些笔记，倘若被正在看这本书的你们刷到，你们也不会点赞。原因只有一个：

内容无法给用户提供足够的价值。

无论是实用价值，还是情绪价值。

如果你的账号明明状态正常，你却总怀疑账号有问题；如果你没有收到任何站内通知的违规提示，却总认为自己被限流；如果你相信发布时间会决定数据……你就永远不会从笔记本身找原因。

作为一个AI算法工程师，也参与编写过类似小红书的推荐系统的代码，我从技术角度讲：算法比你想象的聪明得多。

推荐算法的AI模型有上千、上万维度的特征，没有任何一个特征能决定推荐系统的推荐结果。不同特征之间的关系交错复杂，不具备任何对数据的可预测性。任何人都不可能通过发布时间、换号等"奇技淫巧"，创造出一篇爆款笔记。

任何对"奇技淫巧"的执着，都会让你离正确的道路越来越远。

如果你决定拿起本书，想学到一些真正有用的知识，第一步，就是忘掉"换号""限流"等虚头巴脑的东西。否则，再好的方法都会失效。因为你总在拧巴，总在怀疑它们。即便你捏着一张标注得清清楚楚的寻宝图，也会执着于旁门左道，最终误入歧途。

二、去实践，去犯错，去做一个不完美主义者

不要幻想着一切都准备好了再开始，不要躲在完美主义的借口下止步不前，你永远没有准备好的时候。

你不需要把本书看好几遍才敢开始，不需要买上一堆设备，更不需要搬到一个好看的房子里去——最开始做小红书时，我住在一间合租房里，"拍摄场地"只有不到2平方米。

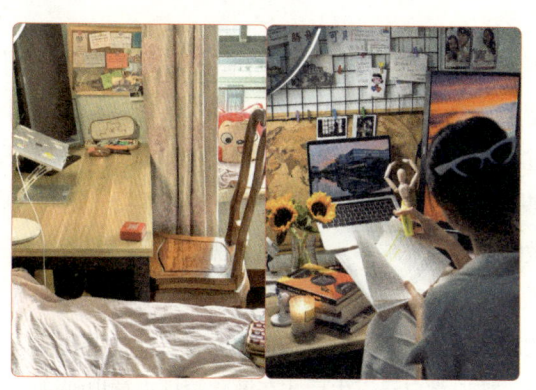

在这张简单的书桌前，我拍出了很多漂亮的封面，写出了几十篇爆款笔记

去实践，去发布属于自己的笔记，再回头检查哪些模块出了错，哪些模块还有改进的空间。最快的进步一定是在实践中发生，在犯错中发生，而不是在幻想中发生，在逃避中发生。

三、接受不确定性

做内容，唯一确定的就是不确定。

你可能有一篇笔记突然爆火，但之后的很多篇再也达不到这个高度。你可能因一篇笔记增长了上万粉丝，但一段时间之后，粉丝数量不

023

增反减。你也可能一连几篇笔记都数据惨淡,但下一篇却突然获得上万个赞……

不管是小白还是百万博主,这样的场景都会经历无数次。

不要因此怀疑自己。

不是赢了就好,不是写出爆款就好,而是你的内容创作能力有没有真正变强。倘若能力没有提升,即便偶然做出了爆款,也无法持续做出优质内容,甚至会被爆款反噬,为了追逐流量而一再降低底线,沦为一个庸俗的创作者。

丰富知识储备,学习并使用创作技巧,不断提升创作能力,才能真正提高做出爆款笔记的概率。不必盯着一两篇笔记反复琢磨,而是要确保,下一个阶段(比如下个月、下个季度)的整体笔记质量和数据比这个阶段有进步。

更何况,社会在变化,用户口味在变化,作为内容创作者,必须放弃对稳定的执念,跟着一起变化,否则就会被淘汰。做小红书博主4年,我做过很多不同的内容,从摄影到读书,从学习到职场,再到现在的AI、自媒体、爱情、生活方式等。走出舒适圈一定是痛苦的,但最终,我能做的内容越来越多,合作的品牌也越来越多元。

事实上,变化本就是世界的运行规律之一。只是大多数人从小就生活在确定的路上,考试、升学,被困在象牙塔中十几年、二十几年,直到走入社会,被迫靠自己谋生后才在摸爬滚打中意识到这一点。

如《孙子兵法》所写:兵无常势,水无常形。能因敌变化而取胜者,谓之神。[①]

御风而行。你永远不知道,生命将给你带来什么馈赠。

四、别听他们的

现在网络上充斥着很多"自媒体做不起来""做了几个月粉丝个位

[①] 出自《孙子兵法·虚实篇》,意思是:用兵作战没有固定的模式,就像水流动时没有固定的形状和去向。能根据敌人的变化灵活应对并取得胜利的,才是有智慧的人。

数""普通人真的不要入局自媒体"等言论。我想说：

别听他们的。

有次和全网数百万粉丝的博主@九三学长参加活动。我问他当时是怎么一边工作一边把账号做起来的。他说：

"下班路上写脚本。那时候经常加班，有时候打车就在出租车里写。回到家拍摄。第二天上班路上把视频剪出来。"

而我自己，做小红书的前3年也是有一份全职工作的。那时，我晚上下班后就把自己关到房间里，阅读，写作，发笔记。周末也很少有社交，总会找个咖啡店，一坐一天。

可即便这样，最开始的很长一段时间，我的数据都是惨淡的。

网络上的消极言论存在严重的信息缺失。他们没有告诉你，他们到底在小红书上花了多少时间，付出了多少思考，进行过多少次复盘。我曾经点进某些人的主页观看，至少从他们过往的笔记中，我看不到他们真的在用心对待做小红书这件事。而这些抱怨的笔记，除了让人在负能量中抱团，不会带来任何提升。

想拿到结果，先扪心自问：

我真的在用心对待这件事吗？我真的投入了足够多时间吗？

不管是我身边的大博主，还是课程中涨势迅猛的学员，都经历了一个又一个低谷期。但他们只行动，只复盘，不抱怨。

切勿在负能量中抱团。如果有人试图让你退缩，别听他们的。

五、不必取悦所有人

人是多元的。一篇笔记，即便看起来再完美，再受欢迎，也一定有讨厌它的用户群体。倘若内容并不违背公序良俗和法律法规，当你收到反对的评论时，不必害怕，也不必难过，甚至无须花费时间争辩。倘若该评论涉及人身攻击，你也可以直接删掉。

既然决定在公共场域发声，就要做好任何被质疑，甚至被误解的心理准备。

六、涨粉，是自媒体人的尾事件

我翻看过很多头部博主的主页——滑到主页底部，看他们早期发布的笔记。那时候，他们和现在的你一样，拍摄得歪七扭八，面对镜头磕磕巴巴，也会被评论区指出：你的手势有点多啊……

渐渐往上滑，我看到他们开始优化内容。我看到他们终于做出了爆款。我看到他们沿着爆款的形式做下去，但慢慢地，这些形式不再受欢迎了。我看到他们开始转型，转型初期数据断崖式下跌。我看到他们开始重复"思考—优化"的过程……

终于，他们跻身头部，商单不断，游刃有余了。

人们说，他们天生能吃自媒体这碗饭。但没人看得见他们挣扎的过程。

有次我出门跑步，突然冒出很多新想法，就马上走进旁边的酒吧，把思路写在小票上。我认识的很多博主，都会随时随地进入工作状态，他们的工作强度远远比人们看到的强得多。所以我经常和学员们讲，想做好小红书，你不需要辞职，但你必须做好将大部分业余时间都投入进去的准备。

摩根·豪泽尔在《金钱心理学》中提到了一个词——"尾事件"，意思是少数几件事影响主要结果。

他提到，即便是一个成功的投资者，也不可能每次都做出正确的决策。事实上，他们做的失败的决策更多。但他们坚持的时间足够长，长到总会做出几次正确的选择，于是，他们抓住机会，发挥出色，拿到了惊人的成绩。

豪泽尔说："当我们特别关注某些榜样的成功时，我们就会忽视这样一个事实：他们的成功来自他们全部行为中的一小部分……但他们犯的错误并不会比你我这些普通人少。"

做博主也是。

对很多博主来说，80%的粉丝量都是20%的内容带来的，但直到发布笔记前，没人知道那20%的内容究竟是什么。做小红书4年，我发布过几百篇笔记。现在，我基本能预测一篇笔记发布后能否成为爆款，但我永远无法预测，哪篇笔记能为我带来粉丝量的大幅增长。

涨粉，是自媒体人的尾事件。

倘若你将小红书当成一个短期的事情来做，你一定会因为粉丝量的波动而焦虑，但如果以数以年计的维度看，你就会发现，你有足够长的时间学习不熟练的技能，有足够长的时间慢慢变好，总有一天，你会遇到让你逆风翻盘的尾事件。

美国著名演员布拉德·皮特说：

我拍了30年电影，从中发现了一个简单的道理：有些作品会成功，有些不会。没必要去深究哪些会，继续拍下去就行。

对啊，继续写下去就行。

新人最焦虑的9个问题

我知道你最想问什么。

"我被限流了怎么办？"

"换赛道后数据不好了，是不是粉丝不喜欢？"

"终于做了一篇爆款笔记，但是不涨粉怎么办？"

"要不要买相机？"

"我拍视频特别不自然怎么办？"

"为什么我随手拍的笔记火了，精心制作的笔记却数据惨淡？"

"同样的爆款选题，为什么别人数据这么好，我的数据却这么差？"

"现在做图文内容是不是不行了？"

"内容要不要垂直，能不能做多个赛道？"

当然，问题不止9个，也许是19个，也许是29个，甚至是99个……

但是，在这里，我想给你吃一颗定心丸：

你最关心、最迫切寻求解答的问题，在本书中都有答案。

接下来，我会陪着你，一步步打造属于你的小红书账号。

不过，在开始前，有一个必要的前置训练。今后，在你刷小红书的时候，以用户的视角去思考：

我为什么会点击/点赞/收藏这篇笔记？

我为什么看了这篇笔记会关注博主？

即便这篇笔记数据很好，而你看到后，却对它兴趣缺缺。

这时，千万不要说："这样的都有人点赞？！"

而是要去思考："这篇爆款笔记，满足了哪类人群的喜好？"

只有关掉滤镜，才能诚实地思考。

当然，这种训练可能让你丧失一部分刷小红书的乐趣。

没关系，你会发现更大的乐趣。

如何使用这本书？

最后，我想要向大家介绍一下这本书的使用方法。

请大家注意一点：章节顺序并不等同于重点顺序。

比如，第九章《用AI做小红书：从灵感、文案到变现》详细讲述了如何用AI来帮我们找到赛道，给出创作灵感，写出爆款文案，以及给出笔记复盘建议，等等，这些方法是在阅读赛道、文案章节时就可以配合使用的。

但是为了保证"用AI做小红书"内容的完整性，所以这部分内容独立成章，放到了后面，但并不意味着这一章不重要。实际上，AI已经成为我制作内容的左膀右臂！

书中安排了一些练习，帮你一步步搭建小红书账号，包括选择赛道、策划选题、选择表现形式、确定账号名称、撰写个人简介等等。放心，这些练习并不多。你不必在阅读时立刻完成这些练习。但是，如果你想做好小红书，答应我：

不要跳过任何一个练习。

做好小红书最重要的那个字，不是看，也不是想，是做。

好了，欢迎来到——小红书的世界！

第二章

选好赛道，
让创作事半功倍

什么是赛道？

赛道可以理解为一个小红书博主的主要输出领域。

什么是好赛道？

一个好的赛道，不仅是你喜欢做的，还是你比别人擅长的，也是市场需要的。

这三点，缺一不可。

方向不对，会走很多弯路。有些人只做自己喜欢的方向，花了几天时间，写出一篇笔记，却数据惨淡，长叹一声"限流！"，而后放弃。有些人看似找到了方向，也涨了粉丝，却发现很难变现，最后断更。

不过，经过这些年的摸索和实践，我总结了一套实操性很强的方法，这套方法能帮你找到真正适合你的"好赛道"。

另外，账号内容必须垂直吗？能同时做多个赛道吗？想转型，数据会不会受到影响？很喜欢但不擅长的赛道要不要做？如何判断一个赛道的变现情况？这些大家最关心的问题，本章也会一一揭晓答案。

小红书热门赛道

在确定自己适合的赛道前，我们必须先知道，小红书上都有哪些热门赛道[1]。

美妆护肤	美妆护肤是小红书当之无愧的王牌赛道。该赛道既可以分享美妆技巧和手法、化妆好物、有独特风格的妆容、护肤产品、皮肤痛点问题解法，也可以细分到某类美护产品的用法，脸部不同区域的遮瑕和护理方式，等等。品牌合作预算高，变现天花板也很高。但该赛道竞争异常激烈，需要买品试品，前期投入成本较高。
穿搭	分享不同体型的搭配方法、思路，或者单纯分享好看的穿搭等，也是小红书的热门赛道之一，但和美妆相似，竞争激烈，前期需要自己投入较多成本去购买服装。和美妆不同的是，很多服饰品牌预算有限，因此除穿搭外，最好再搭配其他赛道，部分博主会成为穿搭买手并直播带货。
母婴	小红书需求量很高的赛道，也是品牌合作集中的赛道，主要分享备孕、生产、婴儿护理、宝宝辅食、早教、带娃方法等实用技巧和经验，以及怀孕和生育后个人的心理变化、感悟、生活方式等等，但需要注意的是，除了分享传统的干货内容，博主还要多加入一些真实的育儿故事和情感体验，防止成为工具人。
职场	分享职场感悟、提效工具、成长方法、副业经验，甚至是对职场的吐槽等，前期投入成本不高。职场博主并不一定在职，但必须有过实打实的职场经验，对职场有一定深度的思考，才能分享出真正能帮助职场人的内容。对很多还在工作的博主来说，分配好时间和精力才能保证持续地产出优质内容。
独居	随着单身人士的增多，独居也是近年来快速增长的赛道。很多博主会分享独居好物、家居布置、生活窍门、安全防范技巧、独居饮食、娱乐方式、治愈瞬间，以及独居带来的思考与生活感悟，等等。该赛道投入成本相对较低，广告位丰富，品牌合作的机会很多。

---

[1] 赛道顺序不分先后。

续表

减脂健身	分享不同体重基数成功减肥的方法、瘦不同部位的方法、体态提升方法、瘦身饮食、瘦身习惯、瘦身训练、减肥打卡等。探讨如何拥有一个更有线条感、更健康的身体，永远是一个热门话题。因为减脂健身博主都已经实打实拿到了成果，因此在利他性干货的加持下，该赛道的博主也能很快起号。但除非想走专业健身博主之路，该赛道最好作为短期和中期的赛道，博主要有意识地加入更多元的内容。毕竟，你很难想象一个减肥成功3年后的人还在持续分享3年前的减肥干货，粉丝会倦怠的。
书桌	好看的书桌总能瞬间吸睛。小红书上有很多书桌博主，会分享自己的书桌好物、文具、收纳方法、提效工具、学习过程，以及生活和成长感悟等。这里的书桌，不一定是家中的书桌，也可以是咖啡馆或者户外的桌子。该赛道投入成本不高，但看重图片视觉效果，需要有一定审美。
英语	英语学习一直是小红书的热门话题。不管是学生还是职场人，很多人都将学英语作为自我提升的方法之一，希望通过这把"钥匙"，为以后的人生打造新的可能。英语赛道，既可以分享英语学习方法，比如应试英语通关技巧，单词积累、听力、口语、写作的提升秘诀，阅读书单等英语学习干货，也可以增加些趣味性，比如做英语采访、英语街头挑战、展示中西方的文化饮食差异等等。
大学生	对很多中国孩子来讲，大学生涯开启了人生的新篇章。很多人都想知道，大学到底应该怎么过，应该如何学习，怎么能在大学考试中考高分，如何和室友相处，如何交朋友，要不要考研，怎么考研，不同的专业就业前景如何，应该怎么找工作，工作是选自己喜欢的还是专业对口的，等等。大学生，处于学生与社会人两种身份的过渡期，是最容易迷茫焦虑的一群人。优质的大学生成长内容，是他们最需要的内容之一。

续表

教育	除了大学生，还有小孩子。比如学龄前的孩子，比如小学、初中、高中的孩子。不同阶段的孩子，父母应该侧重哪方面的教育才能让他们健康成长？孩子沉迷于玩手机怎么办？被霸凌怎么办？孩子有讨好型人格怎么办？读书后，应该着重学习什么内容？应该怎么学习？要不要"鸡"娃？应该如何发掘孩子的兴趣？孩子对学习没兴趣应该怎么引导？语文阅读习惯和英语阅读习惯应该怎么培养？孩子应该看什么书？课堂怎么记笔记？如何高效背书？高中如何冲刺能取得好成绩？等等。这些都属于教育类的内容。其实，很多人认知中的母婴赛道和教育赛道有诸多相似之处。婴儿总会长大，而教育可以一直向前。
美食	小红书的美食赛道可谓五花八门。有人分享各种各样的零食；有人分享西餐的做法；有人分享高颜值甜品的做法；有人通过接地气的烹饪方式分享家常菜的做法；有人分享养生饮品的做法；有人分享如何几分钟搞定快手早餐；有人分享夜晚让人微醺的几款调酒；有人深知打工人的苦，教大家如何高效备菜，做到带着健康的便当去上班。该赛道的变现方式也非常多元，比如厨房用品、饮品、零食等品牌，都会青睐美食博主。内容充实、有料的笔记总能吸引很多人点赞、关注。毕竟，唯有爱和美食不可辜负。
养生	有时候我甚至会觉得，一个人是否会沉迷于养生只是时间问题。小红书养生类内容热度也居高不下：如何制作养生饮品，不同的茶分别有什么功效；让人不显衰老的养生小妙招；如何养好皮肤、头发、卵巢；容易劳累、容易郁闷应该如何调理；到了冬天手脚冰凉应该吃什么；调理身体的某项机能，应该如何食补，有没有适合的养生操；等等。当然，也包括分享生活方式上的一些误区，比如某种锻炼方式很伤身体，大汗淋漓可能对身体并不好，等等。养生和个人利益直接相关，所以养生赛道不可能是一个冷门赛道。但是有些内容可能违规，要遵守社区规范，不要夸张宣传。

续表

家居	我身边的很多男性工程师，第一次下载小红书是因为装修。我身边的很多女孩子，只靠小红书上的攻略，就把自己的"老破小"房子做了翻天覆地的大改造。家居赛道一直是小红书上很受欢迎的赛道。除了分享装修攻略，很多人还会分享自己布置得很漂亮的房间，或者是房间中的物品，比如收纳好物、地毯、家具、灯具等。思路打开，做家居博主并不一定非要有一个好看的房子，能把普通的房子改得漂亮，反而更符合大多数用户的需求。
数码	电子产品不仅仅指电脑、手机，还包括电子手表、耳机、音响、各类相机等。数码博主们会分享各类电子产品选购指南、不同电子产品的测评、各类电子产品"神操作"、手机和笔记本自带的提效App使用技巧等等。该赛道品牌预算充足，但内容制作相对复杂，投入成本较高，要求博主有一定的专业度。
摄影	摄影赛道选题非常丰富，可以分享各类摄影技巧、拍照姿势、摄影器材选择、构图方法、审美积累、后期处理教程，以及拍摄作品，等等。拍摄设备也不一定非单反、微单不可，手机摄影也非常受欢迎。摄影赛道绝非摄影师的专属赛道，但要求博主有一定创意和审美，并且能够用通俗的语言将看似专业的内容表达出来。
宠物	宠物自带治愈性和故事性，因此宠物赛道覆盖的受众群体非常广泛，不仅有养宠人士，也有对萌宠视频感兴趣的观众、计划养宠的潜在人群等。宠物博主可以分享养宠技巧，比如宠物饮食、训练方法、宠物用品测评等；也可以分享情感故事，比如宠物成长过程中发生的令人感动或有趣的事；还可以分享趣味片段，比如和宠物的趣味互动等。
挑战	挑战类内容非常抓人眼球。比如，"连续30天早起会发生什么改变""辞职体验100个职业""连续吃一个月的垃圾食品，身体会发生什么变化""1元穿越中国""挑战断网生活1周"等，都是曾经火爆的挑战类内容。这类内容，受众广泛，形式灵活，有很强的娱乐性和冲突性，易于引发话题讨论，容易在各大平台爆火，商业价值很高。当然，单个内容的制作成本相对较高。

续表

采访	近些年，各大内容平台出现了越来越多的采访类内容。采访类博主，往往会邀请另一位或者几位人物进行对谈，挖掘被采访者的故事、经历、经验，或者对某个话题的见解等。这类内容，有些能激发观众的好奇心，有些能提供启发和实用建议，有些则兼而有之，更具社会意义和传播潜力。采访形式也不再局限于室内正式场所，也出现了比如街头采访、飞机机舱采访等更生活化的形式。
旅行	现在很多人在出行前，都会打开小红书提前看一下攻略，看"种草"笔记，也看"排雷"笔记。"姐妹们"整理的详细攻略极大地节省了我们的时间。其实，旅行博主并不一定都要发布攻略笔记。还有很多旅行博主会探访某个小众城市，或者某个热门城市的小众景点，或者挖掘某个城市不为人知的故事，或者沉浸式体验当地的美食，或者单纯地分享某地让人震撼的一个场景，等等。他们不提供攻略，他们提供想象，提供故事，提供情怀。而这样的内容，不仅能凸显博主的个性，往往也能拿到更好的数据。 人们热爱旅行，想想也容易理解：人生在世，总需要一些诗和远方。
AI	自从ChatGPT（一款基于人工智能的聊天机器人程序）问世后，AI的热度就居高不下。如何用AI提高效率？如何用AI赚钱？如何用AI练习英语口语？如何用AI制作PPT？如何用AI帮自己写周报？……越来越多的人开始学习如何让AI替自己做事，节省自己的时间和精力，因此催生了一批AI博主。在很多人眼中，这个神奇的硅基智能体，似乎只有我们想不到的，没有它做不到的。 反正AI不怕累，脑子又好使，多让AI给我们打一下工，应该也不过分吧！
个人成长	这类赛道，通过分享一些人生道理、成长方法等，教人们如何去应对内耗、焦虑，如何从畏畏缩缩变得自信大方，或者如何拥有执行力、解决拖延症等。其实，成长类赛道和职场、大学生、教育类赛道有一定的交集。但这类内容，不像之前提到的职场、大学生等受众群体明确，因为不管是在读书的学生，还是已经工作的打工人，都可能会想知道如何拥有执行力。除了分享道理，其实分享书单本质上也是一种成长类内容，毕竟阅读很多时候也是为了懂得一些知识，获得一些提升。

续表

手工	这里的手工是一大类赛道的合集,包括手账、绘画、写字、钩针等方向,为了行文简洁不再分开表述。手工博主既可以分享学习方法、制作技巧,也可以做成品展示,比如一幅山野间的画作、一本五颜六色的手账、几行清秀的字,或者一只毛茸茸的钩针包包,等等。有了一定受众后,博主也可以售卖自己的产品或者课程。 在这个焦虑的快节奏时代,手工不仅仅是手工本身,更是一种治愈的力量。
游戏	游戏赛道深受年轻人喜爱。游戏类内容既包括新游戏测评、游戏攻略,还包括娱乐性内容,比如展现游戏中的有趣瞬间,或者让人意想不到的玩法,当然还有硬件评测,针对游戏设备,比如键盘、鼠标、耳机等,分享测评,帮助玩家选择合适的工具,等等。虽然游戏场景差别不大,但有些游戏类博主,可以通过幽默风趣的表达吸引一批忠实的粉丝。
户外	不管人生是不是旷野,很多人都喜欢去野外走走。户外不一定是指徒步,也可以是露营、骑行、爬山、攀岩、滑雪等等。博主可以分享装备、户外路线和攻略、不同阶段的注意事项、风景、户外心得、自身变化等等。该赛道广告位较多,但前期投入成本较大。

当然,小红书的热门赛道五花八门,此处无法一一列举。但看到这里,不知道各位有没有发现这些热门赛道的共同点——需求?

这些需求,包含衣食住行这些基础需求,以及更高阶的,对美好生活的向往。

所以,判断一个赛道能不能做、好不好做,我们不妨反过来想:

人们对这个赛道有需求吗?

有需求的人多吗?

有需求的人越多,赛道越热门,自然竞争也更激烈。当然,并非需求少的就是不能做的赛道,毕竟小红书有上亿用户,再小众的赛道也有足够数量的受众。

我们真正要警惕的，是一拍脑袋想出来的赛道，"自嗨"的赛道，没有经过任何市场调研，却认为大家可能感兴趣的赛道。

如何调研，我会在后面部分揭晓。

小红书账号的两种类型

在切入具体赛道之前，你首先要做一个选择：

是做个人IP类账号，还是商业类账号？

在小红书上，个人IP深入人心，这类博主洒脱、自由、有个性，生活在网友的"聚光灯"下，还备受品牌的青睐。一边是粉丝们的青睐与追捧，一边是源源不断的品牌合作收入，这类博主似乎过着令人羡慕的生活（事实上并不完全如此），因此令很多新人向往。

但做小红书绝不等于做个人IP。

如今，小红书出现了越来越多商业类账号。

这类账号的特点是低粉也能实现高变现。

比如，我的咨询者中有人在线下开着婚姻咨询所，也在小红书上开设了婚姻咨询账号，该账号只有几百个粉丝，笔记的点赞数大多是几个或几十个，月变现却能达到十几万元甚至几十万元。还有人在小红书做主理人，开店铺卖产品，粉丝量不高，收入却很不错。还有人是英语老师，只有3000多个粉丝，年收入却接近7位数。学员@无问珠宝MOMENT JEWEL在深圳有一家线下珠宝工作室，会售卖珍珠首饰并举办线下手作活动，主理人Kiki告诉我：

"虽然笔记点赞数不多，但店里有一半客户都是小红书过来的。"

个人IP类

什么是个人IP？那得先从IP讲起。

IP是Influential Property的缩写，翻译为：影响力资产。

个人IP，一般指一个人在互联网上通过分享自己的特长、技能、职业、性格、观点、经历、生活方式等等，建立了独特的个人形象，并逐渐形成了一定的影响力甚至商业价值。

对个人IP类账号来说，真人出镜不是必须的，比如，我的账号"琳达不呆"，就是很典型的个人IP类账号。前期，我通过不露脸的图文形式来分享我的生活方式、成长方法、爱情观等等，同样吸引了一批同频的粉丝。这类不露脸的个人IP类账号，小红书还有很多。

我早期写的不露脸图文。当时我还在工作，这样的形式不用讲究穿搭，不用化妆，极大地节省了创作成本

商业类

商业类账号，就是以售卖产品或者提升品牌影响力为目标的账号。商业类账号分为两类：品牌商业账号、个人商业账号。

第一类是品牌商业账号，比如某家居品牌、某护肤品品牌、某软件品牌账号，或者某服务机构（如留学咨询机构）账号，等等。这类账号

Xmind思维导图官方账号　　@Off-the-Plinth手作账号

风格官方，内容制作精良，注重账号传递的品牌调性，售卖方式包括发布笔记、与博主合作、直播等多种形式。

第二类是个人商业账号。和品牌商业账号不同的是，这类小型账号背后没有多人团队支撑，更像是个人工作室，更接地气，可以售卖独立设计的饰品、画作、手账本，或者茶包、零食等实物；也可以售卖虚拟产品，比如课程、咨询服务等。我有个学员@Off-the-Plinth，是一个珠宝设计师，在小红书售卖独立设计的银饰，有很强烈的个人风格。

		区别与共性		
个人IP类	**变现模式**：以品牌合作变现（博主为品牌制作特定主题的笔记）为主，也可以加入买手合作，部分博主会在账号有一定规模后建立个人品牌，并通过个人账号进行宣传。	**优点**：粉丝黏性较强，有大量与知名品牌合作的机会，且粉丝量高、笔记数据好的博主，广告报价很高。		**缺点**：有一定的冷启动期，低粉丝量较难获得高变现[1]。博主处于被选择的地位，为了保证数据，必须持续产出优质内容，容易陷入数据焦虑。广告投放也有淡旺季。在淡季，很多博主会产生收入焦虑。
商业类	**变现模式**：卖实物产品或虚拟产品。	**优点**：冷启动期短，低粉丝量也能获得高变现。相较个人IP类账号，商业类账号的笔记制作成本更低，对数据的依赖没有那么强。熟悉了内容制作流程后，能建立SOP（标准作业程序），更高效地获取客户。		**缺点**：需要配备后端团队来跟进咨询、发货等。部分商家不熟悉如何做出用户喜欢的内容，摸索期较长。笔记发布频率比个人IP类账号更高。某些类目或未认证的商业类账号容易违规，多次违规可能会被注销账号。

---

[1] 一部分低粉丝量账号也可以获得高收入，比如我的一个学员@雪妮爱串门，粉丝量为3.9万，报价2.5万，和20多万粉丝量的博主相当。不过这也是因为其内容制作精良，因此能获得品牌方青睐，背后依然经过了长时间的内容摸索与调整。

其实，个人IP类和商业类账号没有本质区别，核心都是"卖"，只是商业类账号卖的是产品，而个人IP类账号卖的是自己的特长、技能、职业、性格、观点、经历、生活方式等等。

当然，万事无绝对。

个人IP类博主也可以卖产品。比如我在一篇分享自己的读书方法的笔记中，在左下角挂上了该方法要用到的便笺。后来我有了自己的小红书课程，也会通过店铺售卖。

个人IP类博主也可以创作带货笔记

而商业类账号，也可以在笔记中加入观点、方法、故事分享等等内容。

比如，很多留学账号，会着重宣传自己的教师资历和申请案例，这类内容广告感比较重，曝光率比较低，也很难展示出本机构与其他机构的差异。

这时候，你一定要加入受众可能更感兴趣的内容，比如准留学生应该做什么准备才能提高申请到名校的概率，留学读什么专业就业比较好，英语成绩不高/没有科研竞赛经历/绩点一般怎么申请到好学校，等等。这些干货都可以结合机构的成功申请案例一起分享，既能给受众提供利他性的内容，还能让他们看到机构的专业度，这样受众也就有更大概率选择你的机构。

但商业类账号切忌远离账号主题的自我表达。

我的咨询者@啵啵小圆子是个时装造型师，为客户提供形象设计方案。但她找我咨询的时候，有好几篇笔记都在分享做计划、学习方法等，数据并不好。她认为穿搭内容无法吸引受众，就想试试成长类内容。我直接纠正了她：

不要为了分享观点而分享观点，要时刻牢记你的目的是什么，并围绕这个目的去分享。想吸引对形象美学感兴趣的用户，分享穿搭类内容绝对是最直接的方式之一。有直路就要走直路，不要绕弯子。想要靠穿搭类内容吸引你想要的用户，只需要在文案上下功夫。

我给了她很多文案建议。在咨询过我后，她发布的第一篇穿搭笔记就成为一条近2万个赞的爆款，吸引的意向客户比之前很多篇笔记加起来都多得多。

那么，如何选择适合自己的账号类型呢？

如果你没有现成的产品，可以走个人IP这条路，把自己当作产品，分享故事、方法、经验等，为用户提供实用价值或情绪价值。在你有了爆款笔记和一定的粉丝量后，很快就会有品牌找你进行付费推广合作。

@啵啵小圆子根据我的建议产出的爆款笔记

不过，在制作内容的同时，也一定要留心用户反馈，它很可能让个人IP类博主拥有第一个实打实的产品。比如我也是发布过一些自媒体干货笔记后，发现用户非常喜欢，于是留心用户的痛点与需求，设计了自己的小红书课程。在传授课程中，我又发现有些学员有个性化咨询的需求，于是加入了一对一咨询的服务。在咨询的过程中，我又发现很多商家不知道如何运营小红书，还在用硬植入广告的方法，笔记制作得非常生硬，导致产品转化率低，于是又加入了对商业类账号的培训。

我身边很多博主朋友也是如此，比如博主@杏仁，喜欢分享家居好物，成为家居买手并有了自己的品牌；博主@陈诗远和博主@EMY，分享的英语学习方法和国外生活见闻被很多人喜欢，也开设了英语学习课程。

当然，如果你有产品，且以扩大销量和获取用户为目的，大胆地选择商业类账号这条路就对了！

练习

根据本节的分析,确定你的账号主方向,选择个人IP类还是商业类。

只用两张图,找到真正适合你的赛道[1]

看到这里的你,先忘掉所有现成的赛道。

这一节,只了解自己。

很多人找不到赛道,不是因为对小红书不够了解,而是因为对自己不够了解。

我刚开始做小红书的时候,选择的赛道是摄影和穿搭。

那时候,我刚斥"巨资"买了相机和镜头,花光了我一个月的工资。每周末,我都兴致昂扬地带着相机去"扫街"。我想:

我喜欢摄影,我能长期坚持,这个赛道肯定适合我。

那时候,我拍出的照片是这样的。

我做小红书初期选择的摄影赛道

虽然不能说不好看,但是并不出彩。

选穿搭赛道就更好理解了。很多女孩子都喜欢好看的衣裳。有时候,我也会被朋友夸搭配不错。我想:这是我熟悉还有兴趣的领域,选它没错。

那时候,我精心设计的穿搭是这样的。

---

[1] 本节内容,更多针对个人 IP 类账号,如果你打算做商业类账号,可以快速浏览,着重看"市场验证"部分即可。

我做小红书初期选择的穿搭赛道

虽然不能说不好看,但还是……略微普通了。

但这都是我喜欢的方向啊。

我更新了一阵子,却数据惨淡,于是我陷入了迷茫。

问题到底出在哪里?

我找不到答案,直到有一天……

我永远记得那个下午。在上海一家叫VESH,现已不复存在的咖啡店里,我坐在落地窗边的座位上,用纸笔一点点梳理自己。我不断自问自答,试图摆脱纠缠我许久的困境。

最后,我发现了问题的核心:

做一个赛道,只喜欢不够,还要擅长,才能在这个赛道中拥有先发优势,更快地将账号做起来。

当然,选择一个喜欢但不够擅长的领域,也不是不能做好,但必须经过较长时间的学习,直到在这个领域有足够的经验积累后,才能做起来。

从VESH咖啡店离开一年后,我的账号粉丝突破30万。

当然,只擅长不够,还要有激情;这些都还不够,还要兼顾市场。这些都是我后来悟到的。不过,在VESH咖啡店的那个午后,彻底改变了我的自媒体生涯。

当初我问自己的问题,也经历了几轮迭代,形成了一套完整的方法。

这套方法，分成三个部分。

第一部分是七维定位表，第二部分是四象限图，第三部分是3+1赛道法。其中第一部分可以深入挖掘你的生命体验，找到被你忽视的爱好和擅长点，第二部分可以从中筛选出最容易出结果的部分，定位到适合你的赛道。

直到现在，在我想尝试新赛道时，依然会重新使用这个方法，每次它都能给我提供新的突破点。无论是新人博主，还是经历转型期的成熟博主，下面的内容，都能给你帮助和启发。

第一步：七维定位表，了解自我

七维定位表，涉及家庭、学业、职场、亲密关系[①]、高光低谷、爱好憎恶、评价这七个方面的问题。你可以找一个周末，带着电脑去到喜欢的咖啡店，把你的回答详细地写下来。

在写的过程中，有一些需要注意的地方。

1. 将表格中的问题看作引子，用它们来打开你的记忆，但不要拘泥于这些问题。在写的过程中，你也许会想到更多，不要丢掉它们，同样记录下来。当然，你也可以跳过某几个问题或模块（比如，如果你是学生，没有任何职场经历，就可以跳过"职场"模块），但跳过的原因应该是你对这个问题没有过往经历可以写，而不是因为回答这个问题需要花费太长时间。

2. 尽可能多地从记忆中收集案例，结合实际案例去写，因为我们的大脑总是会撒谎。比如，倘若你认为你热爱某件事，却找不到几个你为此付出的案例，那就不是真的热爱。

3. 写下来的内容没有好坏，你只管如实记录。这份文档的唯一作者是你，唯一读者，也是你。

4. 当你想记录下一些成绩时，不必要求它的结果是"卓越"，只要对你来说，它值得记录就够了。不要和任何人比，参照系只有你自己。

[①] 这里的亲密关系，包括伴侣关系和亲子关系。

5. 任何能唤起你情感波动的经历，任何能让你滔滔不绝的问题，都请务必重视。

维度	七维定位表典型问题
1.家庭	父母之间的相处模式是什么样的？有无变化？经过了什么样的变化？ 你和父母的相处模式是什么样的？有无变化？经过了什么样的变化？ 父母对你最大的影响是什么？是正面影响居多还是负面影响居多？你印象比较深的事是什么？ 父母对你有什么要求和期待？这些要求和期待是如何塑造你的？
2.学业	喜欢和讨厌的学科分别是什么？为什么？ 大学专业是什么？为什么选择这个专业？喜欢这个专业吗？ 你的学习成绩如何？ 如果你成绩不错，有什么备考技巧和学习方法？你认为努力学习给你带来的好处和坏处分别是什么？ 除了学习，学生生涯中有什么令你难忘的事吗？ 大学期间，你经常因为什么而焦虑？ 如果你已经大学毕业，回顾自己的大学生活，你想对当时的自己说什么？
3.职场	你有几段职场经历？你最喜欢哪一段，为什么？你最不喜欢哪一段？为什么？ 你愿意长期从事这个领域吗？ 如果你升职加薪很顺利，有什么工作方法、职场沟通技巧可以分享吗？ 你积累的职场技能可以复用到其他行业吗？它们分别是什么？ 你认为工作对你的积极影响和消极影响分别有哪些？ 除了工作，你的空闲时间都会做什么？ 除了基本生活开销，工资支出的大头是什么？ 除了工资，你有过其他收入来源吗？是如何获得的？ 如果完全不考虑工作，你期望明天自己在哪里醒来，如何度过这一天？

4.亲密关系	是单身、未婚、已婚还是离异？ 有过几段感情经历？为什么会分开？现在和伴侣的相处与之前相比发生过什么变化吗？ 对你来说，爱情是不可或缺的吗？ 如果是已婚，和伴侣的相处模式是什么样的？对婚姻有什么看法？和结婚前有什么变化？如果未婚的自己站在你面前，你想要对那个自己说些什么？ 你是否有孩子？如果有孩子，你和孩子的相处如何？会比较在意他哪方面的成长？会焦虑吗？会"鸡"娃吗？在对孩子的教育中，你认为最重要的三件事是什么？孩子是如何评价你的？
5.高光低谷	在成长过程中，你有过哪些高光时刻和低谷时刻？是如何度过低谷期的？
6.爱好憎恶	你的爱好是什么？按投入时间多少给你的爱好排序，前3个是什么？ 你用爱好赚过钱吗？ 你听说有人通过这个爱好赚过钱吗？是如何做到的？ 你为什么喜欢做这件事？ 你讨厌做什么？为什么？ 你绝对无法忍受的事情是什么？为什么？
7.评价	**自我评价** 你的MBTI（迈尔斯-布里格斯人格类型量表）测试结果是什么？ 想象"你"站在正在看这本书的你的身边，"你"会如何评价正在阅读本书的你？ 如果你有1—3项比身边人做得好的技能，它们分别是什么？为什么你会比其他人做得更好？ **他人评价** 朋友和同事分别如何评价你？他们认为你有什么优点，有什么缺点？ 别人最经常夸你的点是什么？

这份表格，涵盖了我们的家庭环境、学习经历、工作体验、自我探索等等，几乎是一份小自传。[①]

写完之后，做以下3步。

首先，留意哪些模块、哪些问题是你非常有表达欲，不用过多回忆就能一气呵成的，把这些回答圈出来。这些地方往往你有丰富的经历和经验，也是你未来很可能写出爆款笔记的方向。

比如，我在"学业"这个模块就洋洋洒洒写了很多字[②]，后来，我确实写出很多与大学生成长相关的爆款笔记。

如果你写"家庭"模块时很有感触，说明曾经的家庭经历给你带来的影响很大，不管这些影响是正面的还是负面的，都可以经过萃取，成为成长类赛道非常好的内容。

如果你在写"爱好"模块时，发现某些爱好你已经投入了非常多时间和精力（大概率会比普通人要做得更好），那么这些爱好就应该成为你未来输出的主要内容之一。

接着，把所有回答中的"最事件"标注出来。比如最让你感到快乐的事、最让你感到痛苦的事、最让你有成就感的地方、你认为做得最棒的地方、你花费时间/金钱最多的地方、你最容易被人埋怨的地方……

最后，把你喜欢、擅长、不喜欢、不擅长的点圈出来，并用一个简短的词提炼，写在旁边。有了以上内容，你会很容易发现这些点。

比如，你非常有表达欲的模块、你投入时间最多的地方、你的职业、别人的夸赞、你的高光时刻、你赚到过钱的地方，甚至是你花钱较多的地方都极可能是你喜欢或擅长的点。你的一个个"最事件"中，也

[①] 为了方便读者更直观地学习，本节附带一份已填写并分析完成的七维定位表。因为篇幅有限，无法在书中展示，可以关注微信公众号"琳达自媒体课堂"发送"七维定位表"获取。

[②] 大学期间我并不喜欢自己的专业，也不知道未来能去哪里工作，经常会陷入迷茫和焦虑，只能通过阅读和搜集各类咨询结果来摸索方向，并渐渐取得了一些成果。这段经历，让我有很多思考和经验可以分享，在写"学业"这个模块的时候，自然非常有表达欲。

可能藏着你的擅长、喜欢、不擅长和不喜欢。而那些让你一再碰壁、被人埋怨之处，很可能是你不擅长，或者不喜欢的点。

当然，在这个过程中，你会发现一些点并不是孤立的。比如你喜欢一件事，但可能并不擅长。你擅长一件事，但可能并不怎么喜欢。没有关系，你只管将它们如实提炼出来。

不要小看这个表格，它的作用不仅仅是帮你了解自己，更是你与其他博主本质上的差异的来源。

真正的差异化，无须刻意打造，无须秀口头禅，无须刻意打造场景和妆容风格，它是你的经历，你的故事，它只属于你。选题可能相似，但经历不会雷同。

真正的差异化，就是独一无二的你自己。

对表格内容的一些解释

1.MBTI

MBTI将人的性格分为16种类型，由4个维度上的不同偏好构成。

维度1：I——内向型、E——外向型

维度2：S——实感型、N——直觉型

维度3：T——思考型、F——情感型

维度4：J——判断型、P——感知型

虽然实际生活中，人的性格更复杂，不可能只划分为16种类型，但是MBTI测试依然是一个很好的将模糊性格具象化的工具。现在网上的MBTI在线测试，还会进一步给出性格剖析和职业建议，不失为一个很好的了解自己的途径。同时，MBTI也会随着职业和生活经历的变化而变化。

2.选择图文笔记还是视频笔记？

很多人纠结是发图文还是发视频。下面有几个判断标准：

你刷图文更多还是刷视频更多？

判断自己是适合发图文内容还是发视频内容，其实很简单，你的习惯已经告诉你了。

如果你在小红书看的内容大多是图文笔记，那么图文对你来说就是最好的尝试。因为你在浏览图文上花的时间最多，意味着你在潜移默化中更了解图文的表现形式，也意味着你更明白什么是一篇好的图文笔记。与一开始就发布自己不了解的视频笔记相比，学习路线显然更加缓和，也更容易坚持下去。

比如，我开始做小红书时阅读纸质书、网页比较多，几乎不刷视频。因此对我来说，最好的选择就是从图文入手。

让性格和职业给你建议

如果性格活泼不怯场，不害怕当众发表观点，喜欢表现自己，视频会更适合你。

对工作繁忙的职场人来说，如果拍视频对你来说难以兼顾，或者因为职业要求不方便露脸，图文显然是一个更好的选择。

灵活改变

任何事物都是发展变化的。我们最开始选择图文还是视频，都不能说明我们要一直沿着这条路走下去。

你的目标是将小红书做起来，而不是纠结于某种形式。选择当下最适合自己的那条路，才是最快的路。

3.低谷时刻和缺点

完美在真实面前不堪一击。永远不要塑造完美的人设。分享你的低谷经历，分享你的焦虑，分享你的缺点，分享你是如何突破它们的。完美让人高高在上、遥不可及，而每个人都会有的低谷时刻和缺点，把我们紧紧拉在一起。

> **练习**
>
> 完成你的七维定位表。写完后仔细阅读,将你特别有表达欲的部分,以及所有的"最事件"标注出来。
>
> (关注微信公众号"琳达自媒体课堂",发送"七维定位表"领取模版。)

第二步：四象限图，定位优势

经过七维定位表的梳理，你对自己肯定有了更深入的了解，但你依然不清楚具体该往哪个方向走。

接下来，四象限图法会帮你去粗取精，精准定位适合自己的赛道。

1. 填写四象限图

回顾你写的七维定位表，把你擅长、喜欢、不擅长、不喜欢的点，一一写在下面的四象限图中。

如果你喜欢一件事情，除非你明确知道自己并不擅长，都填在象限Ⅰ（喜欢-擅长区），否则，就填在象限Ⅳ（喜欢-不擅长区）。如果你擅长一件事情，除非你明确感觉你不喜欢它，都填在象限Ⅰ（喜欢-擅长区），否则，就填在象限Ⅱ（不喜欢-擅长区）。其他则填写在象限Ⅲ（不喜欢-不擅长区）。

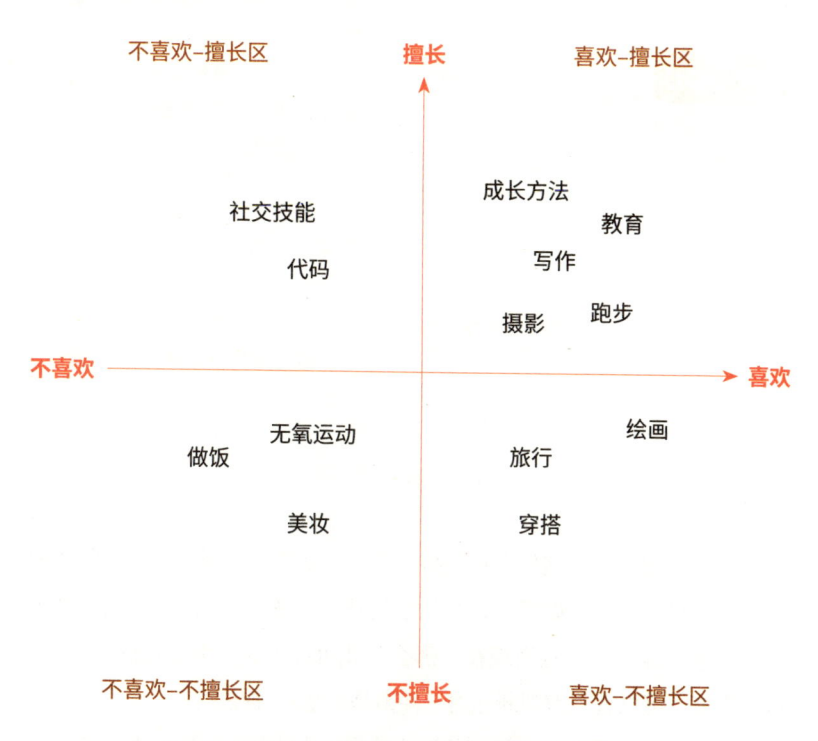

	擅长	
不喜欢-擅长区		**喜欢-擅长区**
社交技能	成长方法	教育
代码	写作	
	摄影	跑步
不喜欢 ←———————————→ **喜欢**
		绘画
做饭 无氧运动	旅行	
	美妆	穿搭
不喜欢-不擅长区	**不擅长**	**喜欢-不擅长区**

四象限图示例 提炼出关键词后，将关键词写在对应的区域

2. 打分

结合七维定位表,给刚刚写下的点打分,分数高的方向,就是更适合我们的方向。

下面是打分规则。

(1) 如何给喜欢的事打分?

衡量一件喜欢的事,满分10分,可以从坚持、愉悦和无私3个维度去打分。

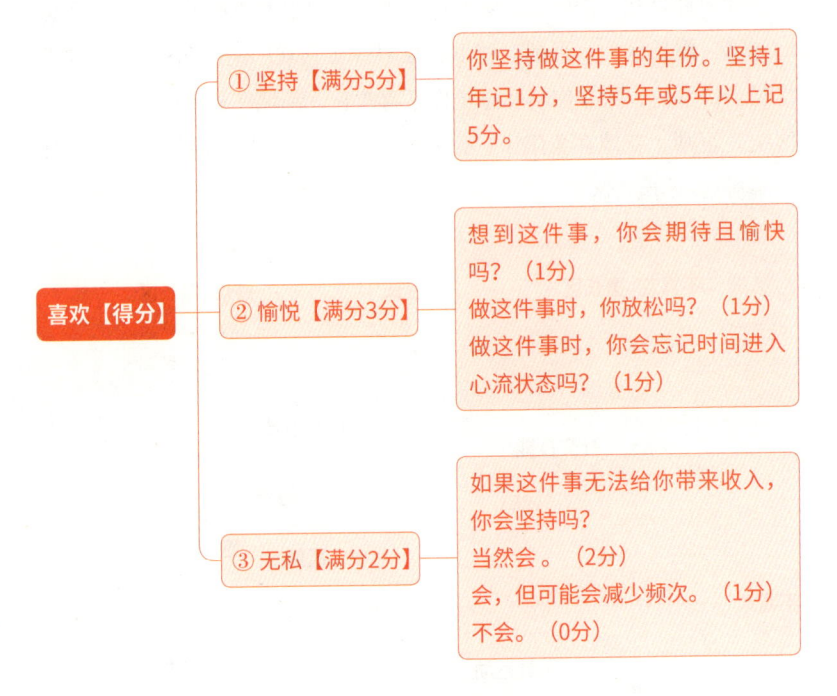

```
喜欢【得分】
├─ ① 坚持【满分5分】── 你坚持做这件事的年份。坚持1年记1分,坚持5年或5年以上记5分。
├─ ② 愉悦【满分3分】── 想到这件事,你会期待且愉快吗?(1分)
│                      做这件事时,你放松吗?(1分)
│                      做这件事时,你会忘记时间进入心流状态吗?(1分)
└─ ③ 无私【满分2分】── 如果这件事无法给你带来收入,你会坚持吗?
                       当然会。(2分)
                       会,但可能会减少频次。(1分)
                       不会。(0分)
```

"喜欢"分值计算方法

坚持维度,是指这件事你坚持了多久。如果已经坚持了大半年或者1年,可以打1分。比如写作,我从小就坚持,高中因为学业中断,到了大学又继续捡起,一直到现在。那么,我可以为这个维度打满分5分。这个维度,可以直观地判断你对一件事是不是3分钟热度。

愉悦维度,是指做这件事的过程给你带来的开心程度,无关结果。

你可以从上图的3个问题出发来为这个维度打分。对我来说，无论再累，我都期待晚上回家后写上几笔，像是一种精神寄托。我可以为该维度打满分3分。

无私维度，是抛去世俗钱财来检验真爱。如果这件事不能给你带来收入，你还能一直做下去，为爱发电，那你的这份喜爱就是无私的。当然，这是一种很理想的状态，无论是对事物还是对人，尘世中鲜少无私之爱。所以没关系，我想大多数人会和我一样，在这个选项打1分。

综上所述，我对写作的喜欢值是5+3+1=9分。

(2) 如何给擅长的事打分？

衡量一件擅长的事，满分10分，可以从成就、认可和专业3个维度去打分。

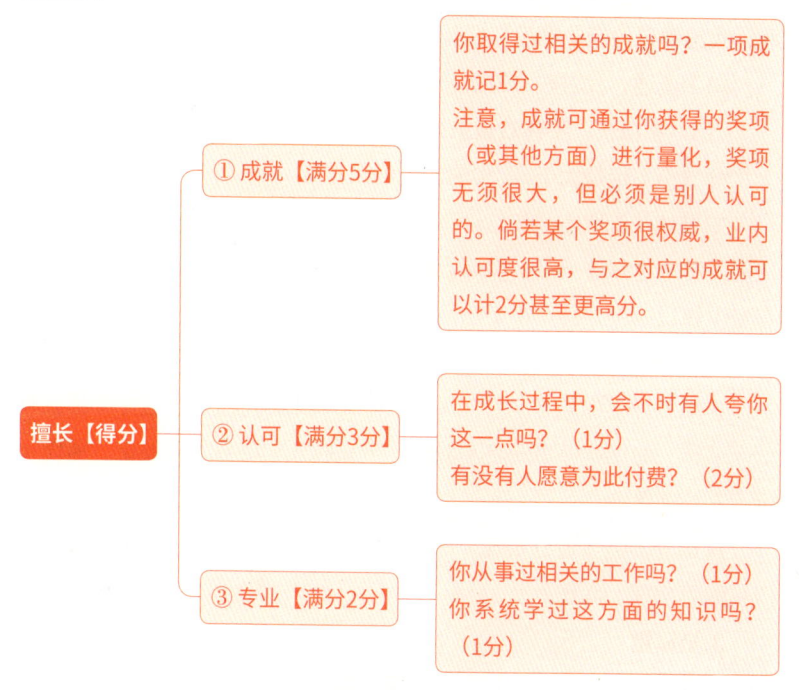

擅长【得分】

① 成就【满分5分】
你取得过相关的成就吗？一项成就记1分。
注意，成就可通过你获得的奖项（或其他方面）进行量化，奖项无须很大，但必须是别人认可的。倘若某个奖项很权威，业内认可度很高，与之对应的成就可以计2分甚至更高分。

② 认可【满分3分】
在成长过程中，会不时有人夸你这一点吗？（1分）
有没有人愿意为此付费？（2分）

③ 专业【满分2分】
你从事过相关的工作吗？（1分）
你系统学过这方面的知识吗？（1分）

"擅长"分值计算方法

成就维度，是你曾经取得的和这件事有关的成就，1个计1分。如果这项成就比较大，可以计2分甚至更多分。需要注意的是，你不需要拿到什么知名大奖才算得上有"成就"，不需要拿到奥运冠军才有底气说你擅长运动。这个维度的目的，是用客观的视角去验证擅长的真实性。

拿我所擅长的教育举例。我读书时曾经为同学辅导、补课，帮同学在很难的科目上取得了不错的成绩。大学时做家教，我把当时辅导的小女孩的英语成绩从不及格提升到80多分。因此，我可以给教育的成就维度打5分。

认可维度，就是在成长过程中，周围人对你的认可。比如，周围人是不是总会夸你这一点，甚至有些人愿意为此付费？结合个人情况，我给教育的认可维度打2分。

专业维度，是你是否曾经从事过相关的工作，或者进行过专业培训与学习。我并未做过专业的老师，但阅读过一些与沟通有关的书籍。因此，我给教育的专业维度打1分。

综上所述，我对教育的擅长值是5+2+1=8分。

(3) 不擅长、不喜欢该怎么打分呢？

分数不一定是大于等于0的，也可以为负。

如果你从未取得过和这件事相关的成就，反而经常搞砸；如果大家从来没有夸过你这一点，反而会吐槽；倘若你从未从事过相关工作，没有多少知识储备，甚至很多东西你一无所知，需要借助搜索引擎等，那么你一定不擅长这件事。

如果一件事你总是坚持几天就放弃，如果你每次想起这件事都会有负面情绪，如果这件事一旦不能给你带来收入你就会立即停止，那你一定不喜欢这件事。

这部分不需要过分精确。你可以回顾一下实际情况，为不喜欢、不擅长的事项打上负分。

3.坐标化

对你写下的方向逐一打分，你可以得到一张带坐标的四象限图。在这张图中，每件事都对应一个精确的坐标。横坐标代表喜爱分值，纵坐标代表擅长分值。比如，下图中写作的坐标是(9,7)，意味着我对写作的喜欢值是9，擅长值是7。

四象限图示例

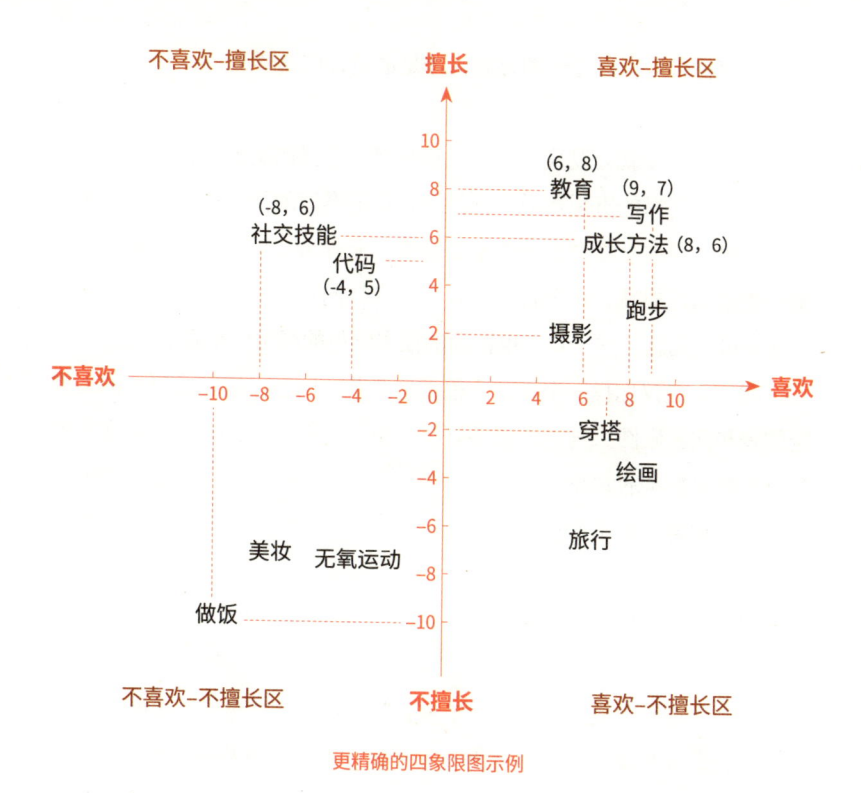

- 不喜欢-擅长区
- 擅长
- 喜欢-擅长区
- (-8, 6) 社交技能
- 代码 (-4, 5)
- (6, 8) 教育
- 写作 (9, 7)
- 成长方法 (8, 6)
- 跑步
- 摄影
- 不喜欢 / 喜欢
- 穿搭
- 绘画
- 美妆　无氧运动
- 旅行
- 做饭
- 不喜欢-不擅长区
- 不擅长
- 喜欢-不擅长区

更精确的四象限图示例

4.定位赛道

如何利用四象限图定位赛道？

你可以将横纵坐标的数值加起来，根据总分排序，选择得分最高的几个方向作为你的主要赛道。这样就能兼顾喜欢和擅长。

如果你更看重个人的愉悦体验，也可以根据喜欢值排序，选择喜欢值最高的若干方向。当然，这件事的擅长值也不能过低，否则前期学习时间会很长。

如果你更在意快速在小红书拿到结果，就可以选择擅长值最高的方向。当然，也需要兼顾喜爱分值，否则会做得很痛苦。

这样筛选出来的方向，要么你喜欢且擅长；要么你极其喜欢，虽没那么擅长，但能保证持续输出；要么你极其擅长，虽没那么喜欢，但能迅速给用户提供价值。

只有符合这三点之一的方向，才是最适合你的赛道。

做到这一步就会发现，我们当初拍脑袋选择的赛道是多么不合适。比如我最初选择的摄影赛道得分很低，穿搭赛道的得分甚至更低。如此低的分值，想在小红书上快点拿到结果，无异于"学渣"在考前一天突击还想拿到好成绩。几个月后，我将内容转向我喜欢且擅长的赛道后，才开始频出爆款。这一点，也在我的很多学员的经历中得到了验证。

我非常建议你找一个周末，根据这两节的内容仔细完成自己的七维定位表和四象限图。这也许需要好几个小时，但相信我，它能帮你节省几个月甚至数年的时间。

方向比努力更重要。

关于四象限法的部分疑问解答：
1.喜欢但不擅长怎么办？

你一定会想，为什么会有"不擅长"这一栏？它是做什么的？

没错，我们每个人都期待自己喜欢的也是自己擅长的，但大多数人并没有这么幸运。如果你确认你非常喜欢一件事，却发现暂时不擅长，没关系，你依然可以继续这个赛道。[1]因为技能可以通过练习来精进，热爱会支撑你一路向前。

只有把"不擅长"写下来，你才能明确地看到自己的短板，并补齐它们，而不是模糊地说"我不会做这件事"，最后因为畏难的情绪一再拖延。

大多数不擅长的事都可以通过学习、练习而变得擅长。只有它们被清晰地看到，才能被真正解决，才不会成为阻碍你前进的障碍，而是成为你前进的助力。

2.擅长但不喜欢怎么办？

如果你非常擅长一件事，但无法忍受它（比如该事的"喜欢值"

---

[1] 具体原因和操作方法会在本章后面部分讲解。

已经小于-5），请果断放弃它。举个例子，你虽然擅长社交，但喜欢独处，喜欢深度的关系，那你就要慎重考虑是否要继续和社交有关的方向。再比如，你虽然在职场一路升职加薪，但长期高强度的工作让你对工作不再抱有热情，甚至有了抵触情绪，那么，你最好不要成为一个教大家如何高效工作、升职加薪的博主。

你写下的一切，最终都会成为你。

无论多火的赛道，只要你不喜欢、不认可，就不是好赛道。人在做自己不喜欢的事情时，是不自洽的，是拧巴的。自媒体拼的根本不是天赋，拼的是坚持，而能否把一件事坚持做下去，"不讨厌"是最基本的条件。

不要打开潘多拉的魔盒。

保护好自己的能量，走得长远些，比什么都重要。

3.擅长的误区

我刚工作的时候，我所在的互联网公司举办了一场读书活动。我拿到了该活动的一个小小的奖项。当我拿着奖杯回到工位的时候，被领导看到了。

"我其实没读很多书，是因为他们读得太少了。"我不好意思地说。

领导说："你不需要和所有人比，只需要和你周围的一拨人比就好了。"

那一刻我突然意识到：

我们必须成为那一小拨顶尖的人，才配得上"擅长"二字吗？

并不是。

非得是名校生才能分享学习方法吗？小红书上有很多最初并非名校出身的博主，分享自己提升学历，比如专升本，或者普通本科逆袭"211""985"硕士研究生的经历。

非得是大厨才能分享做菜方法吗？小红书上分享家常菜、减脂餐、普通上班族带饭的美食博主也比比皆是。

非得是美女才能分享美妆吗？越来越多外貌并不那么出众的博主飞速涨粉，因为美女本身就是少数，普通女孩如何通过化妆扬长避短，反而是大多数用户的需求。

擅长不一定是和专业人士比较，很多时候，越专业的内容越是吸引同行。只要你有比周围（注意是周围）70%[①]的人做得好的地方，就好。而这个70%原则，最容易匹配的方向就是你的职业。一般来讲，你的职业是你投入最多时间和精力的地方，也许你比不过优秀的同事，但比素人做得好是没有问题的。

当然，你不能像做工作汇报一样分享你的专业，你必须和大多数人喜欢的内容结合。这里给大家提供几个思路。

比如，我曾经是AI算法工程师，虽然我远称不上最优秀的工程师，但对AI的认识和理解能超过大多数非AI行业的人。那么，我就可以将AI与个人生活、职场、自媒体内容制作等结合，教大家如何利用AI提升学习效率、工作效率，如何用AI帮助自己制作自媒体内容。

比如，你是英语专业，或者是英语爱好者，也许你的专八、雅思或托福没有考到很高的分数，但你的口语特别好，或者是你的词汇量特别大，你背单词又快又牢固……那你就可以分享你所擅长的某一方面的英语学习知识：教大家如何说出一口流利的英语，如何提升自己的词汇量，"无痛"阅读原版书，等等。

隔行如隔山，信息差永远存在。

[①] 这里的70%也是约数。一件事我们是否比周围人做得更好，同样可以通过回顾过往案例来确定。

练习

根据本节提供的方法，做一份四象限图，并将处于象限I的方向按照总分从高到低排序（如果你更看重喜欢值或者擅长值，也可以灵活切换排序方法）。

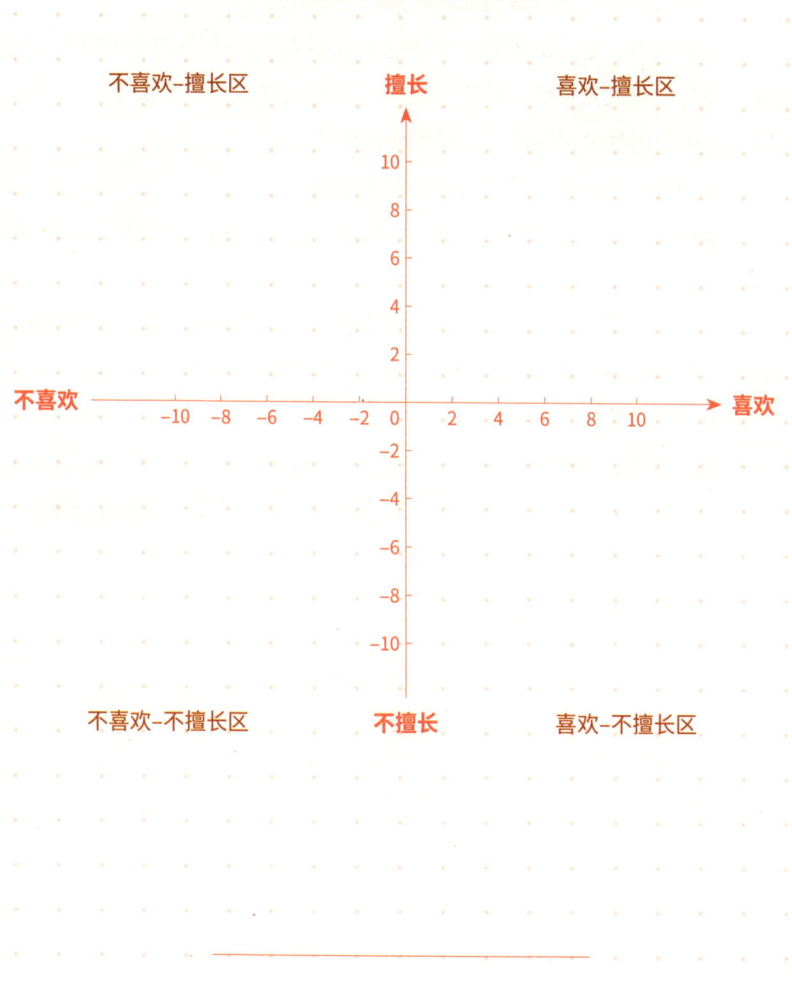

不喜欢-擅长区　　　擅长　　　喜欢-擅长区

不喜欢　　　　　　　　　　　　　　　喜欢
　　　　-10 -8 -6 -4 -2 0 2 4 6 8 10

不喜欢-不擅长区　　不擅长　　喜欢-不擅长区

能否赚到钱？市场验证必须做！

找到适合自己的赛道后，下一步就是市场验证。我们必须确定：这个赛道是被市场验证过受欢迎的/能赚钱的。

但很多人会犹豫："这个赛道做的人太多/有人做了，我想做一个新赛道……"

这时候，我都会及时提醒他们：

你以为自己找到的是蓝海，实际可能是死海。

做小红书，最怕的不是这个赛道有很多人做，而是怕这个赛道没人做。因为没有人做，就意味着用户很可能对这类内容没有强需求。当你以一个小白的身份贸然杀入，很容易铩羽而归。

如何确定你的赛道是不是有需求的赛道？

本章开篇已经罗列出部分赛道，这些赛道都是用户有需求，且品牌也会持续投入的赛道。

当然，如果你没找到自己的赛道也没关系，这绝不代表你的赛道不能做。因为篇幅关系，本书不可能将所有值得做的赛道一一列出，但有一个非常好用的判断标准：

你的赛道，能不能在小红书上找到5个以上的粉丝过万，并且在持续更新的账号？这些账号是否有品牌合作、带货、直播，或者引流私域进一步转化等收入[1]？

如果有，就没问题。

---

[1] 小红书的具体变现模式我会在本书第十章分享。

> **练习**
>
> 将你根据上一节的练习排序后的方向，按本节的方法进行市场验证，最后保留4个方向。

第三步：3+1赛道法，出奇制胜

按照你的标注，从四象限图中选择4个方向。这4个方向中，得分最高的3个方向可以作为你的主赛道，而最后那个方向，就是辅赛道。你可以叫它3+1赛道法。

为什么要确定3个主赛道？

其实，3只是约数，意在表明：

适合你的赛道并非单一，也不应该单一。

多元的赛道，不仅能让你的账号拥有更鲜明的个人特色，不容易成为工具人，而且也增加了起号的成功概率。

对小红书经验尚浅的人来说，即便你经过长时间分析、定位到适合自己的若干赛道，也一定会在实践中发现，你在某个赛道下发布的内容数据更好。所以，前期多尝试，一旦发现某个赛道更受市场欢迎，就可以该赛道为重点，深入学习，多输出更多相关的优质内容。

不必担心是否"垂直"。现在的推荐算法非常强大，它会将不同的内容推到对这些内容感兴趣的受众面前。

当然，做小红书有一个大忌就是什么赛道都想做。什么都想做，最后的结果就是什么都做不好。

为什么要加入1个辅赛道？

我们都听说过"出奇制胜"这个词，这个词来源于《孙子兵法》。

古代打仗的时候，有谋略的将领会兵分几路。直接和敌人交锋的那一队叫正兵，而埋伏在暗处的，叫作奇兵。在双方的交锋中，当敌人撤退或者休整时，奇兵才会在敌人意想不到的时候杀出。乘其不意，攻其不备，以敌人料想不到的方式夺取胜利。

此谓出奇制胜。

我们的主赛道，就像是"正兵"，也是我们应该花最多时间打磨的赛道。但是，在瞬息万变的自媒体世界，即便是当下的"流量密码"，撑不到1年，也会迅速失效。

倘若没有"辅赛道"的意识，不主动地去拓宽自己的能力、视野和思维，吃老本，很快就会成为大浪中被淘掉的砂石。

辅赛道，就是那支可能让你出奇制胜的"奇兵"。

如何选择辅赛道？

辅赛道可以是你喜欢但暂时不擅长的，或者是你有强烈的表达欲，觉得好玩，但没尝试过，不确定自己能不能做好的。

为什么要这么做？

第一，为了扩大能力圈。第二，为了好玩。

不断丰富的赛道，就是不断扩大的博主能力圈。

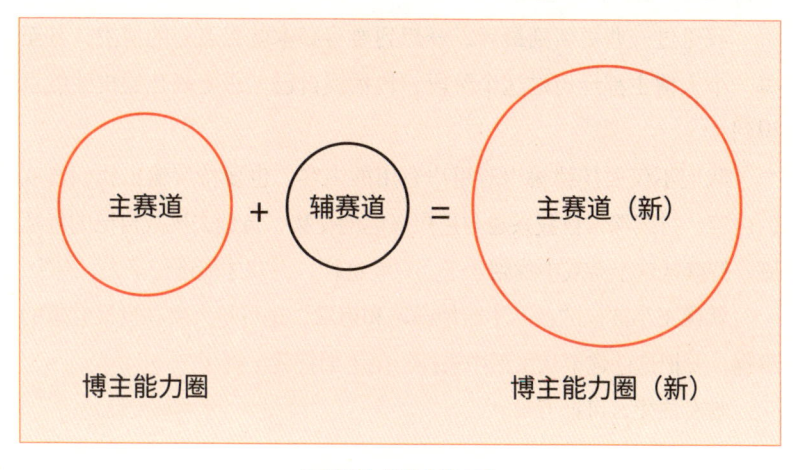

不断扩大的博主能力圈

博主的能力圈越大，以后的路就越宽广。

现在，用户喜好和平台机制变化飞快，即便我们找到了非常适合自己的赛道，也不能指着它撑上3年。所以，一定要有前瞻性思维，不要沉浸在数据的繁荣中，要在保住基本面的前提下去试错，慢慢将喜欢-不擅长赛道打磨成喜欢又擅长的赛道。这样，自己能做的才会越来越多，作为一个博主的路才会越走越宽广。

我有一个学员很擅长小学教育，也喜欢分享观点，同时又很喜欢摄影。和她聊完并看了她的摄影作品之后，我建议她将对孩子的教育方法、成长观点作为主赛道，将摄影作为辅赛道，慢慢学习精进，直到摄影技能越来越好，就能将其作为主赛道之一。

能力圈好理解，但为什么要加上好玩？

好玩的作用被人大大低估了。

好玩决定了你能否从做内容中持续地找到乐趣，决定了这条路你究竟能走多远。我们在世上走一遭，不仅是为了打怪升级，拿到更多的筹码，本质上还是想要拥有更有趣的生命体验。如果一个游戏让你觉得不好玩，甚至越玩越无聊，越玩越痛苦，即便是给你再多的筹码，你也不能持续玩下去，甚至会放弃。

我见过一些更新到最后，一想到要写脚本就犯恶心的博主，甚至每一个大博主都经历过这个阶段，包括我自己。总要蜕几层皮才能意识到：

我们不仅要持续输出对用户有用的内容，也要持续输出我们喜欢的内容，持续探索自我兴趣与用户兴趣的交集，持续去挑战自己的舒适圈，持续从这个游戏中找到乐子。只有这样，游戏才能进行下去。

就像王小波说的："不断地学习和追求，这可是人生在世最有趣的事啊，要把这件趣事从生活中去掉，倒不如把我给阉了……"

唯有热爱，可抵万难。

练习

写下你的3个主赛道和1个辅赛道。

3分钟写好个人简介

终于来到本章最简单的环节了。

很多人做小红书的第一步就卡在名字和简介上。其实,账号名、个人简介和头像,真的没有太多需要注意的复杂规则,咱们一一来看。

账号名称

博主们的账号名可谓五花八门,而且没有任何规律,因此在取名时不需要过于紧张,选择自己喜欢的名字就好。

同时,为了方便用户称呼和记住,最好不要用生僻字或复杂的长英文名,像@悦然yue、@雪妮爱串门、@大乐Daleee,以及我的账号名@琳达不呆等,都很容易让用户记住和称呼。

至于要不要将账号名称和我们的赛道进行强关联,比如"×××老师讲留学""×××说英语口语"等等,这里没有固定的标准,只有一个判断原则:

你是不是以后只做这一个方向?

比如,你英语口语很好,做账号就是为了教大家英语口语的学习方法,当然可以取名"×××教口语",用户也更容易记住你是做什么的。但是,大多数个人IP类博主都不会只做单一赛道。如果你的赛道是多元的,则无须给自己定性。总之,名字不会对我们的账号数据产生影响,取个自己喜欢的,不合适再改名呗。

个人简介

第一,从赛道出发,点明账号主要分享的内容。

@雪妮爱串门的个人简介是:
香港城市大学硕士·华南理工大学本科

前广东电视台设计师节目制作人[1]

家装灵感｜设计干货｜家居好物

@Shay的个人简介是：

我是中国人CN

个人成长｜生活方式｜终身学习

@梦想家瑶光的个人简介是：

ENFP｜00后｜女性成长｜自由职业探索

梦想是当数字游民到处旅居！

永远年轻，永远热泪盈眶！

@麻省女工的个人简介是：

麻省理工MIT（麻省理工学院）本科学姐

戴眼镜的ex-投行打工人|短发的自律工科女

终身学习｜留学职场｜知识干货｜自我提升

@李喜欢的个人简介是：

干货制造机　励志分享每一个变美细节

愿不辜负每一份信任

第二，学历、职业背景，以及和自己主赛道相关的资历等。

@琳达不呆的个人简介是：

哈工大本·上海交大硕·前AI算法工程师·TEDx讲者

终身学习·搞钱干货·思维认知·生活方式

长期主义是最浪漫的事

---

[1] 广东电视台前房产频道《设计前沿》栏目制作人。——编者

> @王多维up的个人简介是：
> 500强央企工程师勇闯自媒体｜短期目标是搞钱
> 职场生活｜自我管理｜生活记录
>
> @大乐Daleee的个人简介是：
> Career·Tech·AI·Life（职业生涯：科技·AI·生活）
> 外企打工人｜Software Developer（软件开发工程师）
> 全网 10W 订阅博主|探索人生可能性

如果你有比较独特的学历、学习经历或者职业背景等，可以加上，当然，不加也没关系。这并不是必选项。

第三，加入生活态度、个人性格。

在简介中加入自己的性格、喜好，让用户能一眼了解你。

> @Rose肉肉的个人简介是：
> 梦想成为一个快乐的人
>
> @澳洲买买君的个人简介是：
> 一个暂居悉尼一本正经胡说八道的山东人
> 此账号为本平台唯一正版，其他都是假冒
>
> @漠兔MOTU的个人简介是：
> 人生是积累的过程吧
>
> @条条大鹿的个人简介是：
> 拒绝酒精从你做起
> 我做不到

这3种方法并非各自独立的，很多博主会将它们结合起来，让简介更丰富。比如，在简介中写明自己账号主要分享的内容方向，再加入相关学习、职场经历做背书，并加入自己的生活观、人生观等。

除此之外，大多数博主还会在简介最后附上邮箱等联系方式，方便品牌询单，本书统一不做展示。

不过，简介对账号影响不大（你会发现很多博主只写了一句话），而且可以反复修改，不需要花太多时间和精力去构思。不要因为简介不完美而迟迟不敢开始。不纠结小事，才能将精力放到最重要的事上。

头像

大部分博主都会选择真人实拍头像，景别以中景为主，露出上半身。少部分会用夸张的特写或者虚拟头像。

当然，头像要和账号定位相关，比如宠物博主的头像最好露出宠物，情侣博主的头像最好是情侣双人照片等。

真人头像——最常见　　宠物博主——宠物头像　　情侣博主——情侣头像

> **练习**

确定你的账号名称、个人简介和头像。
再次提醒:这一步并不重要,不要犹豫不决,
不要花太长时间。

如何找对标账号？同行是最好的老师

某个赛道能不能做，好不好做，应该怎么做，变现情况如何，粉丝有多高的天花板等问题，对标账号都会给我们答案。

找对标账号的思路

1. 判断这个赛道值不值得做

如果你想做的赛道，都找不到任何一个做这个赛道的博主，或者博主非常少，而且更新很不稳定，甚至断更了，这个能说明什么？至少说明这个赛道在当前市场中不受欢迎，而且变现前景不明朗。

如果你不想单纯为爱发电的话，可以趁早换赛道，降低沉没成本。

2. 判断赛道的涨粉、变现情况怎么样

如果这个赛道的头部博主粉丝体量较大[1]，说明用户对该内容有需求。如果博主还经常有品牌合作的机会，或者带货、卖货的销量很高，说明这个方向的变现前景也不错。

3. 矫正选题

刚开始做小红书的朋友，很容易遇到一个问题，就是什么都想发，不知不觉把小红书发成了朋友圈。但是，一旦有了对标账号，去看他们平时发的内容，我们就会发现大多数博主都会沿着某几条主线进行分享。同时，我们也可以参考这些博主数据比较好的选题，去创作自己的内容。[2]

4. 学习

对标并不仅仅是学习对方的选题。比如，你喜欢某个摄影博主的剪辑风格，即便他的赛道和你的赛道风马牛不相及，也可以借鉴对方的剪辑风格为你所用。而且，在这个过程中，你会发现很多博主最开始做的

---

[1] 头部博主的粉丝体量与行业、赛道都有关，不能一概而论。如何确定不同赛道头部博主可能达到的粉丝量，接下来我会一一分享。
[2] 类似于大家拿到的都是一样的题目，自己去写内容，不要抄袭。

内容也乱七八糟。再大的博主也是慢慢成长起来的。

总的来说，有了对标账号，我们不需要和这些博主在生活中认识，他们也会成为我们优秀且免费的指导者。

既然对标账号这么好，那怎么找到适合自己的对标账号，并为我所用呢？

我非常建议大家找两类对标账号：一类是主对标账号，一类是次对标账号。

主对标账号，就是赛道、变现模式都和你比较相似的账号，这些账号应该是你重点关注的账号。

比如，你想做职场赛道，那你的主对标账号就应该是把职场作为主赛道之一的账号，而不是美妆、穿搭类账号。如果你想做大学生赛道，那就要多关注把大学生成长作为主赛道之一的账号，比如以大学生活、学习、实习、工作等内容为主的账号。当然，思路也不要被局限了，如果你有自己的珍珠饰品品牌，打算在小红书上销售，不一定非得找珍珠类的商业账号做对标，像首饰类商业账号，或者以配饰为主赛道之一的个人IP类账号，都可以作为你的主对标账号。

在本章前文中，我们提到了"3+1赛道法"。在你找主对标账号的时候，不需要主对标账号和你的"3+1"完全相同，只要有1个赛道相同就可以了。

次对标账号，是和你的赛道、变现方式相似度不高，甚至完全不一致，但在拍摄、表现形式、剪辑或文案风格等一个或几个方面很出色，你很感兴趣的账号。次对标账号可以打开你的思路，让你获得更多的灵感，将内容做得更有趣、更有差异化。

一句话概括：主对标账号指明方向，次对标账号激发创意。

如何找到主对标账号？

在找具体的账号之前，你需要记住一个策略——"4-3-2策略"。

其中，"4"代表4个腿部博主。"3"代表3个腰部博主。"2"代

表2个头部博主。

到这里肯定有人问：

多少粉丝算腿部博主，多少粉丝算头部博主呢？

之所以没有给出一个标准的数值，是因为赛道不同，可能达到的粉丝量级也不同。但好消息是，我们很容易进行换算。

以美妆赛道[①]为例。在美妆赛道中，小红书中粉丝最多的博主粉丝量能达到100万以上，但大多数优秀博主粉丝量在50万以内。那么，我们就可以将粉丝量超过50万的作为美妆赛道的头部博主，20万—50万的作为腰部博主，1万—20万的作为腿部博主。

因此，按照"4-3-2策略"，我们就可以选择4个粉丝量在1万—20万的博主作为腿部对标，3个粉丝量在20万—50万的博主作为腰部对标，2个粉丝量在50万以上的博主作为头部对标。

再看户外赛道，因为受众人群不如美妆的受众人群广，因此，粉丝量达到50万已经是非常不错的成绩了。这时候，就可以把头部博主的粉丝量定得稍微低一点，比如粉丝量在25万以上的博主都可以作为头部对标，粉丝量在10万—25万的博主作为腰部对标，粉丝量在1万—10万的博主作为腿部对标。

对新人来说，切忌盲目对标头部博主。头部博主一般都深耕内容3年以上，已经形成了比较稳定的账号风格，内容做得也更复杂、精致。倘若你不去找腿部博主对标，一味看头部博主的内容，很容易产生"我再努力也达不到对方的水平"这样的消极情绪，甚至放弃。多看一些和自己成长阶段相似，又略高于自己水平的对标账号才对自己最有帮助。

还需要提醒一下，多少粉丝算得上头部博主，多少粉丝算得上腰部博主，你并不需要追求一个精确的数值，多找一些相关赛道的小红书账号，弄清楚该赛道大概的粉丝量分布，把其中粉丝量低的作为腿部，粉丝量中等的作为腰部，粉丝量高的作为头部即可。

知道了"4-3-2策略"，如何找到这些对标账号呢？有4个方法。

[①] 这里是指以美妆赛道为主赛道之一的账号，下同。

方法1：搜索赛道关键词

比如，你想做职场赛道，就可以去站内搜索含有"打工""工作""上班"等和赛道相关的关键词。在搜索"打工"一词后，你看到一篇名为《普通家庭孩子尽早明白10条职场残酷真相！》的笔记数据很不错。点击该博主的主页后，你发现她发布的很多内容都和职场有关，那么，该账号就可以作为你的对标账号之一。

搜索关键词找对标账号

方法2：点tag（标签）看内容

什么是tag呢？很多博主在发布笔记的时候，会在文案末尾打上一些标签，这些标签就叫作tag。以《普通家庭孩子尽早明白10条职场残酷真相！》这篇笔记为例，结尾有#职场、#工作等tag，点击#工作这个tag，就能看到这个tag下的热门笔记，且大多数都和职场相关。点击博主主页查看，就能找到更多对标账号。

方法3：关注博主，找到相似博主

找到对标账号并关注后，系统会自动给你推荐相似的博主。你可以点进这些博主的主页，看他们的赛道是不是和你接近。

方法4：借助第三方工具

在小红书的第三方数据工具，搜索对应博主的名称，也可以看到和该博主相似的账号。但这些网站都是要付费的，也存在一定的不准确性，需要再做筛选。

关于找主对标账号，还有4点需要注意。

第1点，对腿部博主，最好注意一下他们最开始做小红书的时间，也就是起号时间。起号时间最好能在2年之内，这样才说明这个博主有一定的成长性。如果你找的对标账号已经做了2—3年，粉丝量还在腿部，那该博主就有些成长乏力，不具备太强的参考价值。

第2点，对个人IP类博主，你需要留意这个博主的主页数据。在内容上，不需要篇篇爆款，但一定要每隔一段时间就会有数据不错的爆款笔记。如果笔记整体数据都很一般，只有零星几篇爆款，说明该博主并不具备较为扎实的内容创作能力。毕竟，偶尔的爆款靠运气，持续的爆款才算实力。

第3点，一个赛道要找9个对标账号，那是不是3个赛道就要找27个对标账号？并不是。很多博主都是多赛道的，比如一个博主可以发布职场、理财等内容，而如果职场、理财也恰巧是你选择的赛道，那么该博主就可以作为你这两个赛道的对标对象。

当然，你完全可以灵活调整"4-3-2策略"，如果你需要更多腿部博主来获取起号灵感，就可以多找一些腿部博主，减少腰部和头部对标账号；如果你只想为1—2个主赛道而不是全部主赛道找对标，也没关系。总之，"4-3-2策略"是一种思路，执行的时候要灵活，不要拘泥于形式。

第4点，对标账号对经验尚浅的自媒体人来说，是老师，也是路标，非常重要。但对已经做到腰部甚至头部的博主来说，你已经是别人的榜样,这时候,要更灵活地去找对标。你的对标对象不再是某些具体的博主,而是你需要提升的地方,或者想做得更好的地方。比如,如果你想让自己的视频状态更自然,就可以找一些视频表现力强的博主,学习他们的镜头表现力等。

不论是做自媒体还是做其他事情,找对标对象都是非常高效率的学习方式。

练习

根据"4-3-2策略",结合上述4点注意事项,为你的主赛道找到主对标账号。

如何找到次对标账号？

次对标账号就是指赛道、变现形式和我们有出入，甚至完全不一样的账号。

很多人会好奇：

既然做的和我完全不一样，为什么要找次对标账号呢？

孙子说："凡战者，以正合，以奇胜。""正"是常规的意思，而"奇"意味着变化。按常规出牌，是基础，让我们走得扎实稳妥，不出大岔子，而那些变化之道，却能让我们取得意想不到的胜利。

"故善出奇者，无穷如天地，不竭如江河。"

小红书的对标账号也是如此。主对标账号是我们的路标，让我们走在正确的路上，而次对标账号开拓了我们的思路，让我们有源源不断的新意和灵感。

如何找到并使用次对标账号？

找到次对标账号其实很简单，就是尽量避免被算法规训，摒除成见地去看内容。不仅要看和自己同赛道的，也要看和自己不同赛道的，既要看自己感兴趣的，也要看自己不了解的。当你发现推荐内容有同质化的趋势时，尽快点击一些其他内容。

假如你是一个图文博主，那你的次对标账号就应该有一些视频博主。如果你是职场博主，那你就要多关注一些和职场毫无关系的博主，比如摄影博主、家居博主、美食博主、穿搭博主，甚至宠物博主，等等。

次对标账号怎么用？

我曾经创作过一篇笔记《后悔没早点读到的4本好书》。该笔记是和某汽车品牌的广告合作，我需要在视频中植入大篇幅的驾驶和路跑场景。但此前我的视频都是口播，且都是在家里拍摄。如何能在延续我

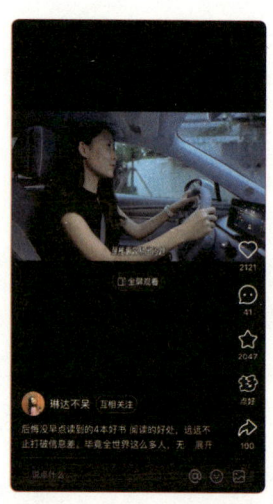

和某汽车品牌的广告合作笔记

之前风格的同时，还能自然地展示品牌方的汽车？最终，我借鉴了日常vlog这种视频形式，做了一个口播+vlog的视频。我把在家中口播换成了在车内口播的形式。当展示车辆路跑片段时，就通过画外音继续分享内容。

这样既保持了我的视频一贯"信息密度比较高"的风格，保证数据，还能展示车辆，让品牌方满意。

我的另一篇笔记，主题为性教育方向，点赞数量超过7万，是将手机放在洗衣机滚筒里面拍的。这个故事就更有趣了。

为什么会想到这个形式？说来很巧，那段时间我碰巧刷到摄影博主分享如何利用滚筒洗衣机拍出有趣的照片，当时我觉得很新颖，但完全没有用这种形式拍摄视频的想法。

几天后，当我打算拍摄这期性教育视频时，父母碰巧在楼下。我父母较为保守，我并不想被他们听到所录内容，于是灵机一动把手机放到了洗衣机滚筒里。虽然这个视频光线不好，但拍摄时确实没有被父母听到。

改变拍摄形式

视频发布后，很多评论竟然都在讨论这种拍摄形式，比如："为什么要在洗衣机里拍？""看完了，把我从洗衣机里放出来吧。""第一次做洗衣机。"……这样的讨论，无疑也给笔记增加了热度。

次对标账号用好了，会有奇效。它能让你打开思路，让你的内容别出心裁，而不是千篇一律。一个能持续做出爆款的博主，一定是思维灵活且善于学习的，更重要的是，善于融会贯通的。

学习得活。

练习

找到5个你平时喜欢看、经常刷,或者在某方面特别有亮点,但和你要做的赛道无任何相关性的小红书账号作为次对标账号。

聊聊差异化——创新比你想象的更简单

很多人之所以认为做到差异化很难，是因为理解错了创新。

创新不是从0到1，做出市场上从来没有存在过的内容，而是站在前人的肩膀上，融入不一样的风格、见解、表现形式等等。

如何做出差异化，可以从赛道维度和笔记维度分别展开。

赛道维度的差异化

本章分享了如何找到适合自己的3+1个赛道，这些赛道叠加到一起，本身就是一种差异化。

举个例子，我一开始分享读书、成长方法，这些赛道看起来很容易做出同质化内容，但后来，我又加入了爱情、职场、AI，以及自媒体技巧等更多元的主题，于是，我的标签，就成了一个"追求成长，靠下班学习发展出收入不错的自媒体副业，并喜欢分享爱情观的AI算法工程师"。

我成了一个拥有自己独特风格的博主，再也不用担心会和别人同质化。

笔记维度的差异化

什么是笔记维度的差异化？这个要从笔记的组成说起。

一篇笔记，看起来复杂，其实都可以拆分成若干要素：

封面、标题、文案、拍摄、剪辑（视频笔记）。

任一维度的差异化，都属于差异化。

但在实际操作中，差异化往往从笔记的核心，也就是文案入手。倘若两篇笔记，文案非常相似，只是标题、封面不同，即构成抄袭。

文案是笔记的灵魂，世界上不存在两片完全相同的树叶，也不存在两个完全相同的灵魂。

至于以上各个要素如何制作，会在本书第二部分详细叙述。

利用好你的缺点

在差异化上,还有一个令人意想不到的技巧:利用好你的缺点。

比如,脱口秀演员徐志胜的长相和带着浓重山东口音的普通话似乎是个"缺点",但也正是他与众不同的长相和口音,反而增强了喜剧效果,更容易让人记住他,甚至成了他的风格。

这里的缺点,不一定是长相和口音,也可以是你犯过的错、踩过的坑、经历的挫折等等。

暴露缺点(不是刻意暴露,而是不必掩饰)更像是示弱,能够让人感觉更亲近。优势让你高高在上,而缺点才能拉近你与用户的距离。

你的缺点不是缺点,没有利用好你的缺点,反而试图掩盖它,才是真正的缺点。

警惕盲目差异化

对小红书新人来说,不需要苦思冥想怎么打造出差异化。

如果你没认真打磨过50[①]篇笔记,不需要纠结如何打造出差异化。

如果你已经认真打磨了50篇笔记,差异化就自然浮现出来了。

连爵士乐大师迈尔斯·戴维斯(Miles Davis)都说过一句话:

"我花了很多年才弹得像我自己。"

差异化是做出来的,而不是想出来的。

其实,根植于你自身经历的内容上的差异化,才是最核心、最本质的差异化。

不同的人,处于不同的年龄阶段和不同的成长环境,对同一件事情自然会有不一样的看法。因此,即便1000个人做同样的选题,只要忠实于自我,本身就能做出不一样的内容。比如,同样是写英语学习方法,你和其他人的方法不可能一模一样;同样是写爱情感悟,你和其他人的

[①] 注意,50是个约数。这个数字不可能很小,它也许是30,也许是50,也许是70。所谓认真打磨,是指这些笔记不管数据如何,都经过了有思考、有复盘、有调整的精心制作过程,而不是自我感动的日更,不是划水,更不是抄作业。

经历不同，想法就不可能相同。

李欣频在《十四堂人生创意课》中写道：

原生于自体经验与体会所做出的独特性表达，就是风格。技术好坏反而是其次，不要为了追求酷炫，而忘了你想要表达的是什么。

去实践，答案会在实践中出现。

热度最高的5个赛道问题：焦虑？没必要！

在实践和咨询的过程中，我还注意到一些大家非常关心的问题。

vlog不是一个赛道

vlog是video blog的缩写，意思是视频博客，它并非赛道，而是视频的一种呈现形式。在本书中，我们将vlog统一定义为通过一系列素材（视频、图片、音频等）组合而成一个视频，用以表达某个主题。[1]

在这个定义下，你就会发现记录日常类的vlog只是vlog的众多类型之一。其实，大多数赛道都可以用vlog形式呈现内容，很多博主都会以vlog的形式呈现职场、学习、旅行、宠物、美食、街头挑战等主题的内容。

比如我的学员@糖小小开挂了，用vlog分享职场面试干货；学员@大乐Daleee用vlog分享编程学习方法；学员@雪妮爱串门，用vlog分享了自己的新家，以及小户型"爆改"的思路……都获得了很棒的数据。

---

[1] 更多关于vlog的内容，会在第七章"视频的6个展现方式"一节中更具体地讲解。

置顶	置顶	置顶 到底 roomtour
我面试作弊了 但工资double了	编程女孩	69m² loft 小户型爆改
背它😎这套面试作弊 SOP，绝对算捷径！！	📧 当女孩入门编程后，她的世界会是什么样的？	69m² loft 一镜到底｜雪妮的新家 roomtour ✨
糖小小开挂了　♡ 9.5万	大乐 Daleee　♡ 1.6万	雪妮爱串门　♡ 1300

以上学员笔记都是vlog型笔记

赛道定终身？

放轻松啦，朋友们！

3年前的你和现在的你都会有很大的变化，更不要说自媒体了。自媒体更是瞬息万变！时代在变，矛盾在变，人们的关注点也一定在变。因此，赛道一定要根据你的人生状态和当下的变化来灵活调整。你也可以去找几个粉丝量在30万以上的博主，翻一翻他们的内容，你一定会发现，大多数人最开始发的内容和他们最近发的内容在赛道、风格上几乎差了十万八千里！

更何况，赛道不是挑选出来的，尽管本章已经教给了大家非常多实用的赛道定位方法，这些方法可以帮你框选出更小的范围，确保你缩短试错的时间，但真正适合你的赛道，一定是在实践中得到的。

答案，只能在实践中出现。

换赛道后要不要起号重开？

如果你的粉丝体量不大，大胆换就好了。比如我的学员@圈圈有灵感，做绘画内容积累了3万粉丝，后来因为笔记产出周期太长和变现前景不明朗导致断更。她找我咨询后，我结合她的优势，建议她去做职场、副业等相关的内容。很快，她就做出了点赞量上万的职场爆款，粉丝量也在转型后稳定增长。

对粉丝量较大的博主来说，一般已经进入多赛道模式，更多的情况是考虑是否要加入一个新赛道。我对此一直是非常赞成且鼓励的。倘若不想风格太割裂，你可以把新赛道的内容用你一贯的风格呈现出来。比如博主@悦然yue长居英国，经常分享穿搭、饰品和成长感悟等，后来她又加入了美食内容，听起来似乎和之前的内容风马牛不相及，但悦然却用自己一贯温柔松弛的风格去做美食分享，数据同样非常好。我也曾刷到博主@老羊厨房的一篇笔记，讲述的是他和爱人的相伴故事，这篇笔记在各个平台都爆火，但该博主之前几乎所有的内容都是美食教程。

游戏一场，不必瞻前顾后啊，朋友们！

换赛道后数据不好了，是不是被限流了？

为什么有人换了赛道之后，数据会断崖式下跌呢？

因为你对这个赛道不熟悉，你不了解这个赛道的创作风格。

比如，你是一个职场博主，平时主要通过视频分享一些职场生存和反焦虑方法，某一天你要去旅行，突然想拍一个旅行vlog，那么，这个旅行视频的数据有很大概率会非常惨淡。因为，你不熟悉旅行类的视频如何吸引用户，如何给用户提供价值，如何利用镜头片段去叙述一个完整的故事，应该如何安排镜头才能吸引观众看下去，等等。这些都和你此前做的职场视频毫不相干，所以数据不好才是正常的。

不仅换赛道会出现这种情况，从图文形式转换到视频形式同样也会如此。

比如，你是一个分享书单的图文博主，但是某一天你想通过视频讲解一本书，这条视频的数据很可能不会好。因为，你不了解视频的拍摄细节，比如视频脚本怎么创作，开头如何留住用户，如何在镜头前讲话不紧张，如何简洁明了地表达一件事，这些都是你做图文笔记时不可能遇到的问题。毕竟，人类阅读文字的速度更快也更主动，即便文字有铺垫甚至是废话，人类也能迅速抓住文字中的有效信息。但看视频的时候，人类想获取信息，必须听博主一个字一个字地讲，因此，人们对视频的废话容忍度非常低。所以，图文博主必须专门学习视频制作知识，才能慢慢提升视频笔记的质量。

之前提到的学员@大乐Daleee也是，大乐从图文转视频，也经过一段时间的打磨，才做出了上万点赞的视频笔记，单条笔记涨粉过万。

很多人会埋怨限流。作为一个有4年工作经验的前AI算法工程师，我可以肯定地说，以现在大数据的能力，优秀的内容会得到公平的推送。我知道，埋怨限流是一个很轻松的做法，这样就可以不从自身找原因。但想做好自媒体，恰恰要反复从自身抠缺点，承认自己有很多需要学习的地方，并且不断补齐。

否则，永远不能提升自己的内容，也永远无法吸引到受众。

"我想做女性成长赛道"

近些年，"女性成长"成了热点。

其实，女性成长并不算一个赛道。

一位职场女性，分享职场晋升方法，分享下班为实现自我提升做出的努力，算不算女性成长？

一位喜欢阅读的女性，分享提升自己视野、思维的书单，算不算女性成长？

一位自主创业的女性，分享自己这些年的创业见闻、踩的坑、搞钱干货等，算不算女性成长？

女性成长只是一件外衣，核心依然是找到自己要输出的赛道，把自己能给用户提供的价值具体化，让大家看到你的成长，启发别人成长，绝不只是泛泛地说一句：

"我想做女性成长赛道。"

选题、文案、标题、封面、视频
拍摄全攻略
从 0 到 1，手把手教你做出爆款！

第二部分

爆款笔记创作全攻略

对做小红书不久的朋友来说，经常会遇到一个奇怪的问题：

"认真写的笔记，'小眼睛'不过百，随手一拍的笔记反而爆了。"于是，很多人哀叹："小红书的推荐算法真的是玄学！"

事实真的是这样吗？

作为一个曾经的理工科学生，我非常推荐大家用概率论去思考问题。

概率论告诉我们，如果样本量不足，我们观察到的现象可能只是偶然现象，而不是一个稳定的趋势或规律。[1]

很多人之所以会觉得随手拍的笔记更容易爆，其实就在于发布的笔记太少，偶然现象被误以为是正常现象。但是，倘若你发过600篇笔记，其中300篇是认真打磨后发布的，另外300篇是随手发布的，那么前者成为爆款的概率一定会比后者高得多。我已经发过600多篇笔记，这一情况也在我的实践中得到了验证。

虽然一篇笔记能否成为爆款，确实存在一定的运气因素，但是，运气绝不是全部。至少，在上千个学员案例和我的经历中，几乎所有的万赞爆款，都经过了准备和打磨。

不仅是我，我身边不管是拥有几十万还是上百万粉丝的博主，没有

---

[1] 概率论中有一个重要的概念叫大数定律，它告诉我们，当样本量足够大时，样本的平均值将趋于整体的期望值；如果样本量不足，我们观察到的现象可能只是偶然现象，而不是一个稳定的趋势或规律，这样得出的结论就可能产生较大的误差。

一个是靠随手拍把账号做起来的。谁会相信博主@papi酱的视频是随手拍的呢？

正因如此，有一定经验的博主很少再指望"玄学"，而是将精力用到打磨内容上。

追求做随手拍就能爆的笔记，就像一个渔人，完全无视技术，只将捕鱼成功的希望寄托于好天气。

我很喜欢《孙子兵法》的一句话："故善战者之胜也，无智名，无勇功。"

真正善于打仗的人，会在战前做好详尽的分析和筹备，确保胜算大才开打，也因为他们每一步都走得踏实稳妥，不依赖奇技淫巧，因此就不会有什么"以少胜多"的传奇故事在民间流传，反而不容易有名气。

放到爆款上，也是同一个道理。那些经历了很多次打磨和很久的准备才爆了的笔记，往往不会被人们所称道，反而是那些看似没有下功夫，随手一发就火了的笔记，才让人格外称奇，因此在小红书上被不断提起。

能稳定输出爆款的创作者，才是真正优秀的创作者。 他不依赖于虚无缥缈的灵感，而是驾驭灵感，甚至创造灵感。提升自己的创作能力，让一切尽可能地可控，才是一个优秀创作者的标准。

本书第二部分，就从选题、文案、标题、封面和视频拍摄五个方面，分享详细的爆款创作技巧，教你如何提高爆款率，将创作变得可控。

还有，算法真的是玄学吗？爆款真的如此不可预测吗？为什么有些人爆款连连，而有些人即便是模仿爆款，也数据惨淡呢？为什么笔记爆了，却不涨粉呢？

第三章

重新认识小红书笔记，出爆款真的有规律

写出爆款的第一步是认识爆款：

爆款，到底是什么样的？

在小红书中，什么样的笔记可以称为爆款？

这个几乎没有放之四海而皆准的法则。

如果与自己比，如果你往期笔记都是十几个赞，那么你写出一篇上百个赞的笔记就能称为你的爆款。如果你往期笔记都是几百个赞，那么你写出一篇上千个赞的笔记就能称为你的爆款。

小红书的分发机制是去中心化的，即使没有粉丝基础的素人博主，倘若能写出有价值的内容，也可以拿到上千甚至上万个赞；同样，拥有几十万甚至上百万粉丝的大博主，倘若做出的笔记质量不过关，也不能获得算法的持续推荐，数据必然惨淡。

简单来讲，在小红书点赞数量超过1000就是数据不错的笔记，点赞数量在3000—5000，算是中等程度的爆款，点赞数量超过10000，就称得上大爆款了。

那么，爆款为什么会爆呢？

打假！这些推荐机制可能是错的！

有些朋友知道我曾经做过算法工程师，总会来问：

"小红书的算法最近真的很奇怪，是不是做了什么调整？"

"当然有调整呀！但不仅是最近，而是一直在调整。工程师们会用小部分用户测试最新调整的效果，如果效果不错，就会逐渐扩大范围，最终覆盖所有人。"我说，"而这样的调整，每天都有十几个甚至几十个。"

所谓"奇怪"，更多是出自主观感受。

因为算法一直在变化之中。

为了提高写出爆款的概率，很多人声称有一些"诀窍"。

比如，多加标签、在特定时间段发布、多刷内容活跃账号等等。

有用吗？

作为一个有过4年工作经验的AI算法工程师，也参与设计过类似小红书平台的推荐系统，我想说：

推荐系统远比我们想象的聪明得多。

下面是一个极简版的笔记推荐流程。我们在小红书主页刷到的每一篇笔记，都是排序算法，通过海量特征和一系列复杂的逻辑推理得到的。

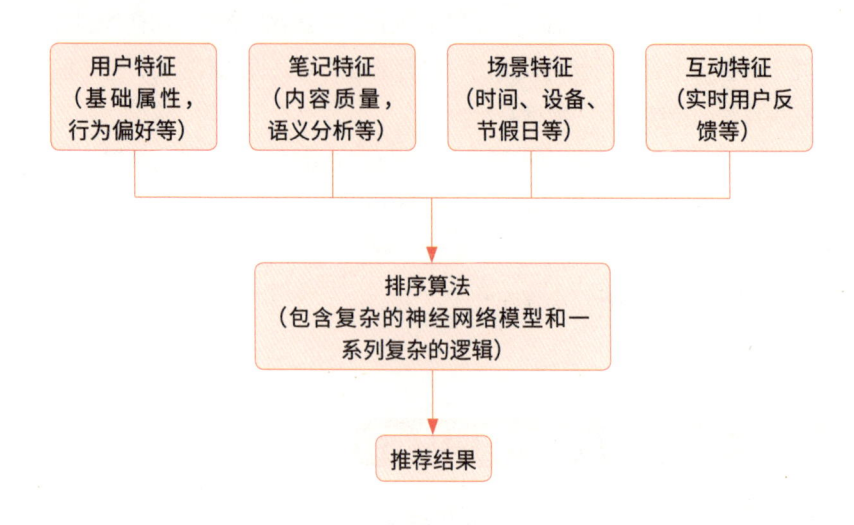

```
┌──────────┐  ┌──────────┐  ┌──────────┐  ┌──────────┐
│ 用户特征 │  │ 笔记特征 │  │ 场景特征 │  │ 互动特征 │
│(基础属性,│  │(内容质量,│  │(时间、设备、│(实时用户反│
│ 行为偏好等)│ │ 语义分析等)│ │ 节假日等) │  │   馈等)  │
└──────────┘  └──────────┘  └──────────┘  └──────────┘
       └─────────────┴──────┬──────┴─────────────┘
                            ▼
              ┌───────────────────────────┐
              │         排序算法          │
              │ (包含复杂的神经网络模型和一│
              │     系列复杂的逻辑)       │
              └───────────────────────────┘
                            ▼
                     ┌──────────┐
                     │ 推荐结果 │
                     └──────────┘
```

极简版的笔记推荐流程

排序算法的输入，叫作特征。特征能达到上万维之多。不存在任何一维或几维的特征能决定推荐结果。[1]

但人类只能理解其中少部分特征的数值，比如地理位置、发布设备、发布时间、发布者的年龄和性别等。其他很多特征，是由复杂的神经网络模型处理之后的高维度特征，有8维、16维、32维、64维、128维，甚至更高。比如User Embedding（用户向量）、Item Embedding（内容向量）等特征，一般都是上百维。**这类高维度特征的具体含义，人类完全无法理解，但在推荐中却十分重要。比如：**

> 某笔记的Item Embedding：[0.10, 0.75, 0.93, -0.58, …]
> （上百维向量）
> 某用户的User Embedding：[0.87, -0.32, 0.45, 1.21, …]
> （上百维向量）
> 如果两个Item Embedding相似[2]，那么这两篇笔记很可能在选题、内容上都很接近。如果两个User Embedding相似，那么这两个用户很可能在内容偏好、行为偏好上很相似。这两类特征都是由复杂的神经网络模型计算得到，不是固定的，会经常更新。

所有的特征，会以数值的形式输入模型中，共同预测某一用户的推荐结果。不同用户的特征不同，推荐结果也不同。不同笔记的特征不同，被推送给的人群也不同。所以，推荐结果是个性化的，是千人千面的。

不过，在实际推荐的业务场景中，上述环节只是其中一部分。并非

---

[1] 倘若这种情况真的存在，比如某几个特征决定了推荐系统的结果，这意味着模型退化，推荐系统出了非常严重的故障，属于很严重的线上事故，甚至会给平台带来严重的经济损失……这时候，算法工程师们将不眠不休地解决问题。
[2] 相似度往往通过特定计算，比如余弦相似度，结合阈值进行判断。

所有笔记都能参与排序,在这之前,绝大多数笔记都在多路召回、粗排中被筛选掉了。比如,进入排序环节的可能只有500篇笔记,经过排序算法打分后,选择得分最高的20篇,进入重排序,再结合运营规则,最终为某用户推荐其中的10篇。

此外,算法工程师们还要和运营、产品密切配合,结合具体的业务场景,对推荐系统进行调整或优化。

所以说,小红书的推荐算法一直在变化。

当然,推荐算法是一套极其复杂的工程,其中的逻辑细节,远非寥寥数语可以讲清。本节也无意将此作为重点。看不懂也完全没关系。之所以耗费一些笔墨,只是为了说明一件事:

算法是个黑匣子,任何试图"迎合算法"的举动,都毫无用处。

这些举动,包括认为某个发布时间比另一个更好,不断在笔记中加入关键词[1],犹豫要不要加某个标签……不提升内容质量,只靠调整发布时间、埋关键词、加标签等方法,是不可能写出爆款的。

从后验数据[2]看,一篇笔记的点赞数、收藏数和自然推荐中笔记的点击率、完播率、平均观看时长呈正相关关系。就算你将笔记转发给1000个人,让他们看完并点赞,只要这篇笔记在自然推荐中表现差劲,也不能获得算法的持续推荐。而你的笔记能被推送给谁,是算法决定的。这些陌生人能否点击、观看和观看多久,是你笔记的内容决定的。

真正能限你流的,往往不是平台,而是用户。

限流的恐怖被夸大了。作为一个想做小红书的普通人,无须在意限流问题。如果笔记违规,账号后台会收到站内信通知,告知具体的违规原因[3],如果没有,就无须过度担心。

---

[1] 关键词可以提高笔记发布后被搜索到的概率,但用户搜索后,观看多久、是否点赞、收藏等,都与内容质量有关。倘若埋了很多关键词,内容质量却不过关,对数据提升同样没有作用。

[2] 笔记发布后实际取得的效果。

[3] 有时候审核也会犯错。如果笔记不涉及任何违规,却收到了违规通知,直接申诉即可。

在我数年的观察中，大多数创作者本人认为被限流的笔记，在旁观者看来，都存在明显的内容上的短板。这时候，你不妨将笔记发给更多人看看，听听更真实的声音。

也不要固守成规，相信"我之前的'小眼睛'都如何如何，现在却一落千丈，一定是被限流了"之类的话。笔记的内容质量会变化，用户的喜好会变化，推荐的结果当然也会变化。就算是一度爆火的"流量密码"，也有冷却的一天。所有的大博主，都经历过数个转型期。做内容，必须不断求变，不存在一劳永逸。

除了正常的创作，小红书还存在不少诸如引流、"暗广"的笔记和账号，甚至有一些号商会批量购买成百上千个账号试图违规牟利。小红书有强大的风控系统，这些行为，一旦被算法检测到或被人工审核到，账号后台都会收到平台对笔记或账号予以的警告通知，笔记将不再被推荐，严重者账号会被处以禁言甚至封号等处罚。

偶尔，小红书会推出一些站内活动，对参与活动的笔记进行流量扶持，增加活动笔记的曝光率，但据我观察，有很多参与活动的笔记，也因为封面不吸引人，内容拖沓烦琐等，即便增加曝光率也不会拿到更好的数据。

总的来说，作为一个普通人，没有任何人能重要到会被平台针对的程度。多从笔记本身去找原因吧。不要躲在限流的借口中，错过提升内容质量的机会。

在大数据面前，每条笔记都会被公平对待。

小红书笔记5要素

很多人觉得写爆款很难，是因为不了解爆款。
把大象塞进冰箱分为几步？
打开冰箱门，塞入大象，关上冰箱门。
一共3步。

同样，写一篇小红书爆款笔记分几步？

定选题，写文案，拍摄内容①，起标题，做封面。

一共5步。

这就是爆款笔记的5要素：选题、文案、拍摄、标题、封面。

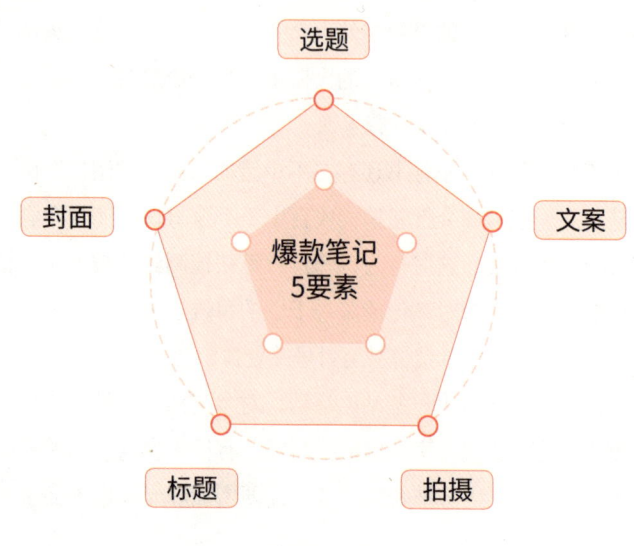

爆款笔记5要素

如何确定吸引人的选题？如何写出引人入胜的文案？如何拍摄才能让大家看下去？如何起好标题，做好封面？接下来我将详细解析。

小红书笔记只有2类

小红书笔记看起来五花八门，其实远没有你想象的种类繁多。

任何赛道的笔记，总的来说只分为2类：

一类是干货文，一类是情绪文。

---

① 为了表述的简洁性，图文和视频笔记的拍摄及后期处理统一称为拍摄。

干货文

干货文笔记主要教给大家一些技巧、方法、知识、避坑指南等等。每个赛道都有非常多的干货类选题。

比如，职场博主[①]教大家如何写简历、如何面试、如何应对职场PUA[②]；情侣博主教大家如何找到合适的伴侣、和伴侣吵架后如何沟通、如何和伴侣谈钱；美食博主教大家如何在家做出好吃的甜点，夏天如何做水果茶；穿搭博主教大家通勤穿搭、优雅又保暖的穿搭，以及不同身材的人应该规避的搭配雷区；家居博主教大家装修避坑方法、家居配色技巧、厨房收纳方法；等等。这类笔记以分享干货为主，统称为干货文。

干货文的点赞数和收藏数差别不大，通常点赞数和收藏数的比值在1∶1到2∶1之间，甚至收藏数比点赞数要高一些。

两篇典型的干货文

[①] 为了表述简洁和清晰，本书的"赛道名＋博主"均表示以该赛道为主赛道之一的博主。
[②] PUA多指一方通过精神打压等方式对另一方进行情感控制。——编者

比如，我写过一篇笔记——《AI+自媒体＝王炸！用AI做小红书真的太牛了》，其中详细分享了我是如何用AI帮助我定位赛道，并且给我提供文案创作思路的。这篇笔记拿到了2.6万个赞，2.8万个收藏，收藏数量超过了点赞数量。这就是一篇信息密度很大的干货文。

我的另一篇笔记——《工作6年后我发现：普通人最缺"社会"这堂课！》——分享了我意识到的一些社会"暗规则"，这些"暗规则"父母不讲，学校不教，但进入社会后却极其重要。正因为意识到它们，我完成了从打工人到创业者的身份转换。这篇笔记，1.5万个赞，1.1万个收藏，同样是一篇典型的干货文。

对很多小白和陷入瓶颈期的创作者来说，写干货文也是起号和破圈最快的方式。因为，用户就算不熟悉你，也不能拒绝你给他们提供真正有用的方法和知识。

这里还需要提醒一下，有时候，干货文会出现点赞、收藏很多，但关注却很少的情况。后面会详细分享具体的破局方法。

情绪文

什么是情绪文？

以传递干货为辅，甚至完全不传递任何干货，而是通过文字、音乐、图片、视频等方式，激起人的情绪，比如快乐、愤怒、悲伤、温暖、轻松、猎奇、共鸣等情感的，统称为情绪文。

同样，每个赛道也有非常多的情绪类选题。

比如，旅行博主去冰岛旅行，发布的旅行攻略是干货文，而拍摄的极光景色，是情绪文；家居博主分享的家装攻略、配色方案是干货文，而拍摄的一镜到底的房屋参观视频或者氛围感家居照片，是情绪文；穿搭博主分享穿搭技巧是干货文，而拍摄变装视频或者某套特别独特的穿搭美图，是情绪文；宠物博主分享如何训练自己的狗狗学会指令是干货文，而分享狗狗的可爱瞬间，是情绪文；学习博主分享高效背书的方法是干货文，而拍摄自己在图书馆高效学习的一天，展现自己的努力，是情绪文；英语博主分享如何提高英语口语是干货文，而分享因为英语技能获得了更好的工作，有了看世界的机会，是情绪文；职场博主分享性格老实如何在职场生存是干货文，而发布的"我不干了"笔记——拉上大红色的条幅庆祝离职，周围再加上几个朋友助兴，视频一发，打工人无不动容，也是情绪文。

除此之外，分享对某个事件、观点的看法，或者是讲述一个有趣、感动、离奇的故事，也属于情绪文。情绪文点赞量一般会远高于收藏量。

比如，我的一篇笔记《今年发现一个旺自己的小妙招：千万不要长时间宅在家里》，分享了我为什么喜欢短途旅行，以及这种生活方式带给我的好处，并没有提供具体的技巧或方法，是一篇很典型的情绪文，评论区很多人表示有共鸣。这篇笔记获得了1.8万个赞，8000个收藏。

我在另一篇笔记《替你们试过了，20分钟公园定律真的没骗人》

两篇典型的情绪文

中，分享了我在湖边拍摄的一些美好画面，获得了2.9万个赞，8000多个收藏。对很多疲惫的职场人来说，松弛感十足的画面、旋律动听的音乐和"累了就去逛公园"的理念，为他们提供了很强的情绪价值。

干货文和情绪文各有什么优势？

和干货文相比，情绪文有一个明显的优势：数据几乎是没有上限的。

我们看到的小红书站内的顶级爆款，比如由博主@煎饼果仔执导的他和博主@夏天妹妹共同主演的短剧《逃出大英博物馆》、博主@江寻千学习非遗文化打铁花后创作的视频《带你去看曾经最极致的浪漫，千年绝技——打铁花》等，绝大部分都是情绪文。

其实，不仅是小红书，抖音、B站等任何平台，顶流爆款也几乎都是情绪文。

这也很好理解。毕竟干货的受众永远有限。比如，你讲AI讲得再好，对AI不感兴趣的人才是大多数。但所有的人类，你、我和无数的陌生人，共享着同样的喜怒哀乐。

既然情绪文这么好，琳达你怎么这么不厚道，让我们去写干货文呢？

慢着，话我还没说完呢。

做任何事，都存在不可能三角，写小红书笔记也是。

笔记制作成本低，又容易大爆，还能迅速涨粉，这三点在制作小红书笔记的时候几乎是不可能同时满足的，这就是小红书笔记的不可能三角。

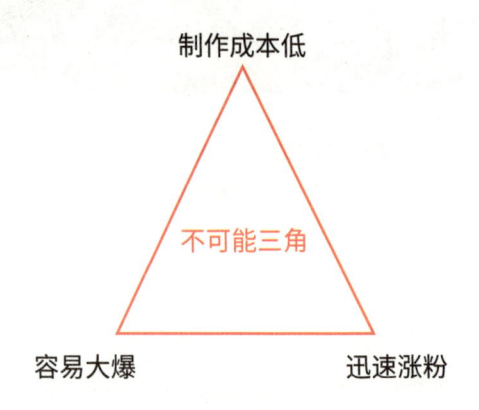

小红书笔记的不可能三角

情绪文，大多在博主的表现力、画面美感、故事节奏、文案等一个或几个方面要求很高。

比如，曾经在全网爆火的视频《回村三天，二舅治好了我的精神内耗》，该作者文笔精妙又引人入胜，用看似平静实则感人的语调写尽了"二舅"不屈服于命运的一生。

比如，大博主@池早是我，离职后体验100个职业，带按部就班的打工人去见识更多元的世界，在这个过程中，池早不仅要寻找令人感兴趣的职业，还要提前设计好脚本结构，确保故事的连贯性和趣味性，文案也必须写得引人入胜，一个视频的片段有上百个之多。

比如，博主@李要红通过拍摄在英国搭讪帅哥的经历爆红。她不仅表现力很强，视频本身也牵动着观众的神经：被搭讪的帅哥会有什么反应，害羞还是冷漠？李要红会采取什么大胆的举动让帅哥"上头"？他们会在一起吗？

所以，如果你在表现力、画面美感、故事节奏、文案，甚至是审美等一个或几个方面非常擅长，或者虽然现在还不擅长，但很愿意花时间去打磨和学习，那你完全可以先从情绪文入手。

据我在做咨询，以及在学员学习过程中的观察，以上能力在做小红书初期不一定人人具备[1]，但几乎每个人都有一些人无我有的学习经历、人生经验和职场经历等，因此对很多人来说，大多数人在做小红书的初期和中期，最容易输出的点依然在干货文领域，这也是最高效的入局方法。

虽然干货文的数据天花板没有情绪文高，但做好了也很容易拿到几万个甚至十几万个赞，对任何博主来说，都算得上非常耀眼的功勋章了。当你对干货文驾轻就熟的时候，再去做情绪文，学习路径会更缓和，也会更快拿到结果。

---

[1] 那些在做账号初期就具备一项或某几项能力的人，在此前的人生经历中往往也经过了足够长时间的积累（虽然有时候，别人会将其归为幸运）。比如，有些博主会通过锐评输出观点，每次输出角度都很奇特，而该博主成长在喜欢观点碰撞的家庭中，因此养成了独特的思维视角和极强的表达能力。

干货文的误区

到这里,你是不是已经摩拳擦掌要去写干货文了?

且慢!

很多人写干货文,会走入一个"致命"误区。

干货文不等于没有情绪,更不意味着干巴巴地说教式口播!很多人写干货文会陷入一个误区,总觉得内容要越干越好,这样才能激发大家点赞、收藏的意愿。但结果往往是数据上来了,"小眼睛"和粉丝量依然惨淡。

为什么?

因为你成了工具人。

比如类似"10部高分电影,女孩必看""太喜欢这几本书了!所有女生去翻烂它们!"等主题的笔记,主要分享一些书单影单,笔记制作简单,更容易做出爆款,但并不能给博主本人带来较高的粉丝转化率。[①]而且,账号的天花板低,不容易接到多品类品牌合作,粉丝量也会很快迎来上限,从而陷入发展瓶颈。

为什么?

将自己代入读者视角就不难发现,倘若我们想找一些电影看,刷到或搜索到某篇影片推荐笔记后,最可能的动作是点赞或收藏这篇笔记,起到标记的作用,方便以后查找。至此,我们"找电影"的需求已经得到满足了。而且,这些笔记正文中,往往没有博主的背景信息,我们无法了解这个博主,自然也难以产生关注的意愿。

因此,倘若我们想要提升这类干货文的转粉率,可以在开头或结尾简单介绍自己,更重要的是,加入你自己的观点、经历和故事。

比如,我在分享《人生创意课》这套书的时候,就加入了个人的真实经历:

这套书真的算我的"改命"之书了,我最开始读到的时候还是一个"996"的打工人,读完一年不到,副业收入就超过了收入很高的主

---

① 再次切中前文提到的"不可能三角"。

业。包括现在我遇到"卡点",也会重新去读这套书。

这样,读者在阅读的时候,就更容易对博主产生兴趣。

但注意,毕竟内容是以干货为主,因此自我介绍篇幅必须精简,加入的个人案例必须与主题相关,切忌为了强化人设而讲故事,否则很容易引起读者的厌倦甚至反感。

如何防止成为工具人?其他赛道也可以举一反三:

不要只分享书籍,还要分享阅读给你带来的成长。

不要只分享美景,还要分享旅行给你带来的思考。

不要只分享美食,还要分享食物带来的治愈力量。

一句话总结:

不要只分享干货,还要加入干货带来的故事、感受、喜怒哀乐和成长。

当然,这么做,笔记的制作难度会有一定的增加,但是,做难事必有所得。

以上内容对商业类账号适用吗?[①]

当然!

假如你卖一款包包,直接展示这个包包有多美,如拍摄特写图片或者上身图,都叫作情绪文。如果你向大家解释不同的包包适合什么样的场合,什么样的包包搭配什么样的衣服,就叫作干货文。

而且,相比个人IP类,商业类账号的情绪文产出更简单。比如对鞋包服饰类,只要拍摄有美感就能吸引到用户。所以,很多商业类账号的内容,都可以采用"情绪文+干货文"的打法。

从今天开始,我希望你在点击某篇笔记后,都去有意识地给它做个分类:

这篇笔记是干货文,还是情绪文?

这样,你的网感就会越来越强。

---

① 不仅是本节,本书中的大多数方法对个人IP类账号和商业类账号均适用。

第四章

选题篇:好的选题是成功的一半

上一章提到，一篇笔记不过5要素：选题、文案、拍摄、标题、封面。

"选题定生死"的说法虽然有些夸张，却不失实。如果该选题正巧被很多人关注，那么在其他4个要素上，也许不用大费力气就能拿到更好的数据（当然必须质量过关）。反之，则很容易下了很多功夫却数据惨淡，除非在文案、拍摄上有极其突出的能力，才有可能力挽狂澜。

选题，不仅是创作笔记的第一步，也是笔记创作中至关重要的事。

什么是选题？

关于选题，你可能一直理解错了。

选题不一定是笔记标题，而是这篇笔记主要在讲什么，是笔记的内容主题。比如，下面两篇笔记，虽然标题不一样，但选题相同。

笔记1:小学千万别抓成绩！抓成绩的父母都后悔了

笔记2:小学不要把成绩放到第一位

如何判断一篇笔记的主题呢？

小红书内的大部分笔记，都会通过封面或者标题的关键词来透出主题，比如下面两篇笔记，即便用户不点击，也可以知道笔记的主要内容：如何提升执行力、如何做两性体检。

这种方式有一个好处，用户不点击笔记也能知道这篇笔记讲的是什么，倘若选题切中了用户的痛点或利益点，就很容易吸引用户点击。

两篇典型的情绪文

但小红书中还有非常多的内容，无法通过封面或标题判断笔记具体在讲什么，必须通过点击才能知道。这些内容，很多都属于情绪文。①

比如，博主@Rose肉肉的《3分钟看完，你正在见证一次史诗发生》通过vlog的形式，记录了自己和男友为了旅行打造房车的过程；博主@派小轩的《这个月的窝囊费到手了》演绎了一段剧情，讲的是发工资后同事们和老板聚餐，点菜时战战兢兢，想点贵的又不知道是否要点贵的，因为不知道老板是否买单……

为什么这类内容，可以不通过封面、标题透出主题？

透过封面无法看到主题的情绪文

---

① 小红书的大多数笔记，不管是干货文还是情绪文，依然会通过封面或标题透出主题。

第一，这类内容不像很多干货文一样，必须通过标题进行人群预选。比如，我的干货文《如何拥有恐怖行动力》中，受众主要是被拖延症困扰的群体，非拖延症群体对此内容并不会感兴趣。倘若不通过封面、标题表明主题，用户很难知道这篇笔记在讲什么，从而会影响笔记的点击率。

第二，这类内容的封面、标题都能唤起好奇、期待等情绪，比如博主@Rose肉肉的标题中的"你正在见证一次史诗发生"和博主@派小轩的标题中的"窝囊费"这种有趣的哏。这时候，即便不把主题概括出来，用户也能猜到这是一篇有趣的笔记。娱乐类内容的受众群体更广泛，不管是学生党、职场人还是创业者，都有娱乐的需求。被有趣和娱乐吸引，是人之本性。

第三，部分情绪文，很难用一句话进行精准概括，比如博主@派小轩的内容大多是短剧形式，风格幽默，很难用一句话标题来描述视频在讲什么，甚至讲清楚了（比如用"发工资后和老板、同事聚餐"），反而失去了神秘感，也削弱了幽默的效果。

因此，与其说选题是一个具体的标题，不如说选题是一个关键词。这个关键词，可以是关键知识或方法，比如提高执行力；可以是发生的某个事件，比如改造房车环球旅行；甚至可以是一种单纯的情绪，比如高浓度的惊喜、愤怒、难过……

如何积累爆款选题？5招解决"不知道发什么"！

有些学员会问我："琳达，能不能给我一些现成的爆款选题？"

我不会提供任何爆款选题，因为这是一种很强的误导。

一是小红书的内容是持续变化的，有些爆款具有时效性，过6个月可能就失去热度。二是每个人适合的赛道和风格都不同，就算你有一份实时更新的爆款选题表，对你的伤害也要远大于帮助——人最怕的不是选择太少，而是选择太多。拿着那份爆款选题表，感觉似乎自己什么都能做，而一旦行动起来，发现这都是别人的答案，解答不了你自己的问题——你什么也做不了。

真正适合自己的爆款选题，一定是你自己筛选出来的。
授人以鱼不如授人以渔。接下来就分享几个积累爆款选题的方法。

刷！刷！刷！

刷内容获取选题，这看似最简单的一环，实际上并没有太多人能做到。

很多人都会将小红书当作一个娱乐平台，刷内容就是图个乐子，或者找点攻略。但一旦你决定成为一个小红书博主，就意味着你要从内容消费者转变为内容生产者，必须切换视角，从内容生产者的角度去刷内容。

如果你看到一篇笔记数据不错，也很吸引你，[1]就要主动分析这篇笔记吸引你的点是什么。如果你一开始是被封面和标题吸引过来的，那就要想想，这个封面和标题采取了什么策略？如果你在阅读或观看内容的时候有了情绪波动，那就要停顿一下，思考：我为什么会因此触动？这个选题唤起了我什么样的回忆？我能不能写？如果我来写，我会怎么写？如果你点了收藏，就得思考：它提供了什么样的信息让我想要收藏？除此之外，也要留意图片风格（图文笔记）、表现形式和剪辑风格（视频笔记）等。

这些分析可以在脑海中完成。最开始这么做，也许会花一些时间，等训练得越来越多，你的分析速度也会越来越快，几乎可以在观看的同

---

[1] 注意这两点缺一不可。曾经有一个学员找我咨询，"如何解决拖延症"在站内是热点话题，但她写的笔记却数据不好。我看后指出，她的笔记写得很空洞，很可能她并不是拖延者。果然，她承认她并不拖延，只是因为这个话题火才写的。如果找选题时，不考虑自己对此话题是否有共鸣，只因为一篇笔记数据好而将这篇笔记的选题作为自己的选题，很可能因为自己没有相关的经历而写不出让人触动的内容，或者是写得很痛苦。这也是很多人就算找到了爆款选题也写不好的原因之一。

时完成分析。

我不是很建议做分析表格,因为这会极大提高你做这件事的成本和难度(比如你在地铁上刷内容的时候,是非常不方便记录的),不仅无法坚持,还很容易产生抗拒心理。想长期坚持,一定要降低执行成本。

刷的内容多了,不仅能积累选题,还能极大地提升网感,提高创作爆文的概率。

看主对标账号的爆款选题

主对标账号是和我们赛道相似的账号,所以主对标账号的爆款选题就可以作为我们的选题来源之一。比如下面我的这2篇笔记都拿到了很高的数据,这2篇笔记的选题被很多博主当作对标选题。

我的可以被对标的2篇爆款笔记

但是,博主有些笔记有品牌合作,品牌可能对该笔记付费推广,以提高该笔记的曝光量和点赞量,从而提高品牌的影响力。如果你看到某篇笔记,广告植入篇幅超过50%,广告感很重,但数据又非常好,很可能是品牌对该笔记进行了付费推广(某些付费推广的笔记,右下角会有

"赞助"或者"广告"字样）。这类笔记初始数据未知，可能好也可能一般，不建议作为对标对象。

低粉爆款

还有一类值得关注的选题就是"低粉爆款"。

什么是低粉爆款呢？就是粉丝量比较低的博主产出的爆款笔记。倘若一个粉丝只有几千人的博主，发布的某篇笔记获得了几千甚至上万个赞，那这篇笔记的选题就很值得关注。很多第三方网站都有小红书低粉爆款笔记的汇总与分析，并且可以分类查看。

蒲公英创作灵感

小红书蒲公英平台会展示近期数据优秀的品牌合作笔记。如果你已经有1000个粉丝并且已经开通蒲公英，也可以在其中获取关于商单的灵感。

其他内容平台

在其他内容平台上被广泛关注的话题，在小红书上往往也能得到更多关注。

比如，你可以多看一看B站、知乎、豆瓣、微博等其他内容平台，挖掘有热度的话题，这些平台也可以成为你的选题来源。

使用以上方法，慢慢能积累不少爆款选题，很难会再遇到"不知道写什么"的情况。

但近些年，不少用户抱怨，小红书中出现了越来越多同质化的笔记，千篇一律。这并不是选题的问题，而是部分博主为了追求流量，直接照搬了爆款笔记的结构、风格，甚至是内容，导致笔记缺乏博主个人的思考、观点、实践经验。

请注意，爆款选题不等于内容本身。选题可以借鉴，但内容必须来源于博主个人的思考、观察、经历和实践。绝不能抄袭！

你的内容越个性化，用户对你的认知越清晰，你本人的不可替代性也就越强。否则，很容易沦为工具人，风吹到哪儿，你飘到哪儿，在用户心中的形象永远是模糊的。

如何创造爆款选题？3招，把灵感变成爆款！

新人博主经验较少，多参考现成的爆款选题非常重要，这样很快就能知道用户喜欢什么，也更容易做出爆款。爆款选题，像一条陌生道路上的路标，让新人走得更确定、更安心，至少不用担心被带进沟里。

只参考爆款选题，你能成为一个还不错的创作者，但也止步于此了。

当然，并不是每个人都要更进一步。

如果你仅仅将做小红书当成一份工作，赚取一些收入，那么靠参考别人的爆款选题，也能将这份工作做得不错。

但如果你的目标是做出令人印象深刻的内容，成为一个有个人风格的创作者，你不仅想从创作中获得收入，还想获得快乐，那么，你必须学会走自己的路，创造属于你自己的爆款笔记，成为引路人。

后者更难，但做一个创造者获得的快乐和收入，远比做一个跟随者来得多。

那么，有了自己想创作的内容，如何将它变成爆款选题呢？

提炼个人经历，搜索看热度

我有个咨询者，对育儿方法很有心得，比如她从不强行控制孩子使用电子产品，但是孩子会主动控制手机使用时间，从不沉迷手机，更喜欢把时间用在阅读自己感兴趣的书籍上面。但这些方法，她却不知道怎么在小红书输出。

于是，我教她一招：

直接去小红书搜索"孩子玩手机"。

搜索后可以看到，在这个主题下，不仅有超过124万篇笔记，搜索后，还能看到非常多千赞、万赞爆款，且都是在半年之内的，说明该选题是很多用户关注的话题，且持续有热度。如果她能将自己的方法总结、归纳出来，也很容易写出数据不错的笔记。

如果你对某个话题非常有表达欲，不妨先去小红书上搜索一下，预判一下用户是否会喜欢这个话题。

商业类账号也是如此。如果你想要宣传自己的商品或服务，一定要提前搜索一下，看看小红书有没有与之相关的帖子和账号，如果没有，或者很少，则需要谨慎一点。

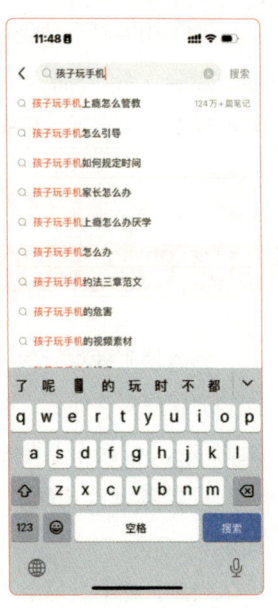

通过搜索了解话题热度

从你熟悉的领域入手，深挖用户没被满足的需求

根据本书第二章的方法找到的赛道，就是你熟悉的领域，在这些领域，你自然比其他人更知道目标用户最关心的难点、痛点、尚未被解决的问题，以及解决方案是什么。去挖掘并解决这些问题，是最容易做出属于自己的爆款选题的方法。

比如，大学生赛道一直是我的主要赛道之一。大学4年，我花了很长时间学习，拿到了很好的成绩，我还参加了很多学校活动，并参加了很多比赛，等等。这些经历，带给我的绝不仅仅是成就感，更多是疲惫、焦虑、压力、竞争、困惑，以及每个大学生都挥之不去的迷茫——这些真的有用吗？大学生活究竟应该怎么过？为什么我看似每一步都走对了，却还是不快乐？

对大学生活的思考，并没有因我离开校园而消失。

进入社会后回头去看，我才更清楚，大学时的我真正需要什么。大学生是非常年轻且富有创造力的群体，但同时，很多大学生却浑浑噩噩地度过了4年——并非他们想这么做,而是因为看不到其他选择。没人告诉他们如何了解自己,如何找到热爱的方向。他们刚从繁重的学业中抬起头来,就要面临找工作,可学校几乎没人告诉他们,应该如何找到适合自己的工作。他们迷茫着,焦虑着,4年时间,一晃而过。

曾经的我需要的,是现在的很多大学生依然需要的。

作为一个普通家庭的孩子,如何度过大学4年,如何弥补高校教育暂时未能给予他们的机会和视野,为未来铺路?我反复思考这些问题,也经常阅读相关书籍和文章。某一天,这些想法像喷泉一样涌出,我一口气写完这篇视频文案——《985专业第一教普通家庭大学生打破信息差!》,这篇笔记获得了215万播放量,17.9万个赞,成为大爆款。①

在你熟悉的领域中,困扰过你的事,一定也困扰着很多人;帮助过你的方法,一定也能帮助很多人;让你觉得新颖的观点,一定也让其他人觉得新颖极了。

在熟悉的领域,写新颖的内容。

往爆款元素靠拢

当你有了想表达的内容,还有一个非常灵活的方法,就是往爆款元素靠拢,当然这个爆款元素要和内容有关。

比如,在我发表笔记《985专业第一教普通家庭大学生打破信息

---

① 如果我"邪恶"一点,隐去上下文,很多读者会认为这是"随手写的火了"的有力证明,但作为真正的创作者,我不得不揭露一个真相:这篇笔记根本不是随手写的,关于大学生话题,我一直在思考、阅读和探索,只是某一天,果子熟了,我把它摘了下来。这篇笔记发布前几个月,我还去上海交通大学做过一场校园采访(并不是为这篇笔记准备的,事实上,我那时根本没想过要写这篇笔记)。虽然该采访视频发布后数据很差,但和学弟学妹们的交流,却直接催生了我的灵感,同时,我还将采访中颇有吸引力的视频片段用作视频开头——这些都贡献了笔记数据。因此,不要追求随手写出爆款笔记,因为真正的创作必然要花费大量时间。也不要为不火的笔记哭泣,没有任何一次准备是徒劳的,而每一次"失败",都在帮你做得更好,都应该欢迎它,而不是恐惧它,甚至驱逐它。

差!》那年,"信息差类"标题很火,而我的内容也确实与此有关,于是我在标题中加入了"信息差"这个词。

下面这篇爆款笔记《可是妈妈,人生是旷野啊!》[①]也利用了类似的思路。它是我在一个6月的夜里,在穿梭于阿坝州的中巴上写完的。

我的爆款笔记《可是妈妈,人生是旷野啊!》

白天,我们去了稻城亚丁,在海拔5000多米处俯瞰牛奶海。一边是下雨、寒冷、缺氧,一边是极致美好的景色。夜晚,我们驱车回城,看见不远处的山顶劈出一道闪电。没有一点光亮的漆黑天空瞬间变亮了。这些都是在城市生活了很多年的我从未见过的。突然间,我对上海,对大城市"祛魅"了。那时候,我刚刚离开职场半年,决定成为自由职业者,但父母很想让我找个工作。我不愿意,但又想不到什么理由来说服他们。当我看到川西的旷野的那一刻,我突然发现,原来我不需要一直待在城市里,我可以换个地方、换种方式去生活。

[①] 现在很多人开始调侃这句文案。这也印证了前文的话:有些爆款选题是有时效性的,不要盲目追求所谓"爆款选题清单"。

车辆在黑暗中颠簸，闪电在夜空中闪烁，我突然很想和妈妈说话，和她讲一讲我看到了什么，我想到了什么，让她不必担心，让她理解，人生没有"必须怎样"的活法。

　　正巧，那段时间，"妈妈，人生是旷野"这句文案在小红书上很火，我的内容又和这句文案高度相关，于是，我直接用它做了标题。这篇笔记发布后数据飙升，获得了1.8万个赞和5600多个收藏。

　　如何将个人表达和爆款元素结合？这需要你有一定的网感。通俗来讲，网感就是对网络热点[1]的感知。培养网感最简单的方法，就是多刷各大平台的内容，带着思考去刷，并长期坚持。某个拥有千万粉丝的博主在采访中说，自己每天都会刷几个小时的内容来保持网感。要注意，爆款元素也会过期，要避免使用过时的爆款元素。

　　我非常鼓励你去创作一些自己喜欢的内容。沿着前人的爆款选题去做，你可以很安全，但是，如果你一直这么走下去，你永远无法体会到更高维度的创作和自我表达的乐趣，甚至会对创作产生厌恶。**你的内容越是根植于自己的个人体验，用户对你的印象就越立体，你的内容也越难以被复制。**当然，不必心急，你完全可以等有了一定的实践经验后，再做这件事。先知道怎么走路，才能大胆地去探索未知的路。

　　任何事情，想持续干下去，除了勤奋，还需要一点热情。正是这点热情，让你度过一个又一个低谷期，登上更高的山峰，做出意料之外的爆款笔记。

　　这点热情，来自：

　　我可以自由创作我想创作的内容。

---

[1] 这里的热点，并非时事热点，而是网友们普遍关注的内容。时事热点只是众多热点之一。

制作笔记选题库：记忆靠不住，还是得记录！

作为博主，每天要刷很多笔记，用来学习或找灵感。这时候，只靠记忆是不行的，一定要建立属于自己的笔记灵感库。在看到优质内容时，可以将这些笔记记录下来，用作学习，或者是选题的灵感来源。

下面是我的选题库结构：

级别	点赞数	标题	形式	标签
A	6000	标题1	图文	成长感悟
B	4500	标题2	视频	英语学习
C	12000	标题3	视频	爱情观
B	3500	标题4	图文	职场干货
A	28000	标题5	视频	成长感悟

笔记选题库结构示例

对某一篇爆款笔记，我不仅会记录标题、点赞数、形式等等，还会对笔记进行分类，比如成长类、爱情类、剧情类等等。同时，我还会给每篇笔记打一个标签。比如，A代表这个选题和我最近关注的内容高度相关，也许可以写一篇自己的内容；B代表这个选题我有过思考，且感兴趣，但是我的思考暂时不足以充实一篇笔记，需要继续沉淀；C代表虽然我很喜欢这种内容，但是我近期做不了，先标记一下，可以作为一个未来规划。

当然，你可以根据自己的需要，灵活修改这个选题库的格式，不必拘泥于某种形式。重要的是记录。整理多了，思考多了，网感就提升了。

很多人纠结用什么软件做选题库。其实市面上有非常多成熟的笔记工具，选择你最习惯的就可以。不必纠结，工具只是工具。

练习

选择任一笔记工具,制作一份你的笔记选题库,并按照本节所提供的方法收集至少3个选题。

第五章

文案篇：爆款的灵魂是文案

我们可能因为吸引人的标题或封面而点击一篇笔记，但大多数时候，我们不会仅仅因为封面或标题而点赞、收藏或关注。

让我们点赞、收藏、关注的原因，究竟是什么？

是内容。

这篇笔记的内容，要么提供了实用价值帮助了我们，要么提供了情绪价值触动了我们，要么兼而有之。

大多数时候，内容都由文案传达。

一篇好文案，才是激发人点赞、收藏和关注的核心。

"可是，我文采不好怎么办？"

"可是，我文案总是写得很啰唆怎么办？"

"可是，我用心写了几天的文案，没人看怎么办？"

其实，写出一篇好文案真的没那么难。有哪些吸引人的文案结构？写文案最容易犯的错误有哪些，怎么解决？为什么你的文案不能帮你涨粉？这些问题，我都会在本章为大家一一解答。

什么是文案？文案，比你想象的更多元！

有些人认为文案是这样的：

我写的一篇图文文案

这是一篇图文文案，用文案来讲故事。它只是文案的一种。

那还有哪种文案？视频中人物说的话，算不算文案？

没错，如果是一篇口播视频，人物口播的内容就是这篇视频的文案。但是，这也只是文案的一种。

什么？还有？

没错。

文案，不仅是一篇图文的文字，口播视频的文字稿，也可以是vlog类视频的配音，图片上的花字，或者是剧情视频的人物对白，等等。文案的篇幅，可以很短，只对场景做一些注解，也可以很长，去讲述一个吸引人的故事。

像下面这篇笔记，文案只有封面上的几行字。

《Always online》这个前奏 真的！

短文案案例

真爱降临时 请在我脑海里循环播放

想象一下：深秋 街头 咖啡店 转身

久别重逢 初恋对视 微风

博主@妈的欧洲账本，文案也非常有风格，不走寻常路。比如，在《北欧旅行十大至暗时刻》中，博主拖着23公斤重的行李箱走过漫漫雪路去取民宿钥匙，在第四张图片中，配文道：

你拖着行李箱跋涉过漫漫雪路

没有相同经历的人

不配和你谈人生的重量

笔记《北欧旅行十大至暗时刻》

该博主的笔记正文很短，大部分文案都集中在图片上，用幽默诙谐的文字对图片进行解释。这篇笔记获得了5.6万个赞。

但有些笔记，只有图片，或者只有视频，几乎没有任何文字，也能拿到数量很高的赞，这是不是意味着文案不是必选项呢？

没错，在创作一篇笔记时，文案并非必选项。

但这并不意味着，没有文案的内容更好做。你什么时候会包容一个胡搅蛮缠的另一半？要么对方拥有足够高的颜值，要么对方拥有雄厚的

125

财力……总之，对方必须在其他方面拥有极致的价值。当文案作为一种重要的表达介质缺失的时候，需要的就是其他元素的极致吸睛。

比如，图片或视频中展示了一个很好看的包包，一个精美的房间，一处罕见的美丽风景，以及令人赏心悦目的容颜，等等。所以，我不建议初学者盲目尝试无文案或少文案的内容。

没有文案的笔记，大多数情况下，比有文案的笔记更难做。

不要怕写文案。

你不是写不出好文案，只是没有找到好方法。

现在，方法来了。

10类爆款开头：好的开头是成功的一半

开头可以理解为笔记的开头部分，包含文案、视频画面、音效（后两者属于视频笔记），而不仅仅是笔记的第一句话。

下面是3个以"性格老实，如何在职场升职加薪"为主题的视频笔记开头。你更愿意继续观看哪一个？

开头1：

哈喽，大家好，我是×××。今年是我在职场工作的第3年。最开始工作的时候，我每次开会都缩手缩脚，不敢说话，不敢对其他人的发言提出疑问，还经常被领导批评，升职加薪更是靠边站。有段时间我还遇到了性格特别强势的领导，那段时间我天天晚上失眠，整个人眼中都没光了，我朋友都说我像是变了一个人。但3年后，我在各种会议上都能自信大胆地提出自己的意见，再也不怕和其他人意见相左了。不仅领导越来越喜欢我，而且我的薪资在这3年里也涨了5倍。今天就和大家分享一下我的10条经验。

开头2：

工作3年，薪资涨了5倍，我从背锅老实人（插入在职场畏畏缩缩的素材）一路晋升到团队leader（领导）（插入作为leader在职场汇报的素材），今天就给大家分享10条经验。

开头3：

我刚进职场的时候很老实，经常背锅，但3年后的我成了团队leader，工资还涨了5倍。我把这3年多的职场经历浓缩成了10条经验，一定能帮到你们。

第2个视频开头，会吸引大多数人继续观看。因为它不仅有文字表述，还有视觉上的冲击，给人带来了双重刺激。其实，开头3也很不错，虽然平淡了一些，但直入主题，简洁明快，不浪费用户时间。实际情况下，经过封面标题的预筛选，很多受众也会继续把开头3看下去。而开头1，大多数人也许在听到第二句话的时候就滑走了。

为什么？

因为太拖沓了！

在小红书上，开头可以平淡，但切忌拖沓。

和抖音不同的是，小红书用户在决定点击一篇笔记前，已经通过封面和标题进行了筛选。所以，如果笔记的封面标题传达出的信息，正好是用户感兴趣的，那么即便开头平淡，用户也会有耐心看下去——因为他相信这篇笔记后面会讲到他感兴趣的内容。但是，倘若笔记开头讲了很多车轱辘话，冗长拖沓，逻辑不清，再有耐心的用户也会毫不犹豫地关掉视频。因为一个冗长拖沓的开头，会让用户怀疑这个博主的语言表达能力，怀疑对方是否能将事情表述清楚。

倘若对方连开头都表述不清楚，用户怎么能相信视频内容能帮到他呢？

不夸张地说，好的开头是成功的一半。

下面分享10个小红书爆款笔记常用的开头形式，图文和视频均适用[①]。

[①] 对视频来说，开头不仅仅有文案，还包含了视频画面、音效等。如果对某个内容感兴趣，可以去小红书内搜博主原文。

一、引发好奇

引发好奇类开头,也就是通过提问,引入一个稀奇的片段、故事、观点,展现强烈的情绪,或者日常生活中不常见的场景,等等,激发用户的好奇心,让用户有继续看下去的欲望。

第一次带孩子没想到还是国宝 @澳洲买买君
在澳大利亚给国宝当奶爸是什么体验? 我大概这辈子都没想到有一天会和真正的熊孩子睡一间屋。这是我第3次和朋友去塔斯马尼亚,只为了体验一家非常特殊的民宿。

开头通过提问来设置悬念:在澳大利亚给国宝当奶爸是什么体验?勾起人的好奇心。

我发现走大运的代价是很多人承受不起的 @琳达不呆
JJ的朋友,一周赚了70万。上次他们见面时,该朋友说:现在我只剩下钱了。
他没骗人。
他只剩下钱了。

开头引入一个不常见的故事:一个人一周赚了70万,却说自己只剩下钱了。看到这样奇怪的故事,谁能忍住不把它读完?

很没出息地为2美元破防了 @蛋饺姐姐
今天晚上我去见了我的朋友,然后跟我朋友分享了一个今年以来,**让我作为一个亚洲人非常不舒服的瞬间……**

开头同样引入了一个不常见的故事,"让我作为一个亚洲人非常不舒服的瞬间",同时也圈定了人群"亚洲人",让屏幕前的用户认为"与我有关",带着好奇继续看下去。

> 你有没有想过，我们可以不做这道题的 @琳达不呆
>
> （边哭边说）我想想我当时在上海过的都是什么日子，我干吗要把自己囚禁在那里？……现在我就觉得特别荒谬，我根本就没有必要这样……

开头展现强烈的情绪，让很多人好奇发生了什么。这篇笔记是我刚到大理时拍摄的。当时我离开上海，刚到达在大理租的房子。时值12月，大理的天空碧蓝如洗，房子在苍山脚下，卧室外一片葱葱郁郁。我被眼前的景色震撼，情绪在那一刻爆发，便记录下了那一刻。笔记内容也唤起了很多一线城市打工人的共鸣。

虽然哭泣的时刻极少发生，难以捕捉，但类似的"展现强烈情绪"的开头却经常出现在爆款笔记中，比如，开头展现人物在群山间的奔跑、情侣的拥抱、肤色健康的女孩的大笑、登顶雪山时的欢呼，以及短剧中的人物冲突，等等。喜怒哀乐，皆为情绪。强烈的情绪，能突破语言的壁垒，也是吸引观众注意力的绝招。

> 被画蒙了……我第一次把淡妆真正学会！ @梁芷榕
>
> 浓妆"爆改"这个我熟，但是淡妆能"换头"，还能换得有自己的特色？我不信！不信也得信！现在就顶着这个头，去会会这个淡妆"大神"。

这个开头，则是通过提问，引入了一个稀奇的观点，淡妆能"换头"，吸引观众看下去。

写好引发好奇类开头的核心，是反常，是奇怪，是冲突，是高浓度的情绪，唯独不能是平淡，是每个人都经历的日常。

二、诉诸恐惧

诉诸恐惧类开头，也就是将一件事的负面影响前置，激发观众的恐

惧，使其有继续看下去，寻求解决方案的动力。举几个例子。

一篇劝诫大家不要带电瓶上电梯的内容，与其在开头分享带电瓶上电梯可能出现的安全隐患，不如在开头展示电瓶在电梯内爆炸，火光冲天的场景。

一篇教大家安全驾驶技巧的内容，与其在开头分享安全驾驶小技巧，不如在开头展示不规范驾驶导致发生交通事故，车辆被撞飞的场景。

一篇向女性普及性教育的内容，与其在开头分享性教育知识，不如在开头加入展示性教育缺失导致女性出现健康问题的场景。

发生关系前，你带他去体检了吗？ @琳达不呆

姐妹们，但凡你们和新的人发生关系，一定，一定，一定要拉着他去医院体检！我有一个姐妹发生关系前带男友（现在是前男友了）去体检查出了传染病。在社会上谈恋爱，你根本不知道对方经历过什么。

将发生关系前不体检可能带来的负面影响前置，能唤起观众的紧迫感，使其对笔记接下来分享的内容产生更大的需求和期待。

这3个"阳谋"，每个女孩都务必警惕 @待续

每个女孩不管学历、家境如何，都一定会遇到一些专属女性的"成长致幻剂"，这些想法会让我们在不知不觉中失去充分发展的动力。越早摒弃这些想法，我们就能越早找回力量。

博主将社会给女孩们的枷锁比作"成长致幻剂"，并直言，这些枷锁会让我们失去成长的动力。这同样是诉诸恐惧类开头。

三、诉诸利益

诉诸利益类开头，就是在开头直接指出这篇内容能给用户带来什么好处。这里的好处，可以是赚钱、节省时间、节省精力，也可以是实现

一种自在美好的生活状态，习得一门方法或技能，等等。诉诸利益，是爆款干货文最常用的开头类型之一。

嘴笨小孩都过来学吵架 @闪光少女木木
教你吵架必赢的两句话。就是只说你，不说我，只反击不自证。

吵架必赢？开头这4个字已经让这篇笔记赢在了起跑线上。视频直接给出利益点——帮你习得精湛的吵架技能，对每个吵架后深夜惊坐起并扼腕叹息没发挥好的嘴拙之人来说，这吸引力可是致命的！

下面这个开头则非常直接地指出，AI给博主带来了什么好处，以及普通人如何利用AI做副业。没有废话，简洁明快地进入主题。

副业月入5位数 | 用好AI普通人收入也能翻倍 @王多维up
用AI做副业真的超神！我不仅学会了文案创作、视频剪辑和数据分析这些技能，还做出2个万粉账号，副业收入稳定在5位数。我是怎么做到的呢？今天就给和我一样想要空闲时间赚点钱的打工人分享用 AI 打造副业的全流程，每个月多一份收入。

下面是我写过的两篇爆款笔记的开头，分别分享了"解决焦虑的方法"和"改变人生的心态"，并直接指出，知道这些能给自己带来的利益。

这样把焦虑写下来后，命运齿轮真的转动了！ @琳达不呆
教你们一个5分钟彻底解决焦虑的方法。这个方法我从大学开始用，已经用了快10年。学会这个方法，不仅能让你快速走出焦虑，还能让焦虑成为你的转机。

你总觉得有时间，这才是问题所在 @琳达不呆

分享一个改变我人生的心态，就是一定不要有真正的生活还没开始的心态。认识到这一点之后，我命运的齿轮开始转动了。

看了这么多开头，不难发现，爆款笔记的开头往往是清晰简洁的，而新人写开头却很容易拖沓，交代一大堆和主题关联性不强的背景和情绪，用户的耐心很容易在冗长的铺垫中被消磨殆尽。

四、直击痛点

直击痛点类开头，就是通过描述困扰受众群体的难题、场景等，激发其对后续内容的需求。这类开头，一定要清晰、准确地将痛点描述出来，并且描述要尽量具体，才能足够有"痛感"，才能充分调动起受众的情绪。

巨巨巨详细新手底妆跟练！看完还卡粉算我输 @俩梦晗

如果你看了一堆教程，或者换了一堆粉底液，底妆打出来还是斑驳的（插入底妆斑驳的素材），速来"码住"这些巨详细的新手底妆跟练。从洗脸就开始，详细到护肤、底妆工具、产品选择、上妆手法，全部给你讲明白。

信我！提升面部平整度才是有效变美思路 @我没瘦

这是不是上完底妆的你？显老显脏，泪沟法令纹一个也没遮住，太阳穴该凹还是凹，上完妆后更是没法看（插入妆面显老显脏、泪沟法令纹明显的素材）。今天咱也不废话，给我2分钟，我让你从这样变成这样（插入2张对比图）。

以上2篇笔记的开头，都直击化妆痛点。不仅从文案上描述痛点，还通过视频素材直接展示痛点，音画配合，能对观众产生很强的情绪冲击力。

下面这篇笔记也是如此。博主精准捕捉到人们在小长假出行的痛点，让用户有种"被说中"的感觉，自然对接下来的解决方案——泉州，更有好感。

泉州旅游攻略看这一篇就够了！@小羊小杨
家人们，如果接下来的假期，你觉得去新疆太远，去三亚太贵，又担心其他地方商业化严重，那你一定要看一看泉州。我刚刚从福建自驾游回来，泉州真的是一个让我念念不忘的城市，人均几百块钱，很便宜，而且能体验到很多特色美食和传统文化。我给大家整理好的两天一夜泉州攻略一定要收好！

通过以上案例也可以看出，想写好直击痛点类开头，你必须是，或者曾经是笔记受众群体中的一员，这样才能对受众群体的焦虑、困扰有深刻的洞察，才能写出让人共鸣的开头。

五、名人背书

如果笔记和某个名人的特质、经历、方法有一定相关性，可以在开头利用名人效应为笔记背书。这里的名人不局限于活生生的人，也可以是专业群体、书籍、机构等，比如老中医、图书《黄帝内经》、报纸《人民日报》等等。

下面这篇笔记，就是借由名人分享她身上值得学习的特质。

学吴艳妮三大精神内核，普通女孩所向披靡 @Meti奔向世界
国内最受争议的女性运动员（吴艳妮）。比赛输了，全网嘲笑。比赛赢了，网友骂她妈妈张扬，甚至当我决定这期内容讲她的故事，我老公都要在旁边悄悄提醒："你要是讲她，可能会被骂。"这更激起了我的表达欲，就要讲她！

下面这篇笔记，则是直接分享名人方法。没有露出具体人物，而是借"专业化妆师"这个专业身份为内容背书，同样能增强用户对内容的

信任程度。

巨详细新手底妆跟练！夏天微雾光妆效get（收获） @俩梦晗

哈喽，大家好！今天教你们我从专业化妆师那里偷学过来的夏日超服帖底妆大法。直接劝退油皮无效底妆的3大雷点：卡粉、脱妆、泛油。选对气垫，掌握好手法，就可以直接get绝美的微雾光妆，"待机"一整天都不在话下。

六、营造反差

反差之所以吸引人，一是因为它颠覆了人们的常规认知，比如，"10点睡觉后，我从班级倒数到拿下班级第一"这种开头，颠覆了人们"考第一必须刻苦学习"的常规认知，强迫用户停留，以获取答案。二是反差类开头自带矛盾冲突，能迅速唤起用户情感。

我用AI开了家淘宝店，细思恐极 @36氪

这是我用AI开的一家淘宝女装店，店铺首页有高质量的真人模特图，宝贝分类，对应不同的商品和商品详情页，还有完整清晰的卖点展示。对比一下另外两家拥有千万粉丝的淘宝女装店，感觉是不是也差不太多了？其实我们几家最大的区别是他们的店铺都需要一两百人运营，而我的店铺只有我一人。

一个人运营的AI女装店和一两百人运营的千万粉丝女装店，店铺的装修竟然相差不大？用这个反差做开头，是不是比只介绍AI女装店要吸引人得多？

这是我们听过的最动听的歌声 @耶梦和早早

没想到我们这辈子听过的最动听的歌声，居然是从一家社区食堂灶台传来的。这里一份饭菜只卖3块钱，有肉有菜，我们想买一份，却发现自己没资格吃……这里人气非常旺，却见不到一个年轻人。老人们排着队，每个人都带着一个大饭盒，摸了好久，摸出一点零钱，却奇迹般地换回一大盒丰盛的饭菜。

笔记开头营造了三个反差。第一个反差，最动听的歌声，不是出现在精心打造的演唱会，而是从社区食堂传来的。第二个反差，这里一份饭菜非常丰盛，却只卖3块钱。第三个反差，食堂本应该各个年龄阶段的人都有，而这里却只有老人。开头的三个反差把观众的好奇程度直接拉满。

七、直接亮出主题或观点

这类开头看起来非常简单，就是直接把笔记要讨论的主题或观点抛出来，不做任何铺垫。但实际操作起来依然要花很多心思。其中最关键的有两点。

第一，主题选择。选择的主题，要么具有一定的利他属性，让用户认为"与我有关"，要么是有一定关注度的热点话题。切忌"自嗨"。比如，下面这篇笔记，开头直接亮出主题，"很多高学历的人做不好自媒体的原因"。该主题虽然不具备明显的利他性，却是一个很容易"八卦"的话题，高学历和非高学历群体都有兴趣听一听。

为什么很多高学历的人反而做不好自媒体？@琳达不呆
今天聊一个很有意思的话题，为什么很多高学历的人往往做不好自媒体？比如"宇宙第一网红"Mr.Beast和"宇宙前第一网红"PewDiePie，他们两个在YouTube平台上都有超过1亿的粉丝，但是他们两个都只是高中毕业。

第二，抛出的观点要有一定的新颖度，不要烂大街。比如，分享化妆窍门的笔记很多，但博主@小王吖的笔记《化妆真相：看完少走很多弯路》，开头直接抛出"特别酷特别飒的御姐妆，圆眼的人画不了"这个令人耳目一新的观点，获得17万人点赞。

化妆真相：看完少走很多弯路 @小王吖

几个化妆的真相。这种特别酷特别飒的御姐妆，圆眼的人画不了，也就是眼睛特别圆的人画不了。我是圆眼，我就画不了。长眼能画，而且长眼画出来很好看。眼长如果是眼高的约2倍，是可以画的。如果眼长和眼高的比例是1.5∶1，那就画不了，没那个气质，画了不好看不说，反而显得很怪。

八、展示付出

展示付出类开头，就是在开头强调自己为这篇笔记的主题付出了多少时间、金钱等，能极大提高用户对该笔记的信任感与价值预期。比如，下面的几个开头，都在强调自己为内容付出了多少时间、积累了多少经验。

如何有效听播客，避免听过就忘 @大乐Daleee

作为一个**每天都要听播客的资深爱好者**，高质量的播客基本上都在**1小时以上**，那么怎么能够快速地提炼出每期播客的内容呢？今天来分享这个只有不到 1% 的人知道的播客炼金术。

英国生活：4个实用信息差 @悦然yue

来英国10年，分享4个很实用的信息差。

普通家庭孩子尽早明白10条职场残酷真相！ @琳达不呆

上周，我请5个工作了5年以上的朋友做了一场120分钟的职场直播。我们总结了10条学校从来没有教过的职场真相。

打破信息差：普通人免费出国旅游的4种方式 @皮西在上海

普通人怎样做到不花钱出国游？作为**开过民宿、去过155个城市的旅行狂人**用亲身经历告诉你免费旅行的4种方式。

当然，开头是锦上添花，想吸引用户为笔记点赞、收藏，甚至关注你，内容一定要言之有物，能配得上开头的"付出"。

九、分享故事

人天生喜欢听故事。你可以单纯讲一个故事。倘若故事具有离奇、搞笑、有趣、温暖等看点，往往很容易获得几万甚至几十万人点赞。当然，如果你打算分享某类干货或观点，也可以用故事作为开头，通过故事吸引用户看下去。

终于接受了自己相貌平平的事实 @琳达不呆

这几天过年，看着镜子里的自己，一身睡衣，头发没洗，贴在头皮上。

"确实不咋好看。"我对男朋友讲。

大学刚入学，军训。那时我有些胖。身边很多女生被男生要了联系方式，我从来没有。几天后，突然有一个男生加我，我以为终于能找回些自信[1]，聊了两句，他问：

"你是那个更瘦的女生吧？"

"为什么这么问？"

"我觉得那个瘦瘦的女生更好看一些。"

"我是她旁边的女生。"

这篇笔记，以一则故事开头，讲述10多年来，我对"外貌"发生的观念上的转变，最终提出观点：

与其说"女性怎么样都很美"，不如说女性更应该有"不美的自由"。

---

[1] 那时候的我年幼无知，会从异性的肯定中寻找自信。现在不会了。真正的自信是靠自己成功做成一件又一件事得来的。这样的自信，不管被任何人打击，都是不会失去的。加油，姐妹们！

相比干巴巴地讲述观点，恰到好处的故事反而更有场景感和趣味性，更容易让用户代入、思考，并共情。

最后的结果就是大家都在进步，却都在失业 @琳达不呆
我一大早就看到两个裁员的消息，一夜之间上百人失去工作。前段时间，我和一个老板聊天，他告诉我，他引入了一个AI工具，直接把某个部门的人从12个裁到只剩2个。说一个有点扎心的真相：进入社会后，一定要早点认识到，死磕技术是赚不到钱的。

这是我的另一篇笔记。虽然笔记主题围绕"死磕技术，反而赚不到钱"这个观点和3个破局之道展开，但我并没有在开头直接引入该观点，而是分享了两个关于失业的故事。通过故事，让观点"死磕技术，反而赚不到钱"变得更加具体、可感知。

十、引发向往

有一类开头，没有特别的文案，甚至没有文案，而是展现美好、令人感动或向往的画面，吸引用户看下去，这种就属于"引发向往"类开头。比如我的学员@巴图的游牧生活，在笔记《我的牧区生活》中展示了草原牧羊的场景。蓝紫色的天空，可爱的羊群，非常治愈。这篇笔记获得了1.3万个赞。

开头结束后，可能会开始口播或者用vlog形式继续进行展示。这样往往比一开始就口播更加吸引人。

笔记《我的牧区生活》

大部分爆款笔记的开头，都是两种或多种技巧的叠加。你不需要掌握所有的技巧，也没有博主会用上所有的技巧。过度使用"套路"的开

头很容易用力过猛，招致用户反感。

如果你读到下一章，看到标题技巧，你会发现，文案的开头技巧和标题技巧很多都是一致的。为什么？

在小红书上，封面标题和开头，目的本就是一致的。封面标题吸引用户点击，而开头则吸引用户将内容看下去，本质上都是通过一系列技巧吸引用户，激发用户对内容的兴趣。

因此，它们的核心创作方法当然也是一致的。

不过你肯定也注意到，小红书上依然有不少笔记开头看似没有采用什么技巧，也成了爆款笔记。比如，我曾经发布过一篇视频笔记《人需在事上磨 | 朋友做一秒视频能赚800块了》，讲述了我的朋友从依赖死工资到靠副业收入改变自己生活的故事，获得了2.4万个赞。拍摄这条视频时，我正在候车室候车，于是在开头交代了一下环境。

> 我现在在北京北站高铁商务座候车室。我知道我周围很嘈杂，我也知道我现在很丑——头发没洗，戴着一副镜片像酒瓶底一样厚的眼镜——但是我必须今天发这篇笔记。

小红书的主页推荐采用的是双列信息流形式，用户点进某篇笔记之前，已经接受了封面标题的第一次筛选。也就是说，倘若用户点进某篇笔记，至少该笔记封面标题传递的信息是吸引用户的。因此，就算笔记开头有点平淡，或者没那么相关，用户也愿意继续看下去。

当然，平淡并不意味着冗长、拖沓。倘若用户看了20—30秒发现还没进入正题，耐心就会被消磨殆尽，退出观看，笔记数据就一定好不了。所以，开头可以平淡，但内容必须充实。

5种爆款文案结构：爆文有"套路"！

你可以利用封面标题把用户吸引进来，利用开头技巧把他们留下，但他们是否点赞、收藏,甚至关注你,并不取决于封面、标题或者开头,而是取决于文案的主体内容。

爆款文案看似五花八门,但大多数都属于以下5种结构[1]。

一、危机化解型

危机化解型文案结构非常通用,适用于大部分知识分享类、方法技巧分享类内容。从心理学角度看,人们普遍会有损失厌恶心理,失去(或可能失去)某样东西带来的痛苦,远远大于得到该东西获得的快乐。因此,危机化解型文案很容易吸引并留住用户。

危机化解型文案结构:危机[2]+(解释)+(效果)+方法+结尾

1.危机

危机,是做或者不做某件事可能遇到的痛点、难题、错误认知或错误操作等。

如何找到危机呢?举个例子。

如果你想写一篇以"教职场人如何提高英语水平"为主题的内容,那么就要思考:学英语能解决职场人哪些方面的焦虑,化解哪些部分的危机?

第一,很多职场人在工作后就很少接触英语了,导致英语水平退化得很快,等到偶尔再读英文文章的时候,已经很难流畅阅读了。

第二,对现在的职场主力军"80后""90后"来说,很多人接受的英语教育以应试教育为主,重阅读和写作,弱化口语和听力。但如果想

---

[1] 这5种文案结构,对图文和视频均适用。考虑到视频更复杂,读者对视频文案的结构认知往往也更模糊,同时为了保持文案风格的统一,除特殊标注外,本节统一选择视频文案进行分析。

[2] 需要注意的是,本节讲述的5种文案结构,和前面的标题、开头结构没有一一对应关系。比如,"危机化解型"脚本并不一定选择"诉诸恐惧类"开头,你可以灵活选择不同的开头结构,只要能展现危机即可。

进入外企，口语和听力则更重要，决定了其能否和外国同事流畅交流。

第三，因为英语水平退化，职场人可能错过公司外派机会或晋升机会，失去探索更广阔的世界的可能性。

对我来说，第三种危机比前两种更触动我，因此我会选择以该点切入，以此来展开后续文案内容。

对商业类账号来说，这个结构也非常好用。

如果你想卖某品牌的锅具，而锅具的卖点有"容易清洁""具有健康涂层"等，那么你就可以从某些锅具很容易烧黑，而且清洁起来费劲，涂层用的材料不好，剥落混进食物被我们吃掉后会对身体造成危害等危机入手，顺势展开说明自己品牌的锅具的优点，化解危机。这样两相对比，用户对该品牌锅具的期待值立刻"拉满"。当然，这些都要建立在真实的卖点基础上，否则就会涉及虚假宣传，对品牌形象不利。

2.解释

解释环节并非必需。如果危机比较直接，在文案中一笔带过即可。如果危机有一定的理解门槛，则需要在文案中进一步解释。

3.效果

效果，就是指我用了这些方法、技巧或工具，得到了什么好处。效果可以放在方法前，也可以放在方法后。效果前置有一个优点，就是能增强用户对本篇笔记的信任，但需要注意，这部分篇幅不要过长，否则会喧宾夺主。

这个环节并非必需，你当然可以在讲完危机后，直接进入分享方法阶段。有时候，加入这个环节，对建立用户信任，防止工具人化很有帮助。比如，你分享"职场人学英语的方法"，在讲述完危机后，可以简单讲一下这些英语学习方法给你带来了什么好处——职场晋升、外派机会等。这样，能增强用户对本篇笔记的信任，吸引大家把内容看下去，从而提高完播率。

务必注意，讲述效果时要符合实际，不要虚假、夸大宣传。

4.方法

分享化解危机的方法，是文案的主体部分。因为是干货文，所以分享的方法一定要具体，可以通过故事、案例等让方法具体化，不能隔靴搔痒、泛泛而谈；一定要精练，不能将两句话就能讲完的内容硬生生拖到讲2分钟；一定要有新鲜感，避免分享人人皆知的内容。

5.结尾

文案结尾非常灵活，可以对整体内容进行总结，可以引导用户点赞、收藏、关注，可以呼吁大家行动起来，也可以通过文案、金句拉高情绪，等等。

死磕技术，反而赚不到钱 @琳达不呆

我一大早就看到两个裁员的消息，一夜之间上百人失去工作。前段时间，我和一个老板聊天，他告诉我，他引入了一个AI工具，直接把某个部门的人从12个裁到只剩2个。说一个有点扎心的真相：进入社会后，一定要早点认识到，死磕技术是赚不到钱的。它的唯一作用就是先让你有口饭吃，但是你这口饭能吃多久，能吃多好，完全是不受控的。（开头分享两个真实的裁员故事，引入危机：死磕技术，反而赚不到钱。）

有些人会说："我的技术好就可以了，就不会被裁了，我技术好就能找到其他工作了。"你可能还没意识到，技术是依托于需求而存在的，而需求是可以消失或转移的。你技术好，你是这个行业的前100个人之一。万一这个行业某一天改革了，比如说引入AI后，只需要50个人，好，你也可以努力成为那50个人之一。万一某一天这个行业只需要10个人了，你难道还要成为那前10个人之一吗？你一直在那儿"卷"，你得多累啊，而且你以为其他人不会像你这么想吗？你想成为那前10个人之一，那其他人为了保住自己的饭碗，也会想成为那前10个人之一啊。最后的结果就是大家都在进步，却都在失业。如果你死磕技术，你会一直陷在"内卷"的漩涡里面出不来，你会发现你越来越努力，你花的时间越来越多，反而越来越焦虑，钱也越赚越少。（解释危机的具体含义：为什么死磕技术赚不到钱？本话题反常规认知，有必要进一步解释，让观众更好理解。）

所以，真的不要再死磕技术了。我现在也算是拿到了一点点结果，所以我斗胆分享几点，希望能给你们一些启发。（效果：我现在也算是拿到了一点点结果。这里没有对"结果"详细展开，只是稍微提了一下，避免喧宾夺主，将重点放在后续的方法上。）

（方法1：反客为主）第一点就是反客为主，让技术为我们所用。有野心的人，把技术当作暂时的过渡，而不是毕生的追求。就像我6年前拒绝掉年薪50万的offer（录用通知），去了一个薪资相对没那么高的企业，很多人都不理解，毕竟50万年薪放在今天也是很诱人的。因为我很明白我工作只是为了先找口饭吃，先保证能靠自己在这个社会上立足，但我的真正目的，是利用业余时间去探索真正属于自己的事业，而高薪也意味着高压和个人时间的减少，意味着我没有时间思考、行动。所以我绝对不能接受。虽然我去了薪资没那么高的企业，但等到我离开职场时，副业收入已经比工资高出很多了。

（方法2：训练商业思维）第二点，在日常生活中多训练自己的商业思维，尤其是销售思维。我之前和一个老板聊天后得知，他们公司研发一个AI产品成本只有几十万元，却能卖到上百万元，还供不应求。所以核心是技术吗？并不是，而是找到买家，找到能心甘情愿为你买单的人。这就是很多人不具备的销售思维。如果你还在工作，今后就可以多观察：你的公司是怎么赚钱的？它设计了什么产品，又怎么把这个产品卖给了需要它的人？再比如，假如你因公司引进AI技术被裁员了，你能不能意识到AI现在是个"风口"？你能不能利用AI做点什么？其实我很早就在小红书上建议大家搞点东西卖一卖，不管你是卖几块钱一支的笔，上百块一副的眼镜，还是上万块一台的机器，其实卖东西的核心逻辑都很类似，就是把产品卖给需要它的人，从中赚取差价。只要这个环节能够跑通，你以后卖什么东西都可以。你可以仔细想一想你身边有没有类似的故事，可以分享出来加深印象。（分享两个解决危机的方法，同时，用案例对方法进行详细解释。有了具体案例，方法就不再是抽象的大道理，而变得更好理解，更好落地，不仅让观众更有获得感，也增加了视频的趣味性。）

最后再推荐一部纪录片，叫《富豪谷底求翻身》，我推荐过好多次了，这是一部非常好的能帮你打开商业认知的纪录片。销售能力才是赚钱的元能力，因为它本质上是对需求的洞察。需求会变，但是有了能发现需求的本领，就能以不变应万变。（最后以金句结尾。干净利落，戛然而止。）

如何从磕磕巴巴到4个月拍出11条万赞爆款？！ @琳达不呆

这是一年前我拍的视频（呈现视频片段），生硬，眼神不自然，看稿感明显，数据很差。这是一年后我拍的视频（呈现视频片段），表现越来越自然，有交流感，甚至能演两段，4个月拍出11条万赞爆款。（开头营造反差，通过若干视频片段展示拍摄视频过程中遇到的危机，紧接着给出解决危机后的效果，然后引入主体部分：解决方法。节奏很快，不拖沓。）

今年做自媒体真的没那么难，分享几个让我数据飙升的方法。

（方法1：用提词器减轻心理压力）为什么差不多的文案，你的点赞数只有几十个，而那些表现力强的笔记能获得几十万甚至上百万人的点赞？我注意到很多人一面对镜头，就变得很紧张，说不出话来。姐教你一招，一开始千万不要背稿，而是把提词器摆在相机下面，这样边读稿边拍摄，你的眼神也会很自然。如果你用手机拍的话，直接使用悬浮提词功能就可以了。我还有一个小技巧，喜欢把提词器想象成我的好朋友。拍摄的时候，你可以多加一些肢体动作，眼神不要直直地盯着镜头，偶尔往旁边瞟一瞟，或者是拿杯喝的，这些都会让你的状态更自然。我不说的话，谁会知道我正在看提词器呢？

（方法2：提升镜头表现力）除了这个，再分享几个日常就能做的提升表现力的小练习，比如说边走路边拍摄，慢慢你就会发现自己不怯场了。再比如每天睡前对着镜头讲一讲今天发生了什么，相当于用嘴巴写日记。再给大家推荐一本书——《实战表演》，虽然它是一个导演写给演员的表演手册，但我非常推荐每个想拍视频的人都看一看。拍视频和表演的核心很类似，不仅是传递信息，更是传递情绪。有了情绪，你才不会被当成一个只会说话的工具人，视频才能穿过屏幕，抓住人心，做出几万甚至十几万人点赞的爆款。

（方法3：利用剪辑技巧提升视频趣味性[①]）有了视频，咱们再来说说剪辑……

（方法4：克服内容偏见）最后再说一点，很多人做自媒体都会有的思维定式，就是内容偏见。因为推荐算法的关系，我们每个人都被困在自己的信息茧房里，这就是为什么你觉得不好的内容还能获得十几万人点赞。所以我平时都会用两个账号来刷内容。我会用工作账号来搜集素材，刷和我主赛道相关的笔记，但在生活账号里我就会看一些其他赛道的内容，甚至有意去刷一些我并不那么感兴趣的内容。这样做，你在自己做内容时，真的会有源源不断的灵感闪现出来。（分享4个解决方法。每个方法都非常具体，有很强的可操作性。）

千万不要害怕稀巴烂的开始，几乎所有大博主最开始的内容都是稀巴烂的，说一句很多人可能不太理解的话：一开始起号太顺利可能会毁了你。千万不要把大多数注意力放在那些负面信息上，这些信息除了让我们在负能量中相互安慰，不会让我们有任何提升的可能。（结尾给观众一些心态上的建议：做自媒体如何应对焦虑，产生动力和信心。）

需要注意的是，你完全可以灵活地选择不同的开头技巧。比如，在以上危机化解型脚本案例中，就有营造反差、直击痛点类开头。这些开头都能描述危机。因此，不必拘泥于某种开头风格，可以根据实际情况选择适合自己脚本的开头。

二、利益输送型

利益输送型文案结构和危机化解型文案结构本质上是一致的，前者给予利益，后者引入危机，不过是同一结构的一体两面而已。这两类文案结构常用于分享知识、技巧的干货文。

[①] 限于本章的篇幅，这部分内容不再详细展开。

利益输送型文案结构：利益＋（效果）＋方法＋结尾

利益，可以是金钱上的利益，比如适合职场人做的副业，便宜但非常实用的家居好物，如何小成本装修出一个有高级感的家等；可以是经验上的利益，比如如何与不友好的人相处，如何向上社交连接到更强的人脉资源等；可以是时间上的利益，比如如何3天背完一本书，不抄书做读书笔记的方法有哪些，如何高分通过考试，如何3分钟搞定营养快手早餐等；可以是技能上的利益，比如如何学好一门外语，夏天如何化妆不脱妆，当众演讲如何自然不紧张；也可以是个人成长上的利益，比如扩展视野要读的几本书，提高认知要看的几部纪录片；等等。

利益输送型文案的效果、方法和结尾环节的处理同危机化解型文案。

读完100本！我找到了超简单的做读书笔记的方法[①]！@琳达不呆

这是我读完《厌女》做的一些便笺（视频中展示便笺）。我用这个方法读了非常多的书。这个方法绝对是你见过的最简单的做读书笔记的方法！今天就手把手教你到底如何用便笺法做读书笔记。（开头：直接展示利益——这个方法是你见过的最简单的做读书笔记的方法。）

大多数人读书，都会在书上画线，或者是做一些高亮标记，但这样有一个问题，就是你读完这本书，过个3个月、半年，你就完全不记得这本书最触动你的点是什么了。我教你，如果你读到一段话，觉得非常有感触，你就把这段话提炼成 5—8个字，

读书便笺法1.0

[①] 后来，我对这个方法又做了一次升级，有了"读书便笺法2.0"，因此这里的方法可以叫作"读书便笺法1.0"。升级后的版本，能实现"一鱼多吃"，更高效。感兴趣的读者可以去我的小红书主页查看。

写在这张便笺上，然后把便笺贴在这一页旁边。

你看，这是我读完《厌女》这本书做的一些便笺。就算我读完这本书已经1年了，只要我拿起这本书，看看这些便笺，我就能快速定位到阅读时最触动我的那些点。比如，我已经忘了"厌女症"是什么意思了，我就可以翻到"厌女症的定义"这个便笺处，翻开书页，就能知道"厌女症"到底是什么意思，真的非常方便。（方法：分享用便笺法做读书笔记的具体步骤和使用方法。）

这个方法还有一个好处，就是它能逼迫你去主动思考，去提炼。读书很多时候会给我们带来一种错觉，一种"我学到了知识"的错觉，但其实只有你主动思考了，你才真正学到了知识。提炼的过程，就是在逼迫你主动思考。你想，你要把几十上百字的内容提炼到这5—8个字上，你必须主动思考。这样读书才真正有效果。而且这个便笺是这种硬硬的，所以你也不用担心它放到包里会折。（效果：分享用便笺法做读书笔记的好处。）

真的很推荐大家用这个方法去做读书笔记。（简单结尾。）

下面是我的学员@圈圈有灵感的一篇笔记。这篇笔记，以vlog的形式记录了她是如何边工作边做副业的，并分享了普通人可参考的做副业方法。

副业心得分享｜大厂设计师，打3份工的一天[①]@圈圈有灵感

今天跟大家分享一下我做副业的心得。（开头：展示利益，分享做副业搞钱心得。）

起床第一份工：先打包。老粉都知道，我之前开了一家小店，是卖动漫周边的，第一个月变现就超过了6万，基本上每两天我就要发一次货。（效果：其中一个副业让圈圈第一个月就有了不错的变现。）

设计师如何开始做副业呢？有一点非常非常关键，不要一上来就想

[①] 3份工分别是大厂设计师、动漫周边店店长和自媒体博主。

做原创的品牌。为什么？因为原创真的太"卷"了，前期是需要投入很多钱去运营的，而且现在消费降级，大家买东西更是货比三家。做原创品牌的话，你是做不过拼多多和义乌小商城的，所以我推荐大家从喜欢且有流量的IP入手。

举一个最简单的例子，我想做原创串珠手链，我可不可以把原创的串珠手链变成印象手链[①]？印象手链大家可以在小红书搜索一下，比如，我喜欢某个动漫角色或者明星，我结合他身上关键的元素和应援色组合成一个关于他的印象手链。现在这款手链就是一个自带IP流量的商品，只要你的标签打对了，它可比你做原创多太多的流量了。我去小红书研究了一下，有些（印象手链的）销量确实很不错。

再举一个例子，假如你要去卖书，给你3秒钟思考，要卖什么才能卖得好？答案就是卖MBTI书籍盲盒。普通的书籍，蹭了MBTI的流量可能就销量大涨，我去橙色软件上搜索了一下，有些卖得真的很不错。（方法：分享做副业的具体方法，并利用两个案例进行分析拆解，帮观众梳理思路，举一反三。）

好，今天就分享到这儿啦，有什么问题可以在评论区问我，拜拜！（结尾鼓励观众把问题发在评论区，提高互动。）

这篇笔记背后还有个小故事。之前圈圈也发布过一些类似的vlog，点赞量却总是突破不了1000。看了她的内容后，我发现她的vlog过多展示自己的生活，却缺少主题。在小红书上，大厂员工并不罕见，打工人的日常也往往单调大于快乐，单纯分享这些内容是无法吸引观众的。而圈圈不仅是大厂设计师，同时还有两份收入不错的副业，因此，我建议她给vlog加一个利他的主题，将自己做副业的方法分享给大家，于是有了上面这篇笔记。这篇笔记现在已经获得了1.1万个赞，为圈圈的账号增加了8000多个粉丝。

[①] 印象手链是一种定制手链，通常通过符号、宝石或刻字等元素，表达个人情感、记忆或特殊意义。

之前也提到过，大多数选题都可以用vlog的形式呈现。**vlog这种形式很普通，吸引人的是vlog背后的主题。**

比如，类似"29岁如何过一天"，展示自己起床、工作、吃饭、读书等片段，这种单纯记录日常的vlog并不能吸引人点击、观看。但倘若给vlog加一个主题，变成"29岁失业后如何过一天"，并在视频开头盘算自己的存款余额，展示自己一日三餐如何精打细算，以及为增加收入做了什么尝试等，就更容易脱颖而出。

不要为了拍vlog而拍vlog，而是要将vlog主题化，从干货文或情绪文的角度出发，要么分享能够帮助人的知识，要么分享能引发人情绪的内容。至于如何找到一个好的主题，前文都详细分享过了。

三、信息盘点型

信息盘点型文案结构，通常会罗列若干条子信息，而这些子信息往往是平行且独立的。因此，在写文案时，无须过分注意每条信息之间的逻辑性和连贯性。写完后，可以对子信息进行重新排列组合。

信息盘点型是一种很好上手的文案结构。像"30岁姐姐给20岁女孩的10条建议""关于恋爱的10条'下头'真相""越早明白越好的10条职场残酷真相""关于装修的10条真相""10个出租屋好物"等小红书爆款笔记，都可以用信息盘点型结构来组织文案。

信息盘点型文案结构：开头＋（解释）＋若干子信息＋结尾

1.开头

信息盘点型的开头非常灵活，可以根据笔记选题，选择本章提到的开头方式：诉诸利益、引发好奇、分享故事等。

2.解释

对主题进行解释。解释部分不是必需的。对比较直接的话题，则可以压缩甚至删除这部分，保持文案的简洁和直接。对有一定深度的话题，则可以增加解释环节。

3.子信息

这部分是信息盘点型笔记的主体部分，直接决定了笔记的流量和互动。

信息盘点型笔记，需要着重注意两点：信息密度和信息新鲜度。

第一，信息密度要高。至少要提供3条信息，否则信息量不足，直接影响用户的点赞、收藏意愿。对信息不需要做过多铺垫和说明，毕竟你不是在写一本教科书。

第二，信息要有新鲜度。你所提供的绝不能是人人都知道的陈词滥调。比如，在某类分享健康的内容中，提到早睡早起、锻炼身体等。其实，这种"正确的废话"也是在压低内容的信息密度。如果是视频笔记，也可以利用插入花字、插入画中画素材等形式提升信息密度。

真希望我20岁就知道这些事 @悦然yue

如果我今天20岁，我希望我早一点有这四个心态的转变。（开头：直接进入主题。）

第一，我希望我有一点点悲剧感。因为像我们这个时代其实不是父母、爷爷奶奶那个时代，不是一个萝卜一个坑，很有可能我们拼了命考上大学，但毕业以后连养活自己的工作都很难找到。这很正常。在这个时代我认为得失感不要那么重，关键是你有没有为某一件事情废寝忘食，忘记了时间，彻底地享受过程。

第二，克服对可能的失败的恐惧。享受过程其实也难，因为每个人都会怕输，这个时候就好像你在一段高速公路上开着车，你的副驾驶位上坐着一个人，这个人总是想握着你的方向盘，他就是恐惧，不管你的车开到哪儿，恐惧都坐在你的副驾驶位上，关键是你要把他老老实实地按在副驾驶位上，不要把方向盘放到他的手里。这段话的原文是我很喜欢的一部电影——《美食、祈祷和恋爱》的导演写的。

第三，面对爱情，要保持自己的独立性，依靠自己，而不是依赖他人。如果女性只想找个男人托举自己，相当于限定了自我发展空间。偶尔我加班到凌晨四五点，看到朋友在朋友圈晒大钻戒的时候，我真的会想：我要不要也走一条捷径？如果仅仅是找到了一个有钱但你不爱的人，很有可能你可以获得一些世俗意义上的东西，但你可能会失去看到一个人一瞬间觉得整个人都被照亮的感觉。

最后一条，也说给现在的自己听，就是不要丧失自己的独特性。可能你喜欢黑色指甲油，不爱做美甲，喜欢背帆布袋子，这很好，这就是你。我们生活的时代，社交媒体一天能推送上千个视频给我们，这样便利和密集的信息会让人变得同质化。每个人都像其他人的复制品，偶尔要提醒自己卸载社交媒体，好好地体会一下自己会被什么东西触动，独特性才是我们在这个社会上的核心竞争力。就像梁永安教授说的：没有自己的话语权和价值输出，也不会拥有自己独特的生命体验，别人自然也不会需要你。（分享四个心态上的转变，并对每一点进行充实的解释。）

工作6年后我发现：普通人最缺"社会"这堂课！ @琳达不呆

我发现，越是底层家庭出身的孩子，对社会运行的理解越浅薄，进入社会后就更容易被"拿捏"。这就导致很多人毕业后进入社会感觉到强烈的不适应。我刚刚在做我这半年的复盘，我发现我进入社会快5年了，在这近5年里，前4年我都在职场上做AI算法工程师，全职做自媒体大概只有9个月的时间。在这近5年里，我从一个对社会一无所知的小白，被锤打成一个年入百万的自由职业者。进入社会后，我哭过、痛过、愤怒过太多次，才发现大学生最缺少的就是"社会"这堂课。（开头采用两个技巧，诉诸恐惧＋诉诸利益，增强观众对内容的需求感与期待感。）

用结果说话，残酷不留情面，本来就是社会的运行规则，几百年来从没变过，但学校里从来不教这些。没关系，我就是普通家庭出身的孩子，学校不教，我教给你们。对普通家庭出身的孩子来说，进入社会就意味着社会经验从零开始。但是对一些家庭条件更好的学生来说，比如说在经商家庭中长大的孩子，他们还没有出校门，就已经有了3年，甚至5年的社会经验，他们更早地明白了这个社会的规则，也就意味着他们会更快适应社会，意味着普通家庭出身的孩子还在迷茫期原地打转的时候,他们就已经开始赚钱了。所以这些社会上的信息差,我一定要说,而出身于普通家庭的你们如果想进入社会后少走几年弯路,就一定要认认真真听完。(解释,为什么很多人缺少"'社会'这堂课",以及欠缺这堂课会失去什么。)

第一,普通孩子千万不要碰的四样东西:奢侈品、股市、不劳而获的心态、恋爱脑。永远不要将获得财富的幻想寄托在他人身上。

第二,英语远比你想象的有用。学校要的是你会背单词,会阅读,会写作。社会要的是你听力好和口语能力强。学校要的是你的分数,社会要的是你的交流。不要学哑巴英语,不要假努力,不要自己感动自己。

第三,99%的打工是赚不到钱的。在学校里你觉得月薪过万是很美妙的一件事。事实上,一旦你步入社会,租房就能"吃掉"你30%以上的薪水。即便你月薪过2万,想在大城市买套房子,首付就要攒上10年。

第四,进入社会后不要再相信木桶理论,赚钱这件事不是看你的短板,而是看你的长板,你永远可以找到其他人来补齐你的短板,但只有你的长板能决定你能赚什么钱,能赚多久的钱,能赚多少钱。

第五,决定你人生高度的永远不是工作,而是晚上8点以后的时间,是工作的8小时之外。我刚进入职场时就认识到这一点,深夜下班回家后都还在坚持阅读和写作,后来误打误撞地成了一名小红书博主,副业收入远超主业,现在经常一边旅行一边工作。这些都是因为我当年真正做到了一句话:晚上8点以后决定一个人的人生高度。保持阅读,读书不一定能让你变得更睿智,但想变睿智,必须读书。

第六,进入社会后,没有人告诉你你应该学什么,学习什么才能赚到钱,你必须自己规划你该学什么,该怎么学。当然这也有方法,去看网络课程,利用好搜索引擎,更重要的是去实践你学到的知识。在学中干,在干中学,这才是真正的学习。

第七,社交比你想象的更不值一提,社交又比你想象的更重要。你没有成绩时,社交对你来说就是一场浮夸的表演。在你取得一定成绩之后,社交就有了杠杆价值,远比你想象的值钱。

第八,永远不要期望有融洽的职场关系,在职场上4年,我没有见过任何一个喜欢上班的年轻人。你是来赚钱的，不是来交朋友的，千万不要对人掏心掏肺。你会发现有人想套你的话，有人想把锅甩给你。看似和谐的职场关系，暗地里也是利益争夺的战场。

第九，不要再指责你的原生家庭，人长大了要做自己的父母。你有能力为自己疗伤，书籍就是你的解药，网络上的很多课程也是你的解药，主动去治愈，而不是一味去指责。喜欢抱怨的人永远赢不了。

第十，不要在短视频里谈爱情，趁早想清楚对你来说爱情最重要的是什么，你不能期望对方既是一个年入百万的职场精英，又希望对方能对你无微不至、面面俱到。对我来说，我不要求男人多成功，但他一定要稳，能当我的大后方。

第十一，社会是一堆猪饲料，它会平等地催肥每一个人。永远不要轻视一个身材好的职场人，他比你看到的更厉害。少熬夜，多运动。健康是最大的筹码，也是最好的投资。发展一门兴趣爱好，它能带你从无聊中解脱出来。不要沉迷于宏大叙事，要把双脚没入生活的水里。

第十二，20多岁愤世嫉俗是热血，如果到了30多岁还是愤世嫉俗，那你这辈子也不会有什么成就了。（以上为12条具体建议。）

这些都是我在社会中摸爬滚打近5年的血泪总结。我见到很多出身好的人靠着这些信息差，把普通家庭出身的孩子耍得团团转。我就是普通家庭出身的孩子，我也被耍过，所以我看不了这些。我们常常有勇气去改变，因为这只需要一个晚上的"鸡汤"。我们往往没能力改变，那就真的需要经年累月地苦干。希望你们能记住视频里的每一条道理，希望你们能少走一些弯路。你们永远可以信任我，一个从普通家庭走出来的姑娘。（结尾，利用金句进一步烘托情绪，并且呼吁观众采取行动。）

信息盘点型文案虽然比较容易上手，但一定要注意主体部分，也就是子信息部分的构思、收集和书写。很多时候，我在信息盘点类文案中分享的方法，不仅来源于自己的认知，还来源于书籍、影视作品、网络，以及和朋友的对谈，等等。这样，不仅能保证内容的充实，更能集思广益，打破个人狭隘的偏见，触达目标用户更深层次的痛点和需求。

四、观点分享型

如果笔记侧重分享某个观点，或者对某件事的看法，就可以使用观点分享型文案结构。观点分享型笔记一般分成三类。

一类是三观类。比如对裸辞、容貌和身材焦虑、是否需要赚快钱等的看法，都属于人生观、世界观、价值观类的观点分享。

一类是现实类。比如对结婚、生育率降低的看法，对某个当下热点事件的评论，都属于对社会现实趋势或事件的观察。

一类是日常类。日常生活中总会遇到各种事件，比如被同事甩锅、被领导PUA、被父母催婚、之前一直看你不顺眼的朋友竟然在危急时刻帮了你，等等。对生活中发生的不日常的事情发表看法，或者对日常的事情发表不日常的看法……生活是取之不尽用之不竭的灵感来源。

观点分享型文案结构：观点＋解释1＋解释2＋…＋解释n＋结尾

1.观点

观点分享型的开头引入很简单，可以直接以观点开头，或者讲述一个故事，用故事引入观点。有时候，观点也可以体现在标题上，或者是视频开头的花字上。

2.解释

对观点进行解释。可以是逻辑上的解释，通过讲道理的方式，给出支持该观点的理由；也可以通过案例解释，通过分享别人或自己经历的故事，或者自己在生活中的实际观察，或者从书中看到的案例等，来支撑这个观点。通常，案例解释更直观通俗，也更具有趣味性。在一篇文案中，解释一般不会超过3个。

为什么很多高学历的人反而做不好自媒体？　@琳达不呆

今天聊一个很有意思的话题，为什么很多高学历的人往往做不好自媒体？比如"宇宙第一网红" Mr.Beast 和"宇宙前第一网红"PewDiePie，他们两个在YouTube平台上都有超过1亿的粉丝，但是他们两个都只是高中毕业。今天这条视频分享的观点可能和很多主流的观点不是特别一样，也欢迎你看完之后在评论区留下你自己的看法。（开头：直接引入观点，高学历的人往往做不好自媒体。）

首先我发现最核心的原因，就是学历高和自媒体做得好从来就是两码事，没有任何一所学校会教你怎么做好自媒体，就算你考入了清华，也不会有任何一门课能告诉你怎么运营好一个小红书账号。（解释1：学历高和自媒体做得好，是两码事。）

第二点，就是很多高学历的朋友本身收入不错，生活也相对体面。但是你只要做过自媒体，你就知道它是很花精力的，而且多多少少要暴露自己的一些隐私，甚至要面对一些负面言论，这对自媒体小白来说几乎是致命的，所以很多人就没有时间或者没有动力持续在这上面投入精力。

那到这里肯定很多人就会问：你学历也很高，那你自媒体账号做得也还不错啊。其实原因我已经说过很多次了，我刚开始工作的时候，工作体验是非常非常差的，经常哭，我当时已经到了抑郁的边缘，但是我又不能裸辞，因为裸辞之后没有任何其他的收入来源，所以我就利用下班的时间，周末的时间，反复地探索有哪些可以赚钱的副业。尝试了很多条路之后，才找到了自媒体这条路。人在走投无路的时候，往往会爆发出巨大的潜力。（解释2：很多高学历朋友没时间或动力持续在自媒体上投入精力。）

第三点也是我最想聊的一点，有些深，我尽量说得通俗一点。其实自媒体是一张巨大的开放式考卷，它没有标准答案。比如你发了一条视频，数据不好。为什么数据不好？这些东西都是需要你自己去摸索的，你必须不断地尝试，不断地失败，才有可能找到适合自己的赛道及选题表现方式。同时你还得做好付出得不到回报的准备。

这对习惯了应试，习惯了刷题，习惯了老师给试卷打分的好学生来说，会感到非常不舒服，没有安全感。这种不安全感给人带来的焦虑和打击是非常大的，我很多高学历的朋友其实就是由于这个原因没有坚持下去。（解释3：做自媒体没有标准答案，一些习惯了应试的好学生在面对自媒体时，会感到非常不舒服。）

那到这里你可能会有点难过，就是：我读了很多书，拿到了一所很好的大学的offer，然后现在你说我做不好自媒体！其实我的本意不是这个，我今天拍视频只是想告诉大家一件事：开放式考卷，它本质上也是考卷，只是你刷的题从语数外变成了图文和视频。

比如你打算做一个视频博主，那在抱怨自己不知道做什么之前，在抱怨自己数据不好之前，你先问问自己有没有刷过足够多的视频。在你刷视频的时候，你有没有去想，这个视频为什么能吸引你看下去？它为什么能吸引你点赞、收藏，甚至关注这个博主？这个视频的结构是什么样的？

这样你刷多了，你大概就会知道，噢，原来视频是有套路的，原来它的开头要这样写，文案的结构是这样的……你有没有发现这本质上其实还是一种题海战术？

其实我一直建议大家不论学历高低都要去做自媒体，很多听从我建议的朋友也拿到了结果，不仅是因为自媒体可以给我们带来另一份收入，让我们多一份底气，更是因为它可以把我们好面子、害怕别人评价的这种弱点迅速地破除掉。这其实是每个人想要成事都必须经历的课题。而且未来自媒体肯定会像英语一样，一旦掌握这个技能，就能给自己带来更多更好的发展机会。和过自己想要过的人生相比，别人的评价算什么东西？（结尾：给出具体的解决方案，并且呼吁行动。）

下面这篇文案，也是一个典型的观点分享型文案。

原来大家都很拮据啊！　@蛋饺姐姐

我发现随着年龄的增长，我对拮据这个词有了非常深刻的体会，就像脱口秀里说的那样：如果你没有钱的话，你就会穷得特别具体。（观点：标题即为观点，大家都很拮据。）

比方说我身边的一些朋友熬到月底发了工资，想拿着工资去好吃好喝一顿弥补一下这个月因为加班给自己的身体造成的亏损，然后发现因为自己租不起地下车位，下雨后的积水把车给泡了，车需要修；家里的猫生病了要去看病；冬天来了需要交暖气费；图省钱学着网上去自助洗车店花10

元洗地毯，把地毯洗臭了需要换新的……你就感觉你所有的工资都只能用来处理生活中这些必须处理的事情，好像老天知道你有多少钱似的，每个月你一点都剩不下。不是那种流落街头需要讨饭吃的很戏剧性的穷，是那种饿不死也富不了的很尴尬的穷。于是你只能安慰自己："这些钱都是该花的，必须花的，我不赚钱，这些事情也会发生。"

还好，我自己还有点钱，至于享受生活，那是另外的事情。你玩个社交软件，别人问你，你平时有什么爱好吗？你说不出来，因为你知道培养一个爱好在当今是一件奢侈的事情，它需要钱，需要时间，需要精力。你每天下班回家做饭，吃饭，看会儿剧，往床上一躺，你觉得你每天就是为了这4个小时活着的。（解释1：列举自己和朋友的一连串案例，说明身边的朋友很拮据。）

我之前是对这个话题比较敏感的，我觉得它可能会戳到很多年轻人的心，我不敢说，但是当我开始旅游，我开始认识世界各地的小伙伴，我发现原来世界各地的年轻人都在讨论一个话题，就是"我不知道如何驯服我的才华"，不管是在红海边的小镇上一边敲代码一边投简历的"码农"小哥，还是在清迈旅馆里面，一边画插画养活自己，一边给自己老公找工作的俄罗斯姑娘，甚至是在朋友聚会上喝着酒，突然掏出手机来在线上面试了一次的加拿大小哥，好像全世界的年轻人，都在找新的出路。（解释2：通过旅行中的见闻，说明世界各地的年轻人都很拮据。）

如果你在过这样的生活，并且在看这个无聊的小视频，我想告诉你的是，你不是一个人，也不是只有你跟你的圈子是这样的，世界上非常多的年轻人都在经历这个过程。现在人们普遍认为它就是青春期后期。回顾我自己从23岁到29岁，3年一个阶段地去看自己，我觉得自己实际成长了很多。

所以生活一定会越来越好，凡事发生必有利于我，反正就是相信自己一定能过上想要的生活。（结尾：很多年轻人都会经历这个过程，给观众以鼓励。）

这篇笔记的观点为：原来大家都很拮据。之后，对该观点进行2个维度的解释：

（1）身边的年轻人很拮据；

（2）世界各地的年轻人都很拮据。

危机化解型和利益输送型文案，侧重于教给用户某个方法或技能，实操性较强，也是大多数干货文可以采用的结构。而观点分享型文案，侧重于讲述道理，分享观点，输出的干货相对较少，大多偏向于情绪文。因此，这类笔记想要吸睛，核心不在于教给用户多么有用的干货，而是要对人们的痛点、困境，以及社会热点有洞察和思考，只有这样，才能写出让人共鸣的文案。

五、故事分享型

故事分享，顾名思义就是分享故事。这个结构，很适合用来分享你或别人经历过的一些有趣、离奇、治愈，或是引人思考的故事。分享的形式也很灵活，可以通过图文分享；可以通过口播讲述；可以通过vlog还原；也可以提前设计好剧情，并通过表演的方式展现出来；等等。比

故事分享型笔记

如，博主@妈的欧洲账本就通过图文分享了她在上海租房"被套路"的经历，博主@澳洲买买君经常通过vlog的形式分享一系列胡子哥在悉尼做冰激凌的故事，博主@派小轩的办公室短剧，就是针对职场人关注的话题设计的搞笑故事。

故事分享型笔记的数据天花板很高。不仅是小红书，火遍全网的超级爆款很多都是故事分享型内容。比如@煎饼果仔和@夏天妹妹拍摄的《逃出大英博物馆》系列，讲述了国宝出逃的故事，画面精致，全程反转不断，不仅在小红书获得200多万人点赞，更是成为全网爆款，账号涨粉数百万。

不过，很多故事分享型笔记的制作复杂程度相对其他类型的内容更高。故事类内容属于情绪文，不像干货文提供实用价值，因此对故事本身的稀缺性[①]、故事情节设计（比如冲突的设计和整体节奏的把握）、博主本人的表现力、拍摄手法等一项或几项要求较高。如果是多人短剧类型，还需要团队协作和配合。总体来讲，故事类内容制作的平均难度较高，但做得好的话，收获会非常大。

如何写好一个故事分享型文案？

故事分享型文案，看似没有固定结构，其实每个人读书时都学习过，就是小说三要素：人物、故事情节和环境。

其中，决定用户能否将故事看下去的核心，是故事情节。

什么是故事情节？

故事情节可以理解为故事的具体发展过程，由开端、发展、高潮、结局组成。

[①] 针对故事的稀缺性举个例子。比如，你捡到了一只受伤的流浪猫并收养了它，把猫猫从胆小怕人养得调皮可爱、珠圆玉润，并将这个过程整理成了一个故事。这个故事，对文笔、表现力和拍摄能力都没有多高的要求，但故事的发生具有随机性，也就意味着你难以持续产出这类内容。当然，你也可以从过去及身边的朋友中去发掘故事，这时就需要对故事进行再设计，比如去粗取精，保留冲突，控制节奏，等等。

比如，在意大利作家埃莱娜的作品《新名字的故事》[①]中，有这样一段情节：

> 开端：莱农、莉拉、尼诺在伊斯基亚岛相遇。
> 发展：莱农暗恋尼诺，尼诺却被莉拉的智慧吸引，而在婚姻中窒息的莉拉，也将尼诺视为"救赎"。尼诺和莉拉陷入热恋，后来同居了。
> 高潮：尼诺本性暴露，与莉拉爆发争吵，尼诺离开了莉拉。
> 结局：尼诺和莉拉感情破裂。莉拉失去了一切，被迫在香肠厂做苦工，尼诺则继续学业，迅速结交新女友。

在很多长篇小说中，会有一条完整的故事主线，多个故事情节。比如《我的天才女友》这部小说的主线是莱农和莉拉的成长，而伊斯基亚岛这段情节，只是小说众多故事情节之一，推动主人公莱农和莉拉的成长。

但在小红书笔记的创作中，因为篇幅、时长和用户的耐心有限，大多数故事都是单情节结构。

在一段故事情节中，**冲突是推动情节发展的核心元素。**

什么是冲突？当人物的目标遭遇了阻碍，就会产生冲突。

冲突=目标+阻碍。

为什么冲突在故事中如此重要？

人物遇到冲突，才会开始行动。

人物开始行动，故事才会发展。

[①]《那不勒斯四部曲》是意大利作家埃莱娜·费兰特创作的长篇小说集，讲述了两位女性莱农和莉拉的友谊故事，一共有四部，《新名字的故事》是四部曲中的第二部。原著情节复杂，这里引用的情节已经过极大的简化。

故事只有一直在发展，才能抓住用户的注意力，让他们津津有味地看下去。

在刚刚提到的《新名字的故事》那段情节中，就存在几个冲突，推动着故事的发展。

第一个，是人与内心的冲突。莱农暗恋尼诺，尼诺却喜欢上莱农的好友莉拉。于是莱农陷入嫉妒和痛苦之中，想快点摆脱老旧的城区，离开他们，这加速了莱农的成长。

第二个，是人与社会规范的冲突。尼诺和莉拉相爱，而莉拉却是已婚者。尼诺和莉拉不得不躲开亲人，小心翼翼地约会。

第三个，是人与人的冲突。莉拉和尼诺的事被莉拉的丈夫知道了，莉拉被打。

第四个，也是人与人的冲突。莉拉被尼诺贬低，二人爆发争吵。

故事的冲突，可以是人与人的冲突，人与环境的冲突，人与社会的冲突，人与内心的冲突，人与命运的冲突，等等。[①]

值得一提的是，这里的冲突是广义的。比如，人与人的冲突，并不一定是两人发生暴力冲突或者激烈争执，可以是微妙的内心斗争，就像《那不勒斯四部曲》中，莱农与莉拉之间无时无刻不存在的微妙的内心斗争；也可以是日常生活中没那么常见的事情，比如出门吃饭时，被陌生人请求一起进餐。

美国作家简·K.克莱兰，在《情节线》一书中说过：

但凡成功的故事，都要围绕冲突展开。

下面是博主@苗苗不服以vlog形式分享的一个故事。

[①] 参见詹姆斯·斯科特·贝尔的《冲突与悬念》。当然，你没必要在开始做小红书前就阅读这么多参考书。本书中提到的书，可以作为你做小红书的长期书单。只读书不会让你做好小红书，甚至会起反作用，让你越来越胆小，不敢行动。做小红书，最重要的不是先阅读，而是先实践，然后再根据实践中发现的问题，有针对性地去读书。不管怎么样，实践在先，行动为王。

关于我和93岁的爷爷被家人打包送进养老院 @苗苗不服

我和93岁的爷爷被家里人打包送进了养老院。

事情是这样的,之前我把爷爷给我的400平方米花园房,从这样(改造前的视频)改成了这样(改造后的视频)。拥有公主床的卧室,漂亮的客餐厅……谁敢相信它曾经是个堆满杂物的"老破大"?

然后我就膨胀了,想自己改造花园。于是拆房砌墙,这就用了一周。再做了个3米高的蘑菇树,终于腰肌劳损了。(人与自身的冲突,想改造,却身体抱恙。)

家人们,我也没想到自己的身体这么脆啊!

正好爷爷回家,看到之前被我拆掉的杂物间,撸起袖子就是一顿猛干。管不住,根本管不住!本来我的腰就没好全乎,为了跟他抢活又开始带伤铺瓦。(人与人的冲突,管不住爷爷,只能和爷爷抢活干。)我第二天直接躺在床上不敢动,干啥都疼。

姑姑看到93岁的爷爷爬树上墙,吓得连夜开车把爷爷紧急送回了养老院,顺便把我这个"脆皮"也打包送了过来。(人与人的冲突,姑姑担心爷爷,制止了爷孙二人的改造行为。)养老院的爷爷奶奶们看到我都说:"哟!又来啦?"突然就开始啃老了。

那这个苦咱就先不吃了,把身体养好再说!

很明显,该故事是由冲突推动的。

博主想改造花园,但是身体累出了问题,这是人与自身的冲突。博主需要休息,可爷爷又开始干活,博主只能带伤和爷爷抢活干,这是人与人之间的冲突。结果,博主疼到下不来床,爷爷的危险行为也被姑姑看到。于是,博主和爷爷一起被送到养老院,故事进入高潮。最后,博主被养老院的爷爷奶奶调侃,故事结束。

下面是我的学员@喵喵在巴黎写的一个图文故事,获得了3000多人点赞。

路边餐厅的老太太把她的婚纱送给了我 @喵喵在巴黎

逛完古董市场已经是下午,我去了十六区的一家餐厅。服务员把我安排在了角落的座位,旁边是一位穿着考究的白人老太太。也许是午后餐厅人少,她主动和我交谈了起来。(人与人的冲突,陌生人主动与"我"攀谈。故事开始发展。)

"你是中国人吗?我丈夫也有中国血统,我很喜欢中国文化。"

我有些惊讶,一是我已经习惯了大部分白人误以为我是日本人,二是我惊讶于她有一位拥有中国血统的丈夫,很是好奇。

于是我们交谈起来,她给我推荐了她最喜欢的头菜,她说她家住在这家餐厅附近,没事时她总来这里喝一杯白葡萄酒。

"那你的丈夫呢?"我问道。

突然她明亮的眼睛有些黯淡:"他已经死了。"(人与命运的冲突,老太太与爱人生死两隔。)

于是她开始说起了她的一生。她出生在庄园里,从小喜欢骑马。她有两个哥哥,一个当了海军,一个当了飞行员,她则当了医生。原本她可以留在法国陪在父母身边,但她不顾父母反对去了非洲阿尔及利亚当医生。(人与人的冲突,富裕家庭的女孩违抗父母。)

也是在这里她遇到了她的丈夫,一个有着中国血统的医生。他们一起工作,一起抵御沙漠里的风沙。他抱怨女人不该待在沙漠里,她埋怨他不爱说话。他们在舞会上矜持地跳舞,爱情就像沙漠中的植物,旺盛地生长,将两人淹没。

他们回到巴黎,她的父亲对这个拥有东方血统的男子不屑一顾,但她就像她小时候驯过的那匹烈马一样,不顾一切地和他相爱。(人与人的冲突,也是人与当时有种族歧视的社会规范的冲突。)囊中羞涩的他用尽所有积蓄买下了一袭美丽的绸缎婚纱,他们在市政府举办了婚礼。他的母亲唱着《茉莉花》,她在歌声中走向了自己的新郎。

他们一生都很相爱,也过上了富足的生活,走过世界不少地方,甚至去过中国。他们有一个女儿,现在是艺术家。在一起度过了幸福的50多年后,她的丈夫在一个睡梦中走了。这时我才意识到这位老太太看上去如此年轻，她看起来只有60岁左右。

而我也给她讲述了我的母亲是如何从一个反对女性接受教育、重男轻女的家庭里，和我的外婆一起偷偷攒钱而上学，到后来成为医生，又在离开了消耗自己的婚姻后独自养育两个女儿，并且鼓励29岁的我出国留学的故事。正是这段经历，我才得以在这里遇见了这位美丽的老太太。（人与家庭的冲突，博主的母亲突破当时重男轻女的家庭环境，坚持上学，成为医生，后来又离婚独自养育女儿。）

在得知我喜欢古着服装后，她让我在餐厅等她，她说要送我礼物，然后她就把她当年的婚纱送给了我。

我一时有些惊讶和感动，遗憾地告诉她我也许很长时间都不会穿上婚纱。

她说没有关系，每个人的幸福是不一样的，就算没有找到爱情，找到自己就可以。

回到家后，我看着这袭美丽的婚纱陷入了沉思。

笔记标题就包含冲突，令人好奇：为什么一个与博主素昧平生的老太太会把婚纱这么重要的东西送给博主？用户因好奇心点进笔记后，作者则迅速引入冲突。

1.在餐厅被陌生老太太搭话，由此开始聊天（人与人的冲突）。

2.老太太故事中的冲突。

（1）老太太很爱她丈夫，可她丈夫去世了（人与命运的冲突）。

（2）出生在富裕家庭，她却不顾父母反对，去阿尔及利亚做医生（人与人的冲突）。

（3）爱上一位拥有中国血统的男性，不顾父亲反对，和他相爱并结婚（人与人的冲突，其实也暗含了人与社会规范的冲突）。

3.博主母亲故事中的冲突。博主的母亲在外婆的帮助下，突破当时重男轻女的家庭环境，坚持上学成为医生，后来又离婚独自养育女儿（人与家庭环境的冲突）。

这篇故事的主线，是博主和陌生老太太相遇，并受到她启发。而老太太的爱情故事和博主母亲的故事，都围绕这条主线展开。

故事从博主被老太太搭话开始发展，其间，老太太分享自己年轻时的爱情故事（有意思的是，这个爱情故事也在冲突中不断发展），博主也将自己妈妈的故事（同样包含冲突）分享给对方，两人聊得投机，最后老太太将自己的婚纱送给了博主，故事发展到高潮。最终，故事以博主陷入沉思结束。

其实，故事分享型结构并非只能用于单纯分享故事的笔记。只要文案中涉及故事，冲突都会让这个故事更吸睛。

冲突有了，就一定能写好一个故事脚本吗？

不能。

同样的情节，不同的人写出来，带给人的感受很可能完全不同。比如，遭遇家庭阻拦的爱情故事很多，但有些人写得干巴巴，而@喵喵在巴黎的笔记，却能牢牢抓住用户的心。其中的秘密之一，是细节。

以上几篇笔记案例都有大量的细节描写。

拥有公主床的卧室，漂亮的客餐厅……谁敢相信它曾经是个堆满杂物的"老破大"！

于是我们交谈起来，她给我推荐了她最喜欢的头菜，她说她家住在这家餐厅附近，没事时她总来这里喝一杯白葡萄酒。

囊中羞涩的他用尽所有积蓄买下了一袭美丽的绸缎婚纱，他们在市政府举办了婚礼。他的母亲唱着《茉莉花》，她在歌声中走向了自己的新郎。

细节丰富，故事才能唤起用户最真实的感受，让用户共情。如何描写细节？这时候，你就可以从小说三要素的其他两个要素"人物"

和"环境"出发，描写和故事情节相关的人物外貌、穿着、动作、喜好等，或者某个具体场景的气味、外观、功能等。细节描写，在图文笔记中是文字，在视频笔记中则可以用图片、视频片段的形式展现出来。

有了细节，故事才能活起来。

虽然细节很重要，但细节依然是为了故事主线服务的。比如《路边餐厅的老太太把她的婚纱送给了我》的主线是老太太的爱情故事，就不需要大篇幅描写"我"为什么喜欢古着、"我"在古着市场看到了什么。

和故事无关的细节一定要尽量缩短甚至删减，才能让故事有一个清晰的结构。

当然，写好细节，绝不等于卖弄华丽的词句。比如博主@澳洲买买君的笔记《大型社恐现场：竟被悉尼网友认出了》，非常口语化，但获得了上万人点赞。

大型社恐现场：竟被悉尼网友认出了@澳洲买买君

我发现胡子哥做冰激凌和当卧底有个共同点，那就是都不能让家里人知道，只是原因不一样罢了。

"我爸看到我用那么多茶叶绝对会打死我。"（胡子哥）

当然打你了，一桶（冰激凌）废掉半罐绿茶，而且那罐绿茶你爸都不舍得喝！（博主旁白）

"讨厌！"（胡子哥）

揭秘一下最近研究的口味，很适合女孩的妈妈的姐姐找你的时候吃。用桂花、冰糖、绿茶炒出香气，倒入新鲜澳洲牛乳，最后泡几朵波斯来的大马士革玫瑰——烘焙圈的人管它叫"香水干尸"，它的最大特点是明明被烘干烘透了，香气还是一秒直冲天灵盖。

可能你们还不知道，我们虽然是摆摊的，但一直以"世界第501强"的标准要求自己。每次上市前先由冷饮品鉴师试吃，暂时还请不起，那就让顾客自费当小白鼠。意大利人曾说过，上等的gelato（意大利语,即冰激凌)必须像山东高粱饴一样会拉丝,像慈禧手中的夜明珠一样光滑剔透。你问我从哪儿听来的?我是瞎编的。

"哎,快点,来嘛来嘛!"(胡子哥揽客的搞笑动作)

我就说嘛,这工作不能让他家里人知道。

"天哪!"(顾客)

"天哪!怎么了?"(胡子哥)

"你不会就是那个博主吧?"(顾客)

"玫瑰、桂花和绿茶。"(胡子哥给顾客试吃几个不同口味的冰激凌)

"好吃,我想吃这个!"(顾客)

"妈呀!好吃!"(顾客)

"开到几点?"(顾客)

"开到7点的,6点半到7点。"(胡子哥)

"这是茉莉。"(胡子哥)

"我想要玫瑰的!"(顾客)

你们还想吃什么口味,可以留言!

这篇笔记,分享了在悉尼卖冰激凌的胡子哥开发了一款新口味冰激凌,并让顾客试吃的故事。文案很幽默,也非常口语化。

事实上,小红书上有很多故事类视频用词都非常朴实,却能获得几万甚至十几万人点赞。

我们看故事,不是为了欣赏文字有多优美,不是为了学点什么,而是为了打发时间,为了从跌宕起伏的故事中,给忙碌的日常生活增添一些快乐、信念、力量、温暖、新奇或感动。

故事分享类内容可以非常简单,简单到只是记录刚刚在路边救了一只小狗,简单到只是和妈妈聊聊她那个年代的爱情;也可以非常复杂,复杂到像《逃出大英博物馆》一样耗时数月,复杂到像@江寻千一样冒着危险学习非遗文化打铁花。

其中奥妙，绝非本小节寥寥数语能够道尽，也远超了我作为一个写作者的能力范围。有时间，你可以读一些名家小说，也可以读一些小说写作类的图书，比如詹姆斯·斯科特·贝尔的《冲突与悬念》，杰夫·格尔克的《情节与人物》等，从中感悟好故事的魅力。

即便你不打算做故事分享类内容，我也非常建议你平日读一读故事。故事能打破职业的壁垒，打破人与人之间知识量的差距。每个人都能从故事中感受到喜怒哀乐，这是人类共享的情感。

我们需要故事，就像我们需要阳光、食物和水。

我们需要故事，因为故事就是我们。

避雷！你一定踩过的8个文案雷区

如果你的某篇笔记点击率很好，但完播率和转粉率却不尽如人意，很可能是文案出了问题。

在对上千名学员实践的观察中，我总结了8个写文案时特别容易犯的错误，而这些，也是我写文案多年的血泪经验总结。即便你是有经验的博主，也可能经常会忽视这些原则。

不要略过这一节。

一、开头铺垫时间太长

开头铺垫时间太长，甚至说了半分钟都没有进入主题，这样，即便你的封面标题非常吸引人，也很难留住用户。下面是某篇小红书视频笔记的开头：

我发现了缓解焦虑的方法，能够让我从情绪内耗的恶性循环里摆脱出来，所以今天我就想分享给大家。前段时间，我一直在忙着求职和面试，那段时间整个人非常焦虑和紧张。我担心自己表现不好，怕面试过不了，怕找不到好的工作……怕这怕那的，以至于自己整个人就像笼罩着一层阴霾，处在低气压之中，运势也越来越不好，而别人却似乎光芒四射。我相信有过这种体验的人都能够理解这种感觉，就像陷入了一个泥潭。

近190个字，40秒，没有重点，全在铺垫。

下次你们坐地铁的时候，可以留意下乘客们刷抖音的手指。我留意过很多次，速度飞快！即便小红书这种信息流的形式决定了用户稍微更有耐心，但也禁不住：

40秒，一句重点也没有啊！！！

所以，不仅视频要快速进入主题，图文也是如此。

开头用最短的篇幅进入主题。

二、不舍得删！删！删！

文案新手，很容易把握不好文案的篇幅，要么写不出来，要么噼里啪啦写了一大通，最后觉得每个字都是宝贝，不舍得删。

这样一来，点赞量可就要让你失望咯！

写文案不是写百科全书，必须把来龙去脉全部描述清楚。大部分铺垫性、描述性的文字都可以删掉。

用户的耐心是非常少的，多说一句废话就会流失一批用户。

李诞在《李诞脱口秀工作手册》中说过：

"请仔细检查你的稿子，遵循一个基本的原则：把字词删到不能再删。"

不仅是脱口秀，写文案也需要遵循这个原则。

三、信息密度太低

这是每个人都会犯的错误。

比如，花大篇幅重复老生常谈的观点。没有人点进一篇如何瘦身的笔记是为了看到早睡早起、锻炼身体这样的内容。

比如，在讲述某个观点、方法的时候做了过多铺垫，10秒能讲完的事却啰唆了2分钟；

比如，分享故事类内容时，故事情节平淡，没有冲突，无法唤起用户的情绪。

我曾经写过的笔记《希望所有20多岁女生趁早明白10条男人真相》，就分享了女性在恋爱中普遍经历过的10个误区，每个观点都有一定新颖度，且节奏很快，信息密度很大。最终该篇笔记获得了2.3万个赞。

分享5本书，好过只分享1本书。
分享5个方法，好过只分享1个方法。
分享5套穿搭，好过只分享1套穿搭。
信息密度大了，才能激起用户点赞、收藏甚至关注的动力。

但是，不要走入另外一个误区：为了提升信息密度，将很多关联度不高的内容拼贴到一起。所有的信息都要围绕一个主题，否则用户会感觉非常混乱。

《希望所有20多岁女生趁早明白10条男人真相》

四、"自嗨"

什么是"自嗨"？
简言之，就是不考虑用户，只在乎自己。

这两篇笔记都是围绕某个主题的分享，观点新颖、充实，对用户有帮助，数据都很好

过于关注自己喜欢什么，大篇幅分享自己觉得好看、有趣、有用的内容，却完全不考虑用户是否喜欢，是否也觉得好看、有趣、有用。这是绝大多数初学者都会犯的错误之一。

用户想看到的，不是你如何表达自己，而是看似在表达你自己，实际却在表达他们自己[1]。

好的笔记，是自我表达与用户喜好之间的交集。

好的笔记——自我表达与用户喜好的交集

如果你希望你的笔记被更多人看到并且点赞的话，记住：

你分享的每一个故事、每一个方法、每一段经历，都要提炼出对他人有价值的部分。

否则，用户有什么理由停下来呢？

五、过于专业化

越专业的人越做不好小红书。

在大多数情况下，这句话是对的。[2]

博主@杜伟医生是一名口腔科主治医师，写了一篇关于"如何治疗'地包天'"的视频笔记，下面是部分文案。

---

[1] 考虑用户喜好，与发布自己感兴趣的东西并不矛盾，更不等于迎合用户。事实上，这应该是公开表达者的自我修养之一。如果你不想考虑任何用户，你可以选择写日记。既然选择在公域平台表达，想让更多人看到自己的内容，那么考虑用户的喜好，是最基本的创作要求。

[2] 这里指的是大多数情况。但也有少数情况，比如你的目标是给同行做培训，那当然要做更专业的内容才能吸引同行。总的来说，目标驱动一切。

乳牙列期"地包天"是儿童乳牙列期的常见错合畸形,当乳前牙出现反颌时,孩子的下颌会习惯性地向前伸,如果不及时干预,这种情况有可能会导致上颌骨发育受限,下颌骨过度前伸形成骨性畸形,这不仅会影响孩子的口腔功能,还可能对他们的外貌和心理健康造成不良影响。

治疗方法有很多种。第一,调磨法。这个得由专业的正畸医生进行操作,主要针对上下颌乳磨牙、乳尖牙磨耗不足导致的下颌前伸。进行分次调磨,为两周调磨一次,每次调磨0.5—1毫米,通常3个月可以见效。第二,咬翘法。适用于牙弓内有间隙的个别乳尖牙反颌或者是反覆颌浅下前牙比较直立的情况。第三,佩戴颌垫式双曲舌簧矫治器,该方法适用于牙性和功能性乳前牙反颌。第四,佩戴头帽颏兜矫治器,患者会在头部或者是颈部戴一个类似帽子的矫治器。该方法适用于功能性下颌前伸的乳前牙反颌,每天佩戴12个小时,3—6个月即可纠正……

她从医学角度,详细解释了"地包天"的成因,临床常用的几种治疗方法及优缺点。视频充满了专业术语,很像一篇小论文。

博主是一名经验丰富的医生,但这样的内容,对用户来说,不免枯燥乏味。

这就是很多专业人士常犯的错误——只顾输出专业知识,却忽视了用户需求。

作为一个幼儿时,因为忙碌的老妈不正确的喂奶姿势导致"地包天",后来在父母的奔忙下矫正成功的案例,也就是我本人来说,当时我爹妈关心的可不是什么"上下颌乳磨牙""乳尖牙"等专业名词,也不是"地包天"一共有几种矫正方法等会出现在医学生考卷上的东西,而是:

"是不是一定要做手术?"

"小孩上幼儿园了,还能不能矫正?"

"要花多长时间矫正?"

"能矫正好吗？会有后遗症吗？"

等等。

而患者及家属最关心什么，作为一个有丰富临床经验的医生，是最了解的。

所以，有专业背景的人，比如医生、工程师、律师等，做内容，一定要从用户群体的痛点或利益点出发，把专业知识通俗地（甚至有趣地）讲出来。比如，作为一个婚姻家庭律师，与其讲解催眠的法律条文，不如分享类似"一方出轨，离婚时财产怎么分？""婚前买的房，婚后加了配偶的名字，离婚时该怎么分？"等用户关注的热点话题。这样才能吸引受众，而不是只吸引一小部分勤奋好学的同行（没错，专业内容甚至无法吸引"不勤奋"的同行，因为大多数人下班刷小红书并不是为了学专业知识）。

六、过分看重文采

文采真的那么重要吗？下面是我的学员@李莉安Lilian的笔记，获得了1.5万个赞。

你吃过的90%的亏，都是因为管不住嘴 @李莉安Lilian

人成熟的一项重要标志就是管住嘴。

我毕业后的第一份工作是做总助，我就发现那些大领导身边的人往往不是看起来就特别聪明的社交达人，反而是那些不张扬但说话做事都非常稳妥的人。因为在职场里，你说过的每句话都可能成为刀子，方便别人在日后扎向你的前途。如果你想提高事业运、财运，就牢记下面5句话，把它们烂在肚子里。记得收藏下来，反复提醒自己。

第一，不要表达你对别人的负面观点。语言是很容易被曲解的，随便一张微信截图就可能毁掉你经营了很久的人际关系。我在职场的时候还见过有人用公司的电脑登录微信讲领导坏话，结果第二天聊天记录就在高管群里传遍了，而那个同事到离职都不明白，为什么领导突然就不再给他安排重要工作。倒不是因为领导心胸狭隘，而是担心蠢人误事。

还有的时候大家聚在一起讲八卦，你跟着情绪上头，或者为了合群附和了两句。但其实你根本不知道别人存了什么心思，是不是想套你的话，会不会添油加醋地把你的话传出去。

第二，不要分享你获得过的优待，你的特殊背景，你的家人和领导之间的关系。这一条应该是很多混得不错的家庭从小就让孩子背牢的家训了，因为他们见过太多由于别人的嫉妒报复而毁掉前途的案例。

第三，不要分享你的个人隐私，比如家庭情况，经济背景，甚至你的情绪和痛苦。你以为无关痛痒的闲聊内容，很容易被有心之人用来刺探你的底线。我教你们一个面对套话的万能公式，是不正面回答，加反问。比如别人打听你的家庭情况，你就说，怎么想起来问这个？家里有什么事吗？保证对方乖乖闭嘴。

⋯⋯⋯⋯

记住：闷声干大事，闷声发大财。

这篇笔记，全篇都是很朴实的话，就像和朋友聊天一样，谈不上文采飞扬。倘若留意一下，你就会发现，很多爆款笔记都没有很漂亮的句子。吸引用户的，从来不是文采，而是视频带给用户的价值，无论是实用价值，还是情绪价值。

七、沦为工具人

干货是个好东西，但它同样是把双刃剑。

用得好的人，账号涨粉飞快，但用得不好的人，即便是做出了爆款，也不会涨多少粉丝，最后竟把自己做成了工具人。

为什么会这样呢？

你回想一下。

当你刷到两篇内容，一篇分享书单，一篇边分享书单，边加入这些书给自己带来的成长，你会更容易对哪个博主产生好奇？

当你刷到两篇内容，一篇分享几套好看的穿搭，一篇分享自己是怎么构建起穿搭思路，利用好手边衣服做出好看的搭配的，你会更容易关注哪个博主？

当你刷到两篇内容，一篇分享几个热门的副业，一篇分享自己为什么选择现在的副业，经历了哪些困难，又是怎么赚到钱的，你会更信任哪个博主？

答案当然都是后者。

因为他们的内容，有个人印记。

有他们的故事，有他们的思考，有他们的成果。

总的来说，防止在分享干货时成为工具人的方法，主要有两点。

第一，结合干货，分享自己的故事和经历。

第二，分享你用这些干货取得了怎样的效果。比如，育儿方法给孩子带来了怎样的成长，学习方法给自己带来了什么样的进步，等等。

但切忌"自嗨"。我见过一些人走入另一个极端。本身要分享几本书，开头分享自己的经历，洋洋洒洒讲了1分钟多，再有耐心的用户也离开了。

为了讲故事而讲故事，为了立人设而立人设，一定会招致用户的反感。

用户比我们想象的聪明得多。

八、不涨粉

在渴望别人关注自己之前，要先问问自己：

我能给对方提供什么价值？

我们点赞、收藏过这么多笔记，为什么关注一个博主却并不容易？

因为，无论是点赞还是收藏，都只能代表我们对这篇笔记感兴趣，并不等于对做这篇笔记的人感兴趣。而当我们为一个博主按下关注键的时候，其实隐含了一个非常重要的信息：

他的内容，引发了我对他本人的兴趣。

因此，涨粉的关键也在于此：

我们需要通过内容，让用户对我们产生兴趣。

如何才能让用户对我们产生兴趣呢？

第一，在内容中加入个人元素。

这里的具体方法和上面"防止沦为工具人"的方法一致。只有让用户看到我们的努力、经验、思考和故事，才可能让他们对我们产生兴趣，才有可能进一步将对方转化为我们的粉丝。

第二，真诚。

真诚决定了用户能否持续关注你。

真诚，意味着做内容不以涨粉为核心目标，而是以做出对用户有价值的内容为核心目标；意味着，为了某篇内容，你不吝啬投入时间、精力，不计较投入产出比，不惧怕自我暴露。

不要一开始就想我能得到什么，而是要想我能给别人带去什么。

很多人以为涨粉的秘诀在于构建一个强大的人设，一个强大到近乎没有缺点的人设，事实上并非如此。这样的人设，开始可能会吸引用户关注，但随着时间的流逝，一定会让用户感到焦虑、无聊，甚至厌倦。很多时候，正是你的缺点，你并不耀眼甚至有些颓丧的个人经历，拉近了你与用户之间的距离。

无瑕疵的强大，是高高在上，是距离感，是虚假。

虚假的东西，迟早有败露的那一天。

搭建素材库：爆款文案背后的秘密

写文案，不能只依赖临场发挥。爆文连连的博主背后，都有一个素材库。

有时候，你是不是会突然想到一个好选题，但一旦动笔，却写得干巴巴的，怎么也写不出来？很多人以为是文采问题，其实根本不是。

写不出来，不是因为文采不好，是因为储备不够。

如果你是一个喜欢自己做咖啡的人，让你做一个教新手如何在家做咖啡的笔记，你一定信手拈来，绝对不会出现不知道写什么的情况。但如果让你写一个教新手如何调酒的笔记，你一定要先学习一下，并练习练习，才能写出一篇调酒笔记（因为经验有限，一开始你还很可能写得不清楚，数据不好）。

这一点也在我对学员们的观察，包括自己的实践中，得到无数次验证。

一件事，但凡你想不明白，你就说不明白。但凡你说不明白，你就写不明白。

如果你在某方面欠缺储备，比如很少阅读、思考，也缺少相关的实践经验等，当然很难写出一篇有温度、有痛点、有细节、有具体案例的笔记。

写不出来，和文采真的没有多大关系。

所以，平日一定要有意识地去收集素材，搭建素材库。

素材库中，不仅可以存放你在小红书上喜欢的文案、封面、评论等，还可以存放你在其他内容网站，比如知乎、小宇宙、微信公众号、微博、豆瓣等平台上看到的好内容，可以记录你在阅读某本书时读到的好观点，甚至可以记录你和别人聊天时听到的故事，等等。

这么多素材，如何存放，才能在使用的时候，高效检索到呢？

你可以选择任一在线笔记工具，只需要它具备两个基础功能——文件夹和标签，就可以对素材进行高效的归类和检索。

文件夹能对素材进行直观的归类和检索。比如我建立了"书籍""优质长文""小红书"等多个文件夹，每个文件夹下还有子文件夹，比如"书籍"文件夹中，就分别有"小说""个人成长""写作方法"等多个按图书类型分类的子文件夹。子文件夹中存放着一篇篇笔记。这是一个典型的三级文件夹结构，也叫树状结构。树状结构不建议超过三级，否则，会过于烦琐，降低检索效率。

>> 文件夹1：书籍
- 子文件夹1：小说
- 子文件夹2：个人成长
- 子文件夹3：写作方法

>> 文件夹2：优质长文

- 子文件夹1：思维认知
- 子文件夹2：人际交往
- 子文件夹3：温暖故事

>> 文件夹3：小红书
....

用文件夹搭建素材库，还很容易拓展类目。当我对某个新话题更感兴趣时，只需要新增一个文件夹就好了。

但是当素材越来越多时，它的弊端也会突显出来——很多素材并非独立而是彼此联系的。比如，两篇素材可能都分享了一些职场经验，但是有一篇来源于某本书，被归类在"书籍"的某个子文件夹中，另一篇则来源于某个平台，被归类在 "优质长文"的某个子文件夹中。

如何整理这些同主题但跨文件夹的素材呢？

这时候就需要用到标签了。

很多在线笔记工具都有打标签的功能。不管素材在哪个文件夹，只要内容涉及相同的主题，都可以打上同一个标签。这样，点击某一个标签，就能突破文件夹的限制，将相同主题的素材聚合到一起。最终，形成一个庞大的知识体系。

素材：不喜欢却必须合作，怎么办？（文件夹：优质长文-人际交往）

标签：#人际交往 #工作方法

素材：读詹姆斯·克利尔的《掌控习惯》（文件夹：书籍-个人成长）

标签：#学习方法 #个人成长 #工作方法

这两篇素材，虽然在不同文件夹中，但都有内容与"工作方法"相关，因此都打上了该标签。点击"工作方法"标签，就能看到这两篇素材，实现跨文件夹检索。

打标签还有一个附加好处，它迫使你带着思考去阅读，并主动对文章进行总结提炼，这样才能将素材准确分类。有了这种主动思考的过程，你对素材的印象会更深，在需要时，也能更快地定位到需要的素材。

文件夹和标签体系相互配合，一个高效的素材库就做好了。在你写内容前，或者思路受阻时，不妨去素材库对应的话题下找找灵感，也可以和AI工具[①]讨论，拓展思路。

顺便提一句，你不必要求自己一口气写完一篇文案。我也经常会有思路卡住的时候。这时候，忙点别的，出门散散步，和朋友聊聊天吧。相信我，会有帮助的。

有句话说，"取乎其上，得乎其中；取乎其中，得乎其下"。**作为创作者，不仅要保持大量输入，更要保持高质量输入**。否则，写出的东西一定会越来越干瘪无聊。只要你保持学习、生活、实践和思考，创意是不会枯竭的。

当你认为自己已经没有东西可写了，这说明：

你该去生活了。

[①] AI 相关内容我会在第九章讲解。

> **练习**

选择任一笔记工具,制作一个素材库。本周在素材库内收集至少3篇内容。

第六章

标题封面篇：点击率暴涨的秘密

和抖音的被动投喂不同，在小红书上，用户需要主动通过封面、标题来预判是否对笔记内容感兴趣，从而决定是否点击。好的封面和标题，会大大提高笔记的点击率。

酒香也怕巷子深。如果我们想让自己辛苦写的笔记内容被更多人看到，就必须花足够多的心思去打磨封面和标题。

如何写出让人忍不住点击的标题？

小红书的封面、标题看似五花八门，其实也有规律可循。
下面是小红书热门笔记常用的7种标题形式。

7种爆款标题：1秒吸引用户注意
1.引发好奇

好奇心是人类与生俱来的天性。如果你仔细观察过就会发现，很多爆款笔记的标题，都采用了"引发好奇"的形式。

这类标题，往往通过提问、对比、类比、营造有冲突或令人疑惑的场景、使用夸张的语气等，来勾起用户对内容的好奇，从而达到吸引其点击的目的。

案例

有没有不上班只工作,但赚钱的活法?

营造令人疑惑的场景+提问

学霸的秘密:走老师的路,让老师无路可走

营造令人疑惑的场景+对比

家里开小卖部的大学生暑假一天都干些啥?

提问

男朋友带了一个刚毕业的女实习生

营造有冲突的场景

第一次在国外街头见到这么多五星红旗

营造有冲突的场景

中式茶味冰激凌的澳洲诞生记

对比+营造有冲突的场景

行动力就像肌肉

类比

绝对猜不到不做攻略的我在巴黎遇到了什么!

惊奇

如何征服全村的狗子?

提问+营造令人疑惑的场景

被画蒙了……我第一次把淡妆真正学会!

夸张语气

第一次对实习生的松弛感起了敬意……

营造有冲突的场景

普通长相女生瘦下来加学会穿搭有多可怕?

提问+营造有冲突的场景

关于我做了一条亏本的新款长裙

营造有冲突的场景

引发好奇类的标题，往往相当口语化，不涉及复杂、华丽的词语和句子结构，反而非常接地气，比如"第一次对实习生的松弛感起了敬意……""被画蒙了……我第一次把淡妆真正学会！"，看到后就像是朋友找你面对面聊天一样，谁不想凑上去看看热闹？

此外，在标题中构造具体场景也非常重要。比如"家里开小卖部的大学生暑假一天都干些啥？"构建了一个小卖部场景，就比"大学生暑假一天都干些啥"要更吸引人；"如何征服全村的狗子？"就比"我的乡村生活"更具象化，一个在乡村和狗子交朋友的男孩形象跃然于屏幕之上，不仅令人好奇，还唤起了人们对淳朴和慢生活的向往。

只有场景具体了，才能唤起读者的情感与想象，激发读者的阅读欲望。要具体不要抽象，牢记这一点，不仅能写出好标题，也能写出能真正打动人的文案。

2.营造反差

试想一下，如果你是一个高中生，正在小红书搜索学习方法，看到下面这两篇笔记，你更愿意点击哪一篇？

笔记1:分享让我考入上海交大的9个学习方法

笔记2:不熬夜不拼命，我靠9个学习方法拿下上海交大！

询问若干高中生后，第二篇笔记完胜。

笔记2的标题，就采用了"营造反差"的方法。很多高中生熬夜拼命学习，结果都不一定如人意，突然有一个名校大姐姐站出来告诉你，我有个不熬夜也能上名校的方法，你确定不想听一听？

营造反差之所以有效，是因为它颠覆了大家的常规认知。

反差的来源也很广泛，比如认知、行为、职业、地理、社会习俗等方面都可以构建反差。

> **案例**
>
> 一个靠裁缝走入时尚圈的巴黎女人

职业反差

我未婚，没有孩子也没有猫，但我并不孤独

社会习俗反差

嫉妒谁＝成为谁｜当你嫉妒时，做这3步就能比他过得更好

认知反差

第一次在国外街头见到这么多五星红旗

地理反差

26岁，下班时间做博主，副业收入5位数

职业反差

去了趟南半球，真有和中国颠倒的国家？

地理反差

在美国工作的男友来自上海，而我出生在县城

社会习俗反差

中式茶味冰激凌的澳洲诞生记

地理反差

死磕技术，反而赚不到钱

认知反差

我发现走大运的代价是很多人承受不起的

认知反差

    关于营造反差类标题，还需要重视一点：不要为了营造反差而营造反差。比如，如果标题是"一个人越努力工作，薪资越低"，那么文案必须围绕这个主题展开，并且能令用户信服。否则，用户点击后，发现没有看到期待的内容，会有上当受骗的感觉，对博主的好感度就会大打折扣。

    所以，一定要从内容本身具有的反差点出发去设计标题。这样，笔记才会在获得高点击的同时，获得较高的互动量。

3.诉诸利益

诉诸利益，就是在标题中直接表明看了这篇笔记可能得到的好处，这是爆款标题常用的方法之一。这种标题多见于干货文，能让用户一眼就明白这篇笔记能给自己带来什么实打实的好处。

这里的利益，可以是从金钱、时间出发，帮大家省钱、赚钱、省时间；也可以是帮用户实现向往的生活状态，比如旅行自由、不被焦虑影响；或者是收获某种能力，比如雅思7分以上、轻松创业，等等。

> **案 例**
>
> 下班做小红书赚到7位数，再也不怕失业了！
> 金钱
>
> 搞钱最快的方式就是去玩无限游戏
> 金钱
>
> 我发现了解决焦虑最快的方法
> 生活状态
>
> 嫉妒谁=成为谁｜当你嫉妒时，做这3步就能比他过得更好
> 生活状态
>
> 有没有不上班只工作，但赚钱的活法？
> 金钱＋生活状态
>
> 化妆真相｜看完少走很多弯路
> 时间
>
> 全屋插座保姆攻略！我就不信你学不会
> 时间＋能力
>
> J人旅行指南｜10分钟做好旅行攻略
> 时间
>
> 打入当地人的旅行技巧，全世界都有好朋友
> 能力

> 泉州旅游攻略看这一篇就够了!
>
> 时间
>
> 我发现了处理人际关系的诀窍
>
> 能力
>
> 女生必看的搞钱纪录片!提升财商悄悄变富
>
> 金钱

这类标题确实吸睛,但在内容上,一定要言之有物,给用户具体的方法。曾经有位学员找我点评笔记,虽然她的笔记也采用了很吸睛的"搞钱"类标题,但文案分享的却是"保持好心态"这样不痛不痒的方法,被标题吸引而点击的用户,一定是乘兴而来,败兴而归,怎么可能点赞呢?

4.损失厌恶

行为经济学中有一个重要概念,损失厌恶,意思是人们对损失的反应通常比获得同等数额收益的反应更强烈。举个例子,你弄丢100元的难过,往往会大于得到100元的快乐。

在标题上应用损失厌恶技巧,能让用户意识到,错过这条视频也许会损害自己的利益,从而吸引其点击。

这里的损失,和"诉诸利益"类相似,可以通过标题展示可能失去的金钱和时间,失去一种好的生活状态和能力等,来吸引人的注意力。不一样的是,损失可以不像利益一样在标题中具象化地展示出来,损失是可以模糊化的。比如,我曾经发布过一篇视频笔记《中国小孩从小被教错的一件事》,并没有在封面标题中指出这件事让中国孩子损失了什么,但依然能唤起有过国内教育经历的用户的共情,由此获得了4800多个赞。

案 例

打工无法致富的关键

金钱

中国小孩从小被教错的一件事

模糊

警惕：不要变成"模糊不清"的人

生活状态

真正毁掉你的是：不够彻底

生活状态

别让胡思乱想毁了你

模糊

在职场被教错的事

能力

重度拖延，觉得人生要毁掉了

生活状态

你的vlog很美，为什么没人看

能力

短视频的9大禁区

能力

高学历的3个坑

模糊

不吃男人苦！越早知道越好的10条爱情真相

生活状态

5.激发共鸣

还有一类标题,遣词造句平平无奇,却非常吸引人,这类标题就是用了激发共鸣的方法。下面是一些标题的详细拆解。

标题1:发朋友圈是为了装

共鸣点:也许我们多少都发过一些有炫耀成分的朋友圈。也许是炫耀自己的旅行,也许是炫耀自己的听歌品位,也许是炫耀自己与众不同的生活方式……这个标题用极其朴实的语言揭露了自己的内心活动,不仅激发共鸣,而且让人觉得博主非常耿直幽默。

标题2:我从来不怕每天学习12小时的人超过我

共鸣点:这是我曾经写过的一篇图文笔记的标题。学生时代,大部分人都感受过竞争,并且试图通过延长学习时间来击败对手,最终却往往并不如意。而标题犀利地指出了这一点,并且直言"不怕",令人感到很强的情感冲击。这篇笔记获得了1万个赞。

标题3:原来大家都很拮据啊!

共鸣点:刚进社会的年轻人,普遍工资不高,想买的东西买不起,想去的地方没钱去,难为情,并且会羡慕其他人看起来更光鲜的生活方式。标题直接扯下了遮羞布,告诉用户,拮据的不仅仅是你,还有我,还有他们,让人共鸣,也让人感受到抚慰。

标题4:原来那些我一直完不成的事,也没多难

共鸣点:每个人都遇到过一件事被一拖再拖,最后到了不得不完成的时候,着手解决后发现并不难,也许1—2小时就解决了。这时候,很多人就会想:这件事被拖了这么久,害得我吃不好、玩不好、睡不好,真应该早点解决它!你一定遇到过这样的情况。当然,下一次,该拖还是会拖吧。

> **更多案例**
>
> 人只有在合适的地方才能散发出光芒
>
> 我在新西兰明白了,人生就是一张张体验券
>
> 你总觉得有时间,这才是问题所在
>
> 粗腿是女性的基本盘,肩宽是女性的靠山
>
> 当我不再执着于完美,我的人生才真的开始
>
> 如何与比自己消费水平高的朋友相处
>
> 人生本质虽苦,但爱能让万物生长
>
> 有没有哪个瞬间你觉得这个世界怎么这么小
>
> 你缺的从来不是衣服,而是穿搭思路!
>
> 为了工作牺牲闲暇时间,值得吗?

我们经历的很多事,很多情感,都并非个人独有。因此,不妨在看似平淡的日常生活中多留意一下,也许被我们一再忽略的小事、细微的情绪起伏,都能提炼成一个令人共鸣的标题。

6.直击痛点

痛点往往与明确的受众人群一同出现。

比如,对职场人来说,会存在不知道如何与同事、领导相处,如何大方地提升职加薪,如何平衡工作与生活,担心被裁员后找不到工作,以及如何找时间发展一门副业等痛点;对大学生群体来说,又会存在想高分通过考试,在大学如何为以后进入职场和社会做准备,如何与室友相处等痛点;对减肥人士来说,如何无痛减肥,不节食,减肥不反弹,以及健康减肥等,都是痛点。

痛点类标题有直击人心的效果。

案例

面部凹陷的都来学这个变美思路！附详细教程

痛点：面部凹陷影响容貌

法令纹消失术！超详细跟练版底妆教程

痛点：化妆遮不住法令纹

傻瓜式教程！零失误新手眼线公式

痛点：画不好眼线

巨巨巨详细新手底妆跟练！看完还卡粉算我输

痛点：底妆卡粉

减脂早餐如何搭配才能更好开启一天代谢

痛点：早餐搭配不当影响减肥

饿了随便吃的食物，热量都超低

痛点：减肥容易饿，吃东西又怕胖

我似乎发现了一个无痛减肥很妙的状态

痛点：减肥好辛苦

出门在外，如何受人尊重不被欺负

痛点：一个人在外容易被欺负

跳槽3次，才明白工作的意义

痛点：工作陷入瓶颈，找不到意义，失去动力

一个好男朋友是什么样的

痛点：恋爱不顺，和男朋友经常闹矛盾

一期视频帮低学历朋友找到出路

痛点：低学历朋友出路较少

如何拥有超强执行力

痛点：习惯性拖延，影响事情进度，甚至是日常生活

如何防止被套话

痛点：老实人，容易被人套话甚至利用

在确定选题的时候，就要明确这篇笔记的受众群体。只有这样，才能知晓受众群体的痛点，不仅能写出直击人心的标题，也能做出让人印象深刻的内容。

7. 圈定人群

如果笔记内容是针对特定人群的，就可以在标题上加入人群属性，让标题更有指向性，更具体。对特定人群喊话，不仅能让算法推送更精准，也能更快吸引目标受众的点击。

案例

英语还没上130？刷到姐你有福了！

普通长相女生瘦下来加学会穿搭有多可怕？

嘴笨小孩都来学吵架

不恋爱不社交女大学生的校园日常生活

面部凹陷的都来学这个变美思路！附详细教程

普通人化妆｜发型＋原生感妆容实现"换头"

傻瓜式教程！零失误新手眼线公式

方圆脸的哑光修容提亮公式

微胖美眉的松弛感照片拍摄小技巧

生活大学必学！女生们也学学怎么组饭局吧

高段位职场发疯，老实人都来学

建议缩手缩脚的女孩都去学开车

婚姻爱情，想告诉20多岁女生的心里话

时间是普通人撬动资源的唯一杠杆

值得一提的是，所谓人群，并不一定是"高个子""方圆脸""梨形身材"等具体人群，也可以是"不自信的女生""普通长相女生"等抽象群体。

5个打造爆款标题的技巧：爆文偷用的小心机
除了以上这些标题形式，还有5个爆款笔记常用的标题技巧。

1.添加数字

人普遍对数字更加敏感。因此，在标题上添加数字，能更快吸引用户注意。

> **案例**
>
> 普通家庭孩子尽早明白10条职场残酷真相
>
> 不上班，月入5万在干吗？
>
> 当你嫉妒时，只需做这3步就能过得比她更好
>
> 让人好感倍增的2个万能公式
>
> 这个视频，解决99%的考试粗心问题
>
> 穿搭视错觉，1分钟学到显高显瘦秘籍
>
> J人旅行指南｜10分钟做好旅行攻略
>
> 不吃男人苦！越早知道越好的10条爱情真相
>
> 悄悄作弊：让这4个AI神器替你打工

2.极限用词

有些笔记，会使用一些极限用词快速吸引用户，比如"最""99%""看这一篇就够了""一次性解决""超绝"等等。但需要注意，在某些情况下，使用类似极限用词很容易收到发来的违规通知。因此，这个技巧一定要适度使用。

> **案例**
>
> 我发现了解决焦虑最快的方法

搞钱最快的方式就是去玩无限游戏

用AI创业后，谁都可以当老板了

一次解决所有拖延问题，不信就看！

泉州旅游攻略看这一篇就够了！

我发现一个可以套用在任何旅行上的万能攻略

我宣布！最适合旅游的冷门海滨城市出现啦

高质量旅行，也许看这一条就够了

工作6年后我发现：普通人最缺"社会"这堂课！

分享一个超绝开挂思路：禁止过度感受情绪

3.名人背书

一个方法，你说好，大家不一定认为好。但是，倘若一个名人说好，那很多人可能就愿意相信了。所以，很多人在写标题的时候，就会请名人"背书"。这个"名人"，可以是具体的人，也可以是某个德高望重的职业，甚至是大家熟知的权威机构、图书等。

案 例

余华给孩子的阅读建议太绝了！附书单

名人

跟着谷爱凌学英语口语真的会好到"六亲不认"

名人

感谢央视大大，真的不咳了

权威机构

不愧是罗大伦老师的方子！去黄气真的绝

名人

老中医告诉我的补气血方法

> **职业**
> 被《人民日报》暖到了
>
> **权威机构**
> **耶鲁教授**手把手教我"找贵人"向上社交
>
> **职业**

4.当下热点

标题也可以和当下热点结合。

每隔一段时间,小红书就会有一些热点话题出现。比如近些年,小红书出现过"多巴胺""偷感""听劝""人生是旷野""世界是个草台班子""MBTI"等热点话题。

除了这些,一到某个节日,比如新年,就会有很多和新年相关的话题出现,像新年穿搭、新年遇到亲戚催婚怎么办等等。如果某部剧热播,那么和这部剧相关的话题也会爆火,比如很多都市剧播出后,小红书就会出现主角同款穿搭、主角心理分析、剧中金句汇总等多种多样的内容。

需要注意的是,这类热点往往具备一定的时效性,使用前可以用前文分享的方法进行选题验证。

5."以爆制爆"

很多爆款标题,其实结构都是一致的。

比如,小红书曾经的爆款标题"我发现,强者都是相似的",内容分享了几种强者心态。后来,我看到某博主将该标题修改为"我发现,表达者都是相似的",分享了几种高效清晰的表达技巧,同样做出了爆款。

比如,"我____,因为我____"这个爆款标题结构也被反复使用为"我超会赚钱,因为我时间粒度超小""我从不内耗,因为我杀死了学生思维"等。

再比如，"打工让我认识到信息茧房的恐怖""留学让我见识到信息茧房的恐怖""自媒体让我认识到信息茧房的恐怖"等，其实也都是同一个结构。

掌握了这个方法，就能"以爆制爆"，即以爆款制作爆款，举一反三。

需要注意的是，本节提到的所有打造爆款标题的方法和技巧，都不是独立的。你会发现，这些爆款标题案例，几乎都是两个甚至更多技巧的叠加。当然，你不需要为了博眼球而不断堆叠技巧，否则只会让标题成为一个怪物，让用户摸不到头脑。

一个朴实直接的标题，永远比一个堆叠技巧的标题更有直抵人心的力量。

如何做出瞬间抓人眼球的封面？

曾有学员和我分享她的亲身经历。同样的一篇内容，在没有任何改动，仅修改封面的情况下，点赞量从不过100飙升至6000多。而在我的经历中，这种事也发生过。内容再好，如果封面不吸引人，点击率差，也会影响算法的推荐效果。

但是，对很多自媒体人来说，做封面，比起标题更令人头痛。毕竟，标题只有一二十个字，几个词排列组合一下，怎么也能写出来。但封面则五花八门，什么样的都有，让人难以拿捏好风格和方向。

高点击率的封面是什么样的？有美女帅哥出镜的封面一定点击率高吗？普通人，没有高级的居住环境、姣好的面容和曼妙的身材，应该怎么拍摄高点击率的封面呢？这些问题，本章都会一一作答。

我做封面这4年

这4年，我的封面经历过很多轮迭代。下面是我做封面的几个阶段：

在做小红书的头几年，我有一份繁忙的全职工作。为了节省时间，我很少真人出镜，经常用在咖啡店随手拍的图片、自己书桌的图片来做封面，甚至一张图片会反复用很多次。现在看，这些封面算不上美观，数据却非常好。

图文笔记封面第一阶段

后来，因为喜欢摄影，我尝试将喜欢的摄影风格加入封面中。

再后来，我写图文笔记已经驾轻就熟，爆文率很高。为了增加挑战性，我开始做视频。

图文笔记封面第二阶段

197

在视频封面上,我又重新开始了探索。

下面是我刚开始做的视频封面。那时候,我经常使用人物上半身加夸张的大花字。虽然视频数据不错,但奈何和我的个人审美产生了冲突,于是我继续调整。

视频笔记封面初期

现在,我的封面更注重整体的协调。不仅封面整体更干净、美观,而且也能一眼看出重点在哪里。

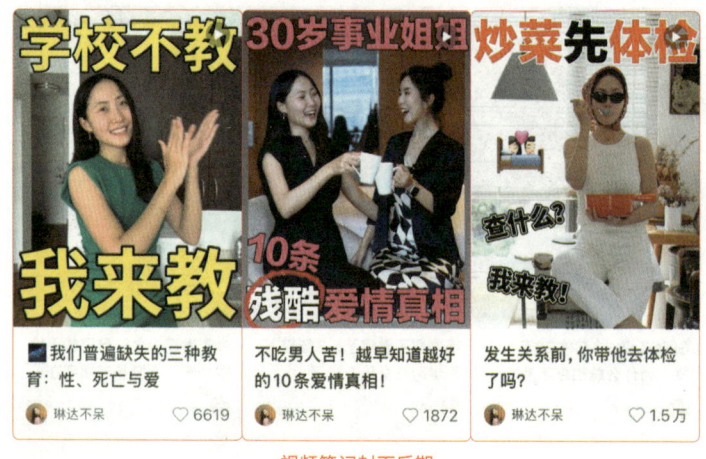

视频笔记封面后期

现在，我大概已经有了一些资格去聊这个话题：
到底什么样的封面是好封面？

什么是好封面？3分钟，重塑你的封面观！
先考考你们。
这是3篇笔记的封面。你认为哪一个是好封面？

哪一个是好封面？

第一个封面非常随意，不清晰，压了很多字，人物也看不清脸部，获得了5.9万个赞。第二、第三个封面场景都很美观，分别获得了5000多个赞和700多个赞。虽然笔记的数据并非由封面决定，不过，只要你刷小红书时稍微留意，就会发现很多看似拍摄随意的封面，数据却很好，而看似精心制作的封面，数据却惨淡。

当然，这并不意味着我们要放弃精致的封面，去做粗糙的封面，更不意味着封面随便拍摄就好了。其实，好封面的核心，并非精致与否，也并非博主颜值高低，而在于：

你的目的是什么？

如果你是职场人，想分享一些职场经验，那么就可以利用道具，比

199

如电脑、书籍来突出知识感，用户也会觉得更专业。

如果你是大学生，想分享一些大学生成长经验，那么在宿舍里拍摄就是一个很好的想法，打光更无须高级，开一盏台灯即可，这样其他大学生看到才能有一种代入感。

如果你是想分享漂亮房子，那就必须把家拍摄得温馨、好看、有氛围感，毕竟这才是吸引目标用户的核心。

如果你喜欢读书，想分享最近读到的几本好书，那么就可以在封面上展示这几本书，而这时候，如果你的封面像一幅个人写真，不管这幅写真多么高级精致，数据可能都不太好。

如果你的笔记是即兴拍摄的，这时候，直接用视频截图做封面，就比再拍摄一个正经封面要自然得多——至少用户点进来不会产生视觉上的割裂感。

当然，好封面太多了，以上举例只是冰山一角。任何规则都可以被打破。

如果你是美妆博主，想要展示某个有用的化妆技巧，你完全可以在封面上扮丑，吸引好奇的用户看看这个化妆技巧能将你变成什么样子。

如果你是一个在大学中搞事业的女孩子，那么就可以以"专家"的身份分享你的成长方法，封面当然可以更商务一些，这样很容易让你在普遍迷茫的大学生群体中脱颖而出……

说了这么多，我只是想告诉你们一点：

好的封面，一部手机就可以拍摄。它不一定是精致的封面，也不一定需要美女、帅哥出镜。即便4年过去，小红书依然有很多无真人出镜、随手拍的封面，数据同样很好。封面是笔记目的的外显。在拍摄封面前，一定要先问问自己：

我的目的是什么？

聊聊精致

我在观察这些年的互联网趋势时发现，网友对看起来精致但摆拍痕迹明显的内容越来越审美疲劳，反而更青睐看起来真实[1]、有生活感的内容。有些封面固然漂亮，却离普通人的生活有一定距离，较难让网友共情，因此很难建立亲近感。

小红书的用户越来越追求生活感。

那么，是不是精致的封面，就一定不是好封面？

当然不是。一些家居类、护肤品类、服装类等的品牌方，对博主的封面和场景有较高要求，比如要求明亮、整洁、高级等，以此来突出品牌调性，筛选目标人群，提升品牌在用户心中的印象。但不管怎样，封面不应该只承担"高级感"这一个功能，也不能只拥有"精致"这一个特质，否则曝光不足，点击率低，品牌投入产出比低，再"豪横"的品牌也会肉疼。有次我与某高端护肤品品牌合作，在该品牌的拍摄要求中，就明确出现了 "封面不要端庄摆拍！" 等非常贴合小红书用户偏好的要求。

封面

请多给几个选择。

一定不要：端庄拿产品，微笑摆拍，采用平平无奇、烂大街的文案！！

一定要：吸睛！！有趣！！有创意！！！

某高端护肤品牌的封面拍摄要求

5类爆款封面：这么做封面，用户一眼就爱！

小红书封面看起来五花八门，其实爆款笔记的封面，大多数都可以归为以下几个类型。

---

[1] 注意，是"看起来真实"，并非真的随手拍。事实上，自媒体平台上很多内容都是在"表演真实"（中性，并非贬义），因为日常生活往往是粗糙、拖沓、混杂着各种噪声的，而自媒体的内容，负责把能引起共鸣的内容筛选出来。

1.信息类

信息类封面,就是通过在封面上加字来突出本篇笔记的重点内容,达到吸引用户点击的效果。据小红书官方统计显示,有文字的封面,比无文字的封面点击率平均增加9%。信息类封面有很多种类型。

实拍图+文字

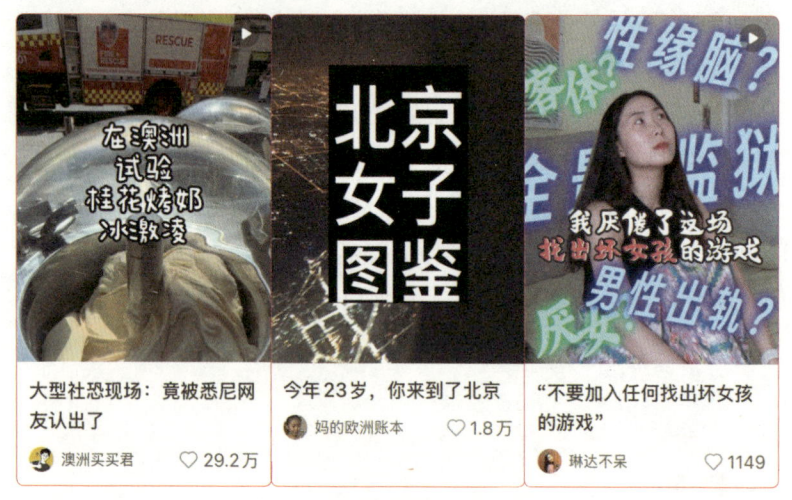

封面	标题	作者	点赞
	大型社恐现场:竟被悉尼网友认出了	澳洲买买君	29.2万
	今年23岁,你来到了北京	妈的欧洲账本	1.8万
	"不要加入任何找出坏女孩的游戏"	琳达不呆	1149

实拍图+文字示例

拼图+文字

封面	标题	作者	点赞
	打入当地人的旅行技巧,全世界都有好朋友 之前	momo	3.3万
	1分钟分享如何 3步快速自学一个新领域	梦想家瑶光	5.9万
	泉州旅游攻略看这一篇就够了!!(附文字版 1 交…	小羊小杨	6.1万

拼图+文字示例

大字报

这类封面没有真实场景和人物出现，通过手写字或者素材拼图的形式来展示信息，会有一定的"工具人"属性。对个人IP类账号来说，需要控制这类封面的比例，主页尽量不要以这类封面为主。

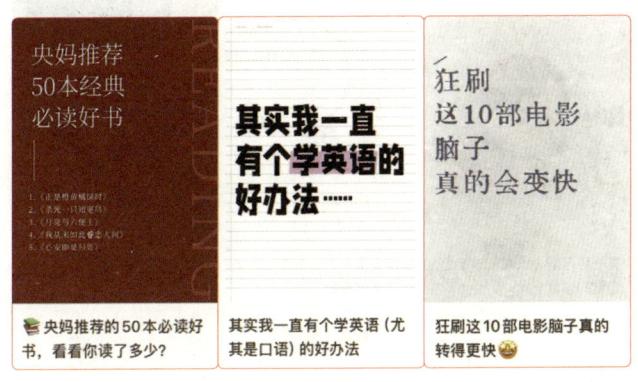

大字报示例

信息类封面是小红书的主流封面基础形式，接下来的情绪类、对比类封面，也会通过在封面加字来突出笔记的重点内容。

2.情绪类

情绪类的封面，就是人物的情绪外显，通过封面，用户能直观感知到你的情绪，比如开心、难过、愤怒、震惊等。这类封面很容易引起用户好奇：到底发生了什么事，让他产生了这样的情绪？点进去看看吧！

情绪类封面

203

3.猎奇类

通过有趣或奇怪的图片、加字、表情包，或者构建离奇的场景等，勾起用户的好奇心，也能提升点击率。

猎奇类封面

4.对比类

对比类封面常用于干货文。

比如，如果你想告诉用户自己化底妆的方法很牛，就可以将底妆斑驳和服帖这两张对比图拼接在一起作为封面，就会比只用一张底妆干净的图片做封面更吸睛。再比如，如果你想突出自己的减肥方法很有效，那么封面就可以展示同一个人减肥前后的胖瘦对比图。

与单图封面相比，对比图封面能更快地让用户看到该方法带给人的改变，能极大地提升点击率。

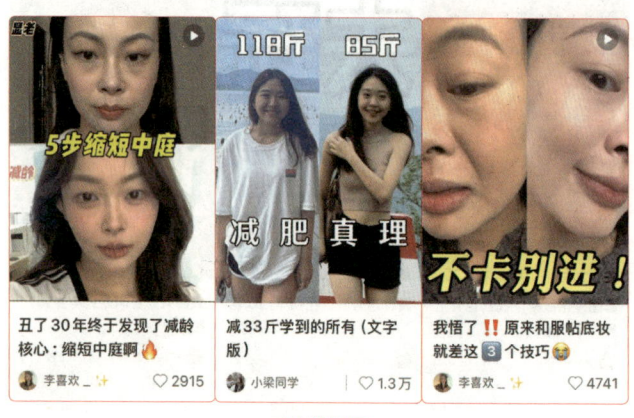

对比类封面

5.美感类

阳光下闪着光的配饰，夏日傍晚海边的漫天晚霞，一对在草地上拥吻的幸福情侣，阳光下摇着尾巴的微笑小狗，骑马驰骋在山林里的目光灼灼的女人，等等，这样的图片本身就能给用户带来极强的情绪价值。

美感类封面，就是在封面上展示美好的人、事、物，或者让人向往的场景。

美感类封面无须刻意加字，因为封面本身就是看点，是用户点击的动力，大花字反而会破坏氛围。如果非要加字，要以不破坏整体美感为宜。

美感类封面

4步做出爆款封面：手把手教学，小白也能轻松上手

如何做出吸睛的封面？一定要牢记下面4步。

第一步：拍摄前的注意事项

千万不要拿起手机就拍！拍摄前，还有几点注意事项。

1.采用竖版封面。

小红书的封面有1∶1（正方形）、3∶4（竖版）、4∶3（横版）三种比例，其中3∶4（竖版）最为常用。据小红书官方统计，竖版封面比横版封面平均点击率高10%。因此，拍摄时，尽量选择竖版构图。

2.光线充足。

确保光线是清晰的，而不是昏暗一团。如果光线不好，可以利用手边的灯具打光[①]。清晰的图片能快速吸引用户注意。

偶尔，小红书也会有一些封面昏暗但成为爆款的笔记，但这些笔记之所以能爆，是因为笔记内容极其吸引人。它可能记录了一个日常故事，或者是博主即兴拍摄的，在这种情况下，光线条件往往是不能保证的。比如，我曾经发布过的两篇爆款笔记，《2025自媒体信息差 | 最重要问题往往没人关注》（5.9万个赞）和《人生的巨变从你相信人生可以改变开始》（2.4万个赞），都是在街头有感而发即兴录制的[②]，虽然封面昏暗，毫无美感可言，但内容却新颖且充实，因此成为爆款。

但是，对大多数新手或经验尚浅的创作者来说，无法保证笔记内容上有绝对优势，所以不要随意制作封面。

第二步：确定是否有人物出镜

封面必须有人物出镜吗？

当然不是。

像之前提到的，我最开始做小红书时，为了节约时间，我的封面大多数都是无人物出镜的，后来有了时间，才开始加入个人形象。

如今，小红书依然有非常多无人物出镜的封面。比如，博主@澳洲买买君，封面没有本人出镜，但数据很好，积累了147万粉丝；以及博主@妈的欧洲账本，封面大多是场景加花字的形式，同样没有人物出镜，风格新颖，一年多就积累了13万粉丝。

[①] 打光方法会在第七章分享。
[②] 这里再次解释"随手拍的笔记火了"这个问题。这两篇笔记看似都是随手拍摄却成为爆款的案例，但诚实地讲，这两篇笔记谈及的话题，我早已在生活中进行了长时间的思考和实践，只是在某个情景下，我的情绪被某件事激发，因此，此前的思考随着情绪一起表达出来，最终成为一篇观点新颖、内容有料的笔记。这本质上依然是积累的结果，而不是随手拍。因此，我依然用最用心的态度对待每一篇笔记，每一个头部博主都是如此。持续的爆款背后，是持续的沉淀。

无人物出镜封面

不过，不出镜且能积累较大粉丝量的博主，内容都有很明显的个人风格。在小红书平台上，独特的个人风格甚至比个人外表更容易辨识。但对大多数人来讲，风格需要逐步摸索，很难一蹴而就，而你的个人形象能降低自己被当作工具人的可能性。

如果你不想露脸，可以像我初期做小红书一样，露出背影或者手部。有些博主也会采用四宫格拼图作为封面，其中加入一张个人自拍，增强"人感"。

总之，人物出镜并非必需的。小红书有非常多用风景、场景、物品等图片作为封面的爆款笔记。一个账号不会因为博主不露脸就做不起来，也不会因为博主露脸了而增加做出爆款的概率。

选择最适合你当下情况的模式，剩下的，根据实际情况灵活调整就好。

第三步：构思封面花字

很多爆款笔记封面上都有文字。

封面加字加得好，能极大提高用户点击率，但倘若加得不好，会显得杂乱无章，反而起到反作用。

那么，封面加字的核心逻辑是什么呢？

封面加字的核心目的，是增加信息量，也就是让用户尽可能多且快地知道，看了这篇笔记后，他能获得什么。

总的来说，封面花字有3种。

第一种，提炼内容主题，将主题关键字加在封面上，这样用户直接就能明白这篇笔记在讲什么。但需要注意的是，提炼的关键字必须精简，不要用太多花里胡哨的字体，也不要拖沓到几行都写不完。毕竟，我们希望用户能快速注意到这篇笔记的主题。倘若加字过多且过于杂乱，那么用户就很难迅速明白这篇笔记在讲什么，对自己有没有用，就会失去点击意愿。

比如，下面案例中的"基酒推荐""男人真相""被裁怎么办"都用最少的字数表明了笔记主题。

封面花字示例1

第二种，噱头外显。每个人都有猎奇心理。倘若我们的笔记中讲述了某些和大家的常识看起来相悖的事情、反常规认知的观念、强烈的对比、极致的情感等，也可以在封面上展现出来，起到吸引点击的作用。比如，下面案例中的"上海vs县城""放弃是胜者的行为""50㎡装下100㎡"，都是很有噱头的元素。

封面花字示例2

第三种，给出利益。告诉用户，看了这篇笔记你能获得什么好处。比如，下面封面中的"普通人改命""不摘抄、不做导图、不多写1个字""拥有恐怖行动力"等等，都在封面上透出了利益点。

封面花字示例3

这几种封面加字方法，并非彼此独立，比如，在上面的封面案例中，"如何拥有恐怖行动力"既是笔记主题，也是笔记的利益点。在实

209

际使用中，可以只用一种，也可以叠加使用。

封面加字的核心目的是增加信息量。明确了这一点，就很容易回答一个困扰很多人的问题：

如何判断封面什么时候需要加字？

当一篇笔记的封面不需要利用花字丰富信息的时候，就不需要加。

所以，你能注意到风景笔记、颜值笔记、情感笔记等情绪文的封面，很多都是不加花字的，因为风景、颜值、爱情本来就很美，这样的图片，对人情绪的唤醒速度要远快于文字，能快速激发用户的点击欲望。这时候加字，反而可能破坏封面整体的氛围和美感。而观点类情绪文的封面，因为不具备上述元素，仍是封面加字的居多。

当然，万事无绝对。不过，通过信息量来判断是否加花字，始终是一个很好的手段。

第四步：后期处理

有了图片，确定好封面花字后，就要对图片进行后期处理了。

对图片进行后期处理，有几个好用的工具：

美图秀秀可以对图片中的人物进行修容、抠图等处理。它还有强大的滤镜库，可以选择一些滤镜让封面的色彩更统一，或者模拟一些独特的风格，比如电影风格、胶片风格等。

对图文笔记的封面和图片，很多博主会采用黄油相机或者稿定设计。

黄油相机有丰富的字体库和贴纸库，很适合用来给图片加花字。虽然黄油相机也有滤镜库，但很容易影响原图画质，根据我的使用体验，黄油相机的滤镜效果不如美图秀秀自然。稿定设计则提供了很多现成的封面模板。

对视频笔记的封面，很多博主会直接通过剪映（视频剪辑App）来制作。

至于上面这几个工具的使用方式，小红书上有很多详细的笔记教程，搜索三五个视频就能立刻上手了。本书不再花费篇幅在搜索即可得到完美解决方案的问题上。

看到这里，你一定能回答本节最开始的问题了：

什么是好的封面？

答案是，好的封面五花八门，不存在绝对的好坏，而且，笔记内容不同，适合的封面风格也不同，在某种情况下需要竭尽全力避免的封面，在另一种情况下可能成为尤其能吸引人点击的封面。

找到几个你喜欢的封面风格，去尝试、去拍摄吧。

人要在事上磨，封面也是。

答疑！你最关心的3个封面问题

在观察我的学员们的实践，以及在网上冲浪的过程中，我发现，大家对封面的疑问不仅仅是制作上的。下面是很多人特别关心的3个封面问题，咱们来一一解答。

问题一：家里不好看怎么办？2平方米的魔法！

很多人埋怨自己家里不好看，拍摄不出好照片。

其实，只要有2平方米，就能拍出好照片。

这是我刚开始做博主时拍摄的封面。

很多人评价说封面很温馨。

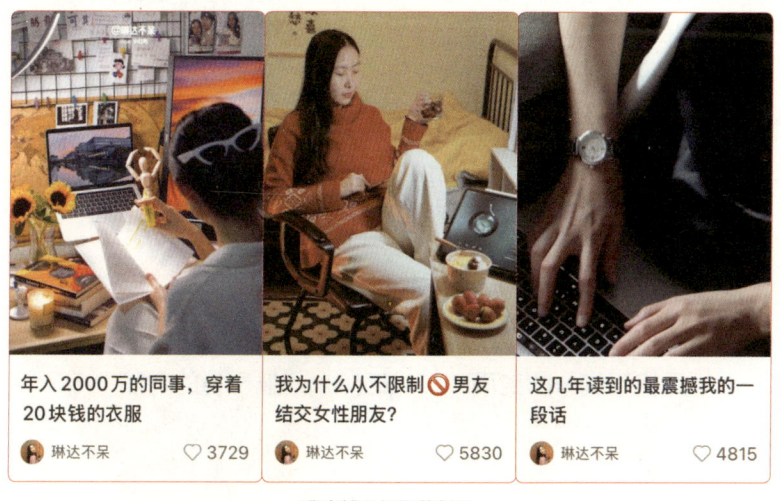

我当博主初期的封面

那是我刚工作的时候,我和另外两位硕士同学合租了一个出租屋。这是那时我的房间,现在看几乎可以用"简陋"来形容。那时候,我仅有的"拍摄场地"只是一张不到2平方米的桌子。

其实最开始,我的房间连桌子都没有。我先后添置了一张书桌,一个网格架,一把鲜花,一个10多块钱的落日灯和一副墨镜。我在这里住了1年多,拍出了几十篇爆款笔记的封面。

想拍出好看的封面,你不需要住在漂亮的房子里。

简陋的房间也能发生魔法——你只需要2平方米的空间。

问题二:封面风格要不要统一?

有人说封面不统一,会影响用户的关注意愿。

这句话听起来蛮唬人的。

我问过不少朋友:为什么会选择关注一个博主?总的来说,其核心都是这个博主的内容为他提供了一些价值。没有一个人告诉我,关注或者不关注某个博主,是因为"他的封面风格统一或者不够统一"。

从结果上看,在诸多学员案例中,我看到那些单篇笔记涨粉过万的新人学员,几乎都没形成统一的封面风格。这一点也在我和我身边的博主朋友的实践中得以验证。

扪心自问,让我们持续关注一个人的,永远是这个人的内容。与其纠结封面风格统不统一这种细枝末节的小事,不如想想:内容价值到不到位?封面有没有设计得吸引人?

风格不统一的封面,绝不等于低质量的封面,不要将两者混为一谈。封面的风格可以不统一,但一定要承担起它该承担的责任,而不是

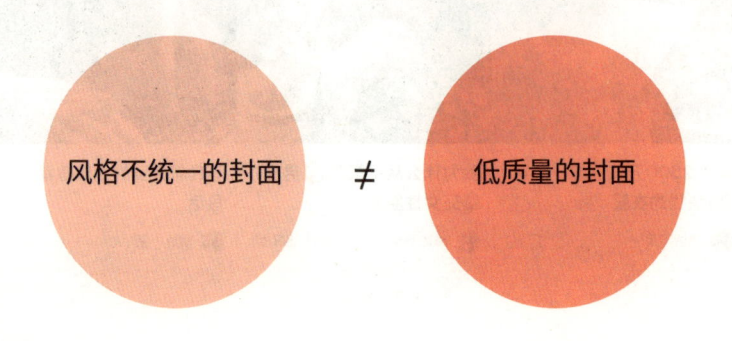

风格不统一的封面 ≠ 低质量的封面

摸鱼、"划水"[1]。

问题三：不漂亮怎么办？

无论是拍摄封面还是成为一位优秀的小红书博主，漂亮都不是必选项。

首先，大多数品牌并不看重博主的颜值。

其次，倘若不愿意在封面上露正脸，又想要保持封面的美感，也可以露侧脸、露背影等，打造氛围感。

最后，也是最重要的一点，博主某项素质的长板比颜值更重要。比如，博主@打工仔小张，通过分享很多接地气的攻略获得几十万粉丝关注；博主@李要红，凭借"社牛"属性搭讪帅哥，每条视频都能感觉到她满满的能量，同样在全网爆火。

容貌并非做小红书的必选项，也不该成为我们做不好内容的借口。只有真正放下容貌焦虑，才能在内容中卸下负担，更加松弛和自然。这种自由流淌的能量，每个屏幕前的用户都能感受得到，之后便会为你点赞，按下关注键。

---

[1] 网络流行语，指在团体活动中，不出力、不贡献的行为。此处指笔记封面没有承担起传达信息、吸引用户的责任。——编者

第七章

视频拍摄篇:零基础也能做出涨粉爆款视频!

视频笔记相比图文笔记，还要多一步：拍摄。

拍摄到底有多重要？

同样的文案，用不同的拍摄手法，最终拿到的数据甚至有天壤之别！

对一些人来说，平日里可以和朋友侃侃而谈，甚至拥有一些幽默感，可一旦面对镜头，就连一个完整的句子都说不出来；有一些人，虽然人前惜字如金，在镜头面前却能侃侃而谈；还有一些人，没思考过这些问题，却对该用什么样的设备拍摄尤其感兴趣⋯⋯

有趣。

拍摄是我最喜欢的环节之一。它让人诚实地面对自己，同时还能在练习中迅速提升自己的表现力和演讲能力——学校不教，进入社会后却非常重要的两种能力。它像是一座山峰，有些陡峭，但又没陡峭到让人爬不上去。一开始爬的时候，你似乎没有什么变化，依然肌肉酸痛，磕磕绊绊。但过一阵子，你发现你的肌肉似乎更强壮了，你行走的速度也快了一些，不怎么喘了。又过了一段时间，你竟然可以轻松行进在之前三步一喘的山路上，甚至能跑上一阵子。

这时候，你和镜头已经融为一体。

这样的变化令人着迷。

那就一起攀登吧！

手机真的够了吗？揭秘大博主的秘密武器

一提到拍摄，很多人最好奇的，不是如何在镜头前流畅地表达，而是选择什么样的设备。

本末倒置。

最开始拍视频时，我给自己的要求是，在没用手机拍出5条千赞爆款之前，不买专业的视频相机。而当我真正用手机拍出好几条爆款视频后，我才意识到：

设备是锦上添花，不是雪中送炭。

再贵的设备，再好的场景，再精致的画面，也不能让一条内容空空的视频起死回生。

随着博主从业年限的增长，我反而更常用手机拍摄。设备焦虑不复存在，才更明白，一条好视频，最重要的永远是内核。有时候，灵感会突然袭击我们，等我们架起三脚架，调好相机的时候，最初的表达欲早已不复存在。

比如，前文提到的笔记《2025自媒体信息差 | 最重要问题往往没人关注》就是我在街头即兴录制的。其实最开始，我没打算把原视频发出来，因为原视频的拍摄角度过于奇怪，街头嘈杂，光线非常昏暗。后来，我在家中打算重新录制这期视频，却发现无论如何都无法达到当时的情感状态。于是我决定原片直出，这条视频获得了5.9万个赞。

手机，是最便捷的拍摄设备。

其实，很多大博主的视频都是用手机拍的，不仅是因为手机的便携性和灵活性，更重要的是与观众没有距离。专业相机有景深功能，虽然拍摄的视频看起来更细腻，但增加了与观众的距离感，没那么接地气了——某高端护肤品品牌就在合作须知中特别强调了这一点。

直接用手机开拍。

当你拍出若干条爆款视频后，再根据需求更新设备。千万不要一开始就投入重金，否则一定会陷入完美主义的泥潭，迟迟行动不起来。

当然，很多人还是希望有一份设备清单。我也根据我自己的拍摄经验整理好了一份。

拍摄设备：手机、卡片机、专业微单/单反相机。

手机　　　　　卡片机　　　　　专业微单/单反相机

一般需要搭配三脚架使用。

收音设备：蓝牙耳机、无线麦克风。

蓝牙耳机最方便，适用于大多数日常口播场景。如果追求更好的音质效果，可以为拍摄设备外接一个无线麦克风。

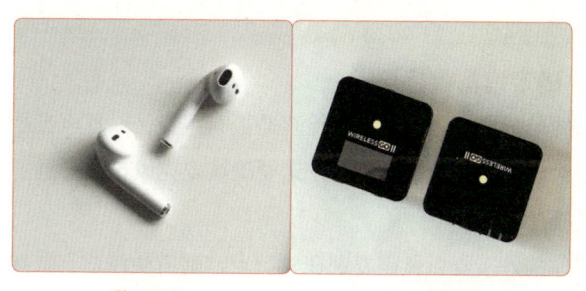

蓝牙耳机　　　　　无线麦克风

打光设备[①]：自然光、台灯、补光灯。

尽量在自然光场景下拍摄。倘若不得不在光线条件不好的时候拍摄，可以利用家里的台灯或者专业的补光灯打光。

如果你刚开始拍视频，那么"手机＋蓝牙耳机＋自然光"这个配置就可以了。

---

① 打光方法和设备会在后文详细介绍。

5个拍摄前要注意的事项——每个博主都踩过的坑

有一次,我去街头采访,花了一下午的时间,和20多人互动后,才发现素材竟然一点声音也没有!

现在想来,都很心痛!!!

在我后来的拍摄中,类似这样的情况还发生过几次。不仅是我,很多有资深经验的自媒体博主也避免不了这样的"低级错误"。重拍,耽误时间不说,最开始拍摄的精气神也大打折扣。

直到把坑踩了个遍后,我才梳理出来这份拍摄前的调试清单。

有了调试清单后,我再也没有出现过拍摄问题。

一、确定设备电量足够

在拍摄前,一定要确保手机、相机、麦克风等任何和拍摄相关的设备有足够的电量。如果你的设备电池续航能力一般,需要再准备一块充满电的备用电池。

二、确定设备收音正常

先随便录一段视频,回看,检查是否有声音,以及声音是否清晰无杂音。如果你用了外接麦克风,一定要确认麦克风正常开机了,并且没有设置成静音模式。

如果你的外接麦克风需要别在领口上,则需要注意衣服材质是稍微硬挺而不是软塌塌的,否则人物做动作时,可能会使麦克风歪斜,导致收音异常。某年夏天拍摄时,我夹在T恤上的麦克风就歪掉了,收音口贴在了脖子上,最后声音全糊掉了。

三、确定横屏竖屏

拍摄前,需要确定内容要以横屏还是竖屏展示,以此来确定拍摄设备的摆放方式。横屏视频宽度大于高度,展现的场景更广。竖屏视频高度大于宽度,占据的手机屏幕更大,更吸引人的注意力。大多数内容都可以利用横屏和竖屏两种形式来拍摄。

四、确认对焦正常

如果你用专业相机拍摄，在拍摄前需要确认设备对焦正常，也就是说，相机的焦点是对在你自己身上的，而非身边的某个物品上。否则，就会出现视频中物品清晰而人物模糊的情况。

五、布光

对视频拍摄来说，光线非常重要。

好的光线不仅能让视频中的人物、物品、场景看起来更舒服，提升观众的观看体验，也影响着品牌与博主合作的意愿——好的光线，能让产品的质感更好。

其实，找好光线没有那么难。

你只需要注意两点：光源的选择和光线方向。

1. 如何选择光源？

优先选择自然光，这是最简单易得的光源。

找到一扇窗户，选择太阳出来后3小时左右，或者太阳落山前3小时左右，比如说夏天早上8点左右，下午4点左右，这时候光线较为柔和，打在脸上也比较自然。

当然，你也无须过分在意精确时间。当白天光线较强时，你可以和窗户保持一定距离，或者是通过遮挡物，比如有透光度的窗帘削弱一部分光线。

如果不具备这样的光线条件呢？总会遇到坏天气，或者不得不在晚上拍摄，这时候应该怎么补光呢？

我们还有补光灯！

比较常用的补光灯有下面几种[1]。

---

[1] 目前这些补光灯没有统一名称，本书称呼不代表专业称呼。不同品牌的产品，外观也会有差别，本书图片仅做示例。

常用补光灯

第一种是现在比较常用的补光灯,有落地款和桌面款两种。相比此前流行的环形补光灯,它并非中空的,补光效果更均匀、更自然,博主的眼睛中也不会出现反射形成的环形光圈。

第二种补光灯非常小巧,能直接塞进包里,很容易夹在手机或固定在相机上。如果在室外,遇到光线不好的情况,用它来应急补光非常方便。

第三种补光灯占地面积很大,收纳、移动都不方便,但补光效果很强,能照亮更大的区域,适合有高质感要求的专业拍摄,日常拍摄时不经常用到。

2.光线方向

光线方向是指光线相对于拍摄主体的位置。其中,顺光和侧光使用频率较高。

顺光:光源位于被摄主体的正前方。顺光拍摄能减少阴影,强调细节。比如,你面对着一个补光灯拍摄,就是顺光拍摄。顺光拍摄能清晰地展示人物的五官,突出人物主体,但会削弱五官的立体感。

侧光:光源位于被摄主体的侧面。这时候人物脸部会产生阴影和高光,让被摄主体更有立体感。根据光源和被摄主体正前方的夹角角度,侧光也有不同的种类。当夹角在45°时,为前侧光,这时候人物脸部清晰,同时又有一定的立体感。当光源和被摄主体正前方接近90°夹角时,为正侧光,这时候人物脸部会出现明显的明暗变化,一半是亮的,另一半是暗的，观感不够自然，一般不常使用。

至于顶光、逆光等角度，除非为了达到特定效果，或者灵感突发时录制来不及寻找合适的光源，否则很少用到，日常拍摄中也要注意规避这几种角度。

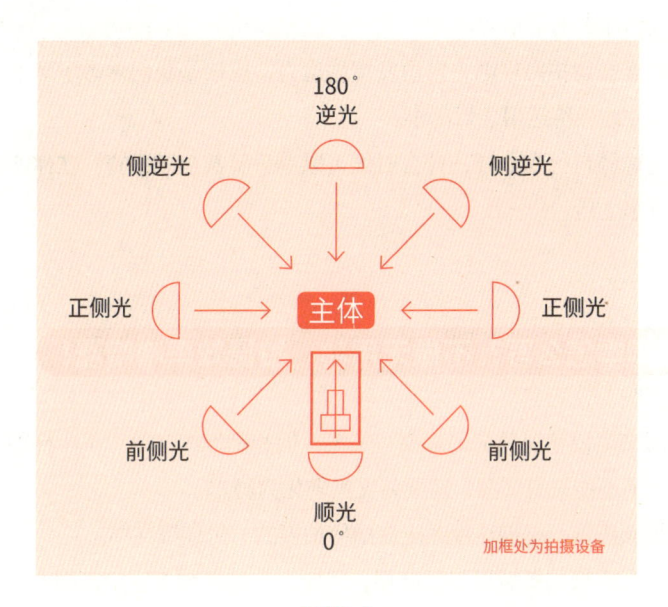

光线方向

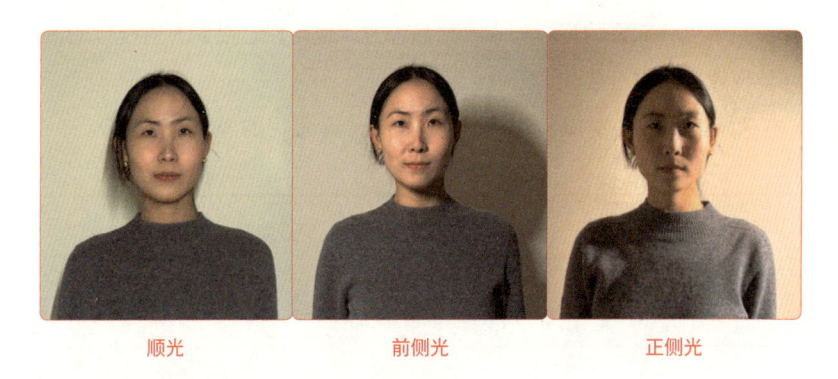

顺光　　　前侧光　　　正侧光

拍摄前检查这5点，能帮你少走很多弯路。

到这里，你也许会说：

"我也刷到过一些视频，拍摄不清晰，甚至抖动得非常厉害，但数据同样很好呀！"

之前我已经反复提到过，一篇笔记的数据是由多个模块决定的，仔细分析那些"拍摄一般但数据很好"的视频，你会发现这些笔记除了拍摄，在其他模块都至少有一个很长的长板。如何拍摄，如何用光，是一个视频创作者的基本功。

摒弃一切拍摄规则，自由发挥创造力，应该是我们熟悉了基本的创作规则并能熟练运用之后的事。

就像骑自行车一样，什么时候可以单手骑甚至撒手骑？在你能熟练骑自行车之后。

拍摄脚本怎么写？不做无用功，拍摄效率噌噌涨！

图文笔记和视频笔记都要写文案，但和制作图文笔记不一样的是，拍视频前不能只有文案，还要将文案转化为脚本。

视频脚本，是描述视频应该如何拍摄的一份详细文档。

因为视频拍摄后返工很麻烦，因此，在拍摄前拟定拍摄脚本，可以让拍摄过程更加有序、清楚，减少补拍镜头这种麻烦事。如果是与品牌合作，事先将拟好的视频脚本发给品牌方，也可以让品牌方对视频的最终呈现效果心中有数。

听起来很专业，其实很简单。下面是一个常用的视频脚本模板。

时长	景别	口播/字幕内容	画面内容	花字

视频脚本模板

这些都代表什么意思呢？以我曾经给某护肤品品牌写过的一篇视频脚本为例。

时长	景别	口播/字幕内容	画面内容	花字
2秒	中景	你们应该从来没看过这种年度复盘	口播	无
2秒	特写	因为我翻出了2015年的日记	展示日记	日记上标注"2015年"
8秒	中景	我想让你们看到的不仅是我今年得到了什么。我想让你们看到，当时间维度拉长到10年，你的生活会出现什么样的奇观	口播	无
6秒	中景	2015年我买了一堆廉价但不合体的衣服，用几块钱的儿童霜，冬天皮肤被风吹得干裂	2015年的穿搭、护肤品和冬天脸部的照片	无

视频脚本示例

口播/字幕内容，是指该画面对应的文案内容，大多以口播、配音或者字幕的形式展示出来。

画面内容，是指视频中会呈现什么样的画面或场景。当博主对着镜头讲话时，画面内容即为口播。如果视频涉及人物动作、多场景拍摄，或者剪辑时会插入素材等，画面内容则是对人物动作、场景和素材的具体描述。对某些较为严谨的拍摄，比如专业广告片的拍摄，还会要求附带真实的场景图片、人物动作示意图等。

时长，是指该段内容的持续时间，可以帮助我们控制视频的节奏。一般情况下，时长可以用字符数×0.15/秒来粗略预估。

景别，是指拍摄镜头中能看到的画面范围大小，分为远景、全景、中景、近景、特写等，能看到的画面范围依次缩小。

花字，是指在后期剪辑时会在画面中加上的文字，用来补充或强调信息。

当然，并非每一条视频都要这么一板一眼地准备拍摄脚本。如果是与品牌合作的笔记，这样详细的脚本是必须的，可以让品牌对如何引入、介绍、展现产品心中有数。但在日常创作中，很多步骤都可以根据实际情况灵活删减。

视频的6个展现方式——不要只知道坐着口播了

你在刷视频的时候，一定会有一些疑问：

为什么两个视频内容相似，数据却一个天上一个地下？

为什么有些视频文案很普通，却能拿到上万个赞？

这和视频的展现方式有非常大的关系。

小红书视频有哪些展现方式？分别有什么优缺点呢？答案就在下面。

一、传统口播1.0版

面对镜头口播，像新闻播音员一样，就是正襟危坐式，不妨叫它传统口播1.0版本。

1.0版本是很多人刚开始拍视频时最常采用的形式。

它最大的好处就是快。你不需要构思额外的动作、场景，打开手机相机就能开拍。但缺点也同样明显，就是很容易让观众感到无聊，从而影响完播率——很少有人会觉得听新闻有意思。而且，单纯的口播缺少

传统口播1.0版

广告位，也会影响品牌的投放意愿。

当然，有这些小毛病也是能破局的。最简单的方式就是通过剪辑，制造一些视觉上的变化。加入适量特效，插入丰富的视频素材等，都能让画面更丰富、有趣。

顺便提一句，1.0版本在某些场景下是不可替代的，比如偏专业类内容。这种形式本身就自带一定的专业和严肃感，观众不会因为人物频繁的动作而分心，是较为缜密的知识类内容最常用的拍摄方式。对很多性格偏内向、安静的学者来说，这可真是个好消息！

二、升级口播2.0版

有一定经验的博主，会对1.0版本做升级，就叫它升级口播2.0版本吧。

在2.0版本中，博主会摒弃严肃的录制风格，让状态更自然，更接近朋友之间聊天的感觉。

比如，有些人不再固定设备录制，而是手持设备录制，如边走路边拍，这样拍摄出来的镜头会有一些抖动的效果，弱化固定镜头带来的严肃感，给观众的感觉更自然。

比如，有人会从拍摄姿态上做文章。之前是坐着，现在则是歪在沙发上，甚至是躺在床上；或者加入一些动作，如边吃饭边拍，边做家务边拍，等等。拍摄视角也不再是平视，而是仰视、俯视、倾斜等角度应有尽有。这样的拍摄形式，极大还原了日常感，削弱了说教感。

有人会在场景上下功夫。不是在家里拍太单调吗？那就去户外拍：去大自然里拍，蹲在路边拍，随便找个角落拍……也能弱化严肃感，让观感更放松。

有人会加入道具，利用和视频内容相关的道具来辅助口播，能让观众感觉更有趣。

还有人会改变语气。之前口播字正腔圆，生怕说错一个字，现在则会加入一些感情——神秘、激情、开心、愤怒等，让观众感受到你的态度和能量，让感情的触手伸出屏幕抓住观众，使观众无法离开。

边走路边拍（仰拍视角） 　　　户外拍 　　　　　　边吃饭边拍

这种拍摄形式，给人一种日常感和生活感，在营销内容日渐增多的网络中，无疑会降低我们的防备，吸引我们把视频看下去。

但作为一个从业4年的博主，还是希望大家不要被这种随性的风格给"迷惑"了。没错，确实有一小部分爆款视频是即兴拍摄的，但更多的爆款视频，都经过了精心的策划，比如提前撰写文案，设计场景、人物动作和服装等，并不是真的"随手拍"。

同样的内容，升级口播2.0版比传统口播1.0版往往更容易拿到好的数据，这也是正常的，毕竟2.0版的博主花的心思比1.0版的博主多得多，而且2.0版的视频对博主的视频表现力也有更高的要求。

还是那句话，做难事必有所得。

三、采访式

人天生喜欢凑热闹，看到两个人聊天，就是会比听一个人说话有意思。网络上也有很多采访类的视频。

这种形式的好处是，它对人物的表现力要求不高，毕竟，在真实的对谈中，人的语气、动作都会更自然，没有念稿感；它对脚本的要求看起来也更简单，你不需要写逐字稿，只需要准备一个采访提纲给采访对象即可。

看起来很完美,对吧?

但同样有需要注意的点。

首先,选题依然是重中之重。一个不吸引人的选题,不会因为多个人拍摄就变得吸引人,只会将视频从"一个人的自嗨"变成"n个人的群嗨"。

其次,是采访对象的选择。采访对象要么有趣,有吸引人的故事可以分享;要么有料,能给大家干货。

比如,我曾经和博主@雪妮爱串门拍摄的爱情类采访,以及和男友拍摄的成长对比类采访,都选择了吸引人的选题和有趣的采访对象;和从事法律工作的爸爸拍摄的如何应对裁员的采访,则是从提供干货的角度,给职场打工人一些实打实的建议。

采访式

最后,就是采访问题的设计,以及与采访对象的沟通。即便是一个有趣、有料的人,也必须有好的问题,才能让大家感受到他的魅力。设计好问题后,还需要与采访对象沟通,聊聊对方的回答思路,以及需要注意的点等。

四、vlog式

之前提到过，vlog是video blog的缩写，意思是视频博客，它并非赛道，而是视频的一种呈现形式。在本书中，我们将vlog统一定义为通过一系列素材（视频、图片、音频等）组合而成的一个视频，用以表达某个主题。

在这种视频中，只有少数甚至完全没有博主个人的口播镜头，对有镜头恐惧的姐妹极其友好。比较常见的vlog有两种。

一种是以故事为主的vlog，记录某个事件或者故事。

比如，某个职业的一天、生活挑战，或者遇到的一件有意思的事，等等。博主@澳洲买买君就经常通过这种形式，记录澳洲的美食和有趣故事。这类vlog主要通过视频画面传递信息，需要镜头有一定的衔接和连贯性，需要拍摄的素材量较大。

博主@澳洲买买君的vlog笔记《梦想还是要有的，万一实现了呢？》记录了胡子哥在悉尼卖冰激凌的有趣故事，视频素材非常多

第二种是以文案为主的vlog。

比如，很多职场、知识、观点分享类的选题，如果博主不想口播，就会对文案进行配音，并将日常拍摄的素材组合起来，作为视频内容。

视频内容和文案的关系较弱甚至完全无关。因为这类vlog主要是通过文案传递信息，因此对视频本身的要求并不高，很多职场博主会通过随手拍的方式搜集镜头，比如我的学员@圈圈有灵感、@大乐Daleee、@糖小小开挂了等，都通过这种形式做出了爆款。

以文案为主的vlog

如果你喜欢vlog这种视频形式，可以分析一下自己的优势，选择适合自己的类型。

五、剧情式

剧情式表现形式具体分成两种。

相对简单的剧情式内容，是一人分饰多角，或两三人组合，通过表演的形式来呈现内容，对个人创作者友好。比如博主@蛋饺姐姐就使用过双人表演的形式，我也在多篇笔记中插入过一人分饰多角的表演片段。因为风格轻松，娱乐性强，这种形式更容易获得好的数据。但这种形式也更耗时耗力，对博主本人的表现力有一定要求。

另外一种，一般是3人以上的团队合作拍摄，涉及的人更多，制作

229

也更加复杂。比如@papi酱、@派小轩的内容，都需要团队提前确定选题、分镜脚本，反复讨论后才能拍摄。但好的小剧场内容，几乎都能在各大平台成为爆款。

两人拍摄的剧情类内容

单人剧情类内容1

单人剧情类内容2

六、解说式

不管是哪个内容平台，解说类都是很受欢迎的视频形式。它会解读一些电影、电视剧、游戏、名人、历史事件，或者是当下流行的网络信息等。这类视频很适合娱乐消遣，因此颇受用户欢迎。但变现情况与具体解说类目强相关。

以上就是小红书的几种主流的视频展现方式。很多博主都不会拘泥于某一种，而是会根据选题选择合适的展现方式。

练习

根据个人喜好和优势,选择2—3种视频展现方式拍摄视频。

6个技巧，提升视频表现力——从磕磕巴巴到嘻嘻哈哈

再外向的人，第一次面对镜头的时候都是张皇失措的。

你：死嘴快说啊！

嘴：说不出来啊！！！

很多人问我：我有镜头恐惧，怎么拍视频？

镜头恐惧不是病，它只是一个阶段，是你在还不习惯面对镜头时，不得不经历的一个阶段。

我更愿意将其称为"镜头恐惧期"。

我最开始拍视频的时候，经常被评论提醒"手势有点多""眼神太往上了""你是不是看提词器了"等等。

拍视频1年后，这样的声音越来越少，到现在已经没有了。

当你练习得越来越多，自然就会越来越熟练。

无他，唯手熟耳。

现在回看，还是有一些技巧能加快这个过程，让你更快地度过"镜头恐惧期"。

边走路边拍

偶尔走路的时候，你可以把手机相机的前置摄像头打开，对着镜头讲话。讲话的内容可以是你见到的东西，今天遇到的事情等。

这个方法有个好处，你不需要任何准备就能开始，随时随地都能练习；更重要的是，训练多了，你就不再怯场了。在你录制的时候，身边会有人经过，会有人打量你，你会因此感到尴尬甚至想停止录制。但是，不要停，没有人真正注意你，甚至用不了几小时，这件事就会被他们彻底忘记。我们是自己世界的中心，但在路人的世界中，连配角都算不上，有什么好在乎的呢？

这样练习一段时间，你很快就会对镜头及别人的眼光"脱敏"，在众人面前演讲也会不那么紧张了。

睡前"写"日记

如果你本身话就很少,不知道面对镜头讲什么,怎么办?

没关系,你可以尝试睡前和自己唠嗑,换句话说,就是用嘴巴"写"日记。

每天睡前,打开手机,对着镜头讲一讲你今天做了什么,以及有什么感受。不需要灵感,不需要构思,你不可能忘记今天发生了什么事。在自己熟悉的环境中,你会感觉更安全,这时候,不妨加入一些表情、动作,以提升自己的表现力。

回听

这是非常关键的一环。如果你已经使用了前两个方法一段时间,这时候,可以开始回听练习:

选择若干条平日录制的片段,完整地将它们听一遍。

听完后,你一定会发现一些问题。

我为什么说了这么多语气词?

我为什么一直说"然后""这样"?

为什么这个简单的事情被我表达得这么啰唆?

等等。

把高频出现的问题总结出来,在接下来的练习中,有针对性地去克服。

倘若你用了过多的语气词,那下次拍视频的时候,你就要提醒自己尽量克制。倘若你的表达有点啰唆,就可以学习一下结构化表达,下次表达前先在脑子里规划一个结构……

这样练习久了,你的表达会越来越流畅,越来越自然。

其实,提升表达能力的好处,不仅仅是让你在镜头面前更有感染力,在日常生活中也非常有用。你我身边肯定会有一些人,听他们讲话总是很费劲,简单的事半天都描述不清楚。人在职场,免不了当众演说,清晰的表达能突显你的专业度,甚至能帮你在晋升答辩中脱颖而出。

所以，即便你打算先做图文博主，也非常建议你做一做本节练习。

将文案修改得更口语化

很多人没意识到，视频状态不自然，和文案有很大的关系。

我最近刚好在读一本小说《明亮的夜晚》，读到这么一段话：

祖母摇下车窗，让柔和的春风吹到脸上。风吹起她的短发，河边盛开着成片的鲜花，收音机里传出歌手周炫美的歌曲，夜晚的空气中能闻到淡淡的花香。微风轻拂，一个美好的春夜。祖母也一起哼唱着。

这本小说很棒。这段话很美。

但如果这段话出现在一段视频中呢？

现在，你可以读一读这段话。

你有什么感觉？

你会不会觉得，太像朗诵了？

没错，没有任何视频文案会这么写。

那这段话，如果拍成视频，会怎么拍呢？

也许只有2个场景。

场景1：（车内镜头，3—4秒）镜头从车内摇到祖母的侧影上。背景音乐是歌曲。

场景2：（车外镜头，4—5秒）祖母摇下车窗，头发随风飘动。祖母哼唱歌曲。

图文的文案和视频的文案，风格非常不一样。

为什么呢？

人在阅读时，文字是唯一的视觉刺激，人脑在阅读时有更多时间去处理信息、想象场景，你也可以随时停下来思考，返回查看某些内容。你掌握着阅读的主动权。

因此，写图文文案时，你可以（注意是可以而非必须）花一定篇幅铺陈场景，可以用长句，可以用复杂词汇。

但是，人在看视频时，画面和声音的变化，不断刺激着大脑，大脑没时间处理复杂信息。而且，人是被动的，你很难随时回看，只能跟着视频的节奏走。如果视频文案过长，或者过于复杂，观众就会难以理解，分散注意力。

因此，在视频中要多用简单句、短句，让观众更容易理解，不容易感到有压力。

和图文文案相比，视频文案则更接近我们和朋友交流的风格。

写好视频文案后，一定要多读一读，将书面语改成结构更简单、更符合口语习惯的句子，也可以加入情感词或者语气词，以及一些互动性话术，等等。

除此之外，视频文案的节奏也非常重要。尽量不要机关枪式地输出信息，要让大家有时间停一停、缓一缓、乐一乐。能用画面说明的部分不再用文案重复解释（就像前面提到的《明亮的夜晚》的案例）。

调整拍摄前的状态

之前，我经常自以为高亢地在镜头面前噼里啪啦讲了一大堆，结果回头一看：

状态怎么这么平啊？

后来，我才发现：

镜头不仅吃妆，还会"吃"状态！

如果你和我一样，本身属于喜欢安静的人，那在视频中往往会显得欠缺活力。我非常推荐你在拍摄前做一些小练习，进入一个比较亢奋的状态中。

比如，在拍摄前放声大笑；做一些夸张的伸展动作；往高处蹦一蹦（希望你的楼下没有人）；听一些很"燃"的歌，比如我会听新裤子乐队的部分歌曲；等等。很快，你的状态就会活跃起来。

当然，这只是帮你进入拍摄状态，让你在镜头中显得更有活力一些，并不是要将一个安静的人变成一个容易激动的人。其实，不管是充满激情、幽默，还是理性、安静，都是很好的拍摄风格，没有好坏之分。

选择适合自己的。

提词器

开始拍摄了！这时，一定不要幻想把文案背下来！

有个好东西，叫提词器。

如果你用手机拍摄，打开提词器的悬浮提词功能，就可以边读稿边拍摄。

如果你用相机拍摄，打开提词器的提词板功能，然后把相机和手机按下图摆放，就可以边拍摄边提词了[①]。

手机提词器模式　　　　相机+手机提词器模式

有人不建议拍摄用提词器，认为这样拍摄不自然。

但我的建议恰恰相反。

想坚持做一件事，最重要的是降低这件事的难度。

试想一下，倘若每次拍视频前你都要背稿，那拍摄对你来说将成为压力极大的事。在这样的压力下，人会抗拒、会拖延、会放弃，从而很难坚持。尽管刚开始使用提词器拍摄时可能会表现不自然，但这种不自

[①] 不同的提词器 App 的界面和功能名称有所不同，但这两项基础功能都是存在的。

然并非和提词器有关,而是因为你不习惯在镜头面前表达(就算你把文案背下来也会不自然)。

用提词器拍一段时间,当你习惯镜头后,就可以给自己设置一个目标,比如每次录制都让自己不看提词器,脱稿录制一小段。慢慢地,你的表现会越来越自然,甚至有时候,整段视频即兴发挥,对你来说也不是难事了。

先学会爬,才能学走,学会走了,才能跑起来。还在爬的时候,就想跑起来,只能跌得遍体鳞伤,甚至以后连走都不敢走了。

在拍摄时,也不要力求每句话都读得顺畅不磕巴,偶尔加个语气词,磕巴一下,思考一小会儿,眼神瞟到其他地方,反而给人的感觉更自然。很多新人在拍摄时力求"不犯错",最后反而很像新闻播报员。

一条脚本最好多录几遍。你录制第一遍的时候,情绪还没有完全调动起来,状态也许会有些生硬,但是到了第三遍,一定会顺口很多,状态也更沉浸。所以,不妨多录几遍,选择后面录制的视频。

不要害怕,更无须迷茫。前方是确定的。你的第10条视频和第1条视频的状态一定不一样。你的第100条视频和第10条视频的表现力一定有天壤之别。所以,把"镜头恐惧"换个说法,叫作"镜头恐惧期"吧。

它是暂时的,你早晚都会度过它。

练习

通过边走路边拍摄和睡前"写"日记的方式,练习2周,至少练习10次,并将视频保存下来。

之后回听,总结出表达中存在的问题。

然后继续练习2周,注意规避之前的问题,练习结束后,再次回听,对比最后一条视频和第一条视频的差别。

视频怎么剪？加点小心机，提高视频完播率！

视频拍摄完，就该剪辑了。

本书看到这里，你大概能意识到：

剪辑是视频创作中最简单的一环。

这个最不重要的部分，却被很多人误以为是最重要的部分。

1条3分钟的视频，10分钟就能粗剪完成，但最后能让它拿到上万个赞的，并非剪辑手法，而是文案，是展现形式，是吸引人的封面和标题。

这些都是比剪辑更重要的事。

当然，在基本面稳固的前提下，好的剪辑手法，能吸引用户将内容看下去，提升完播率，有利于视频被进一步分发，拿到更好的数据。

接下来，就讲讲视频如何剪辑，有什么好的剪辑技巧。剪映集成了海量剪辑功能，非常方便，所以它成了大多数博主都在用的剪辑工具。因此，接下来介绍的剪辑技巧，都围绕剪映展开[1]。本节用到的是电脑版剪映，与手机版剪映的功能相同，排版略有不同。

调整语速

人在自然状态下的语速相对较慢，因此，在剪辑时，我都会稍微加快语速，将语速调至1.1—1.2倍。如果你本身语速就很快了，不使用倍速功能也完全没问题。

---

[1] 随着剪映的更新，有些功能的名称可能会发生变化，可以根据本书描述找到对应的功能。再次强调，本书不是一本百科全书，剪辑方法并非小红书创作的重点，图书采用图文形式也难以对剪映用法进行精准描述，因此本书不会将大量篇幅用以介绍图文难以描述的非重点知识。小红书上已经有非常多剪映教学视频，带着本节介绍的剪辑技巧，搜索3—5个教学视频，看完就能入门了。不要在剪辑学习上花太多时间。

智能剪口播

这个功能，能快速剪掉我们拍摄时发生的一些失误。比如一句话重复很多遍、说错话，或者是录制时外卖小哥突然敲门，你去开门停顿了一阵子，等等。

选中视频片段，点击"智能剪口播"，剪映很快就会识别出停顿、重复内容等，选中这些内容删掉即可，非常方便。

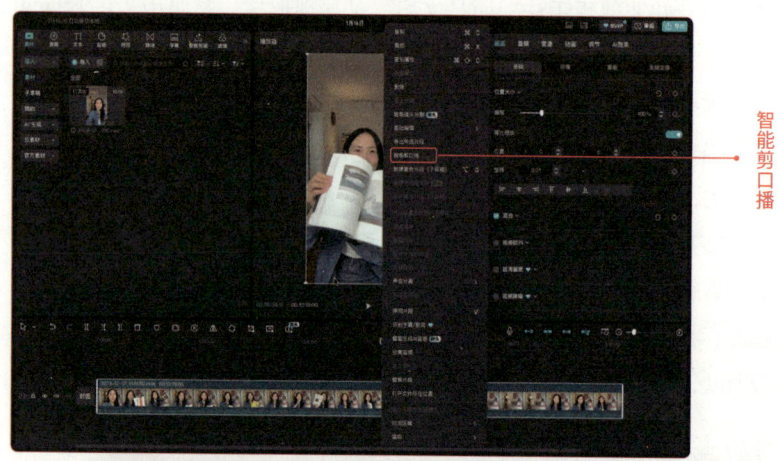

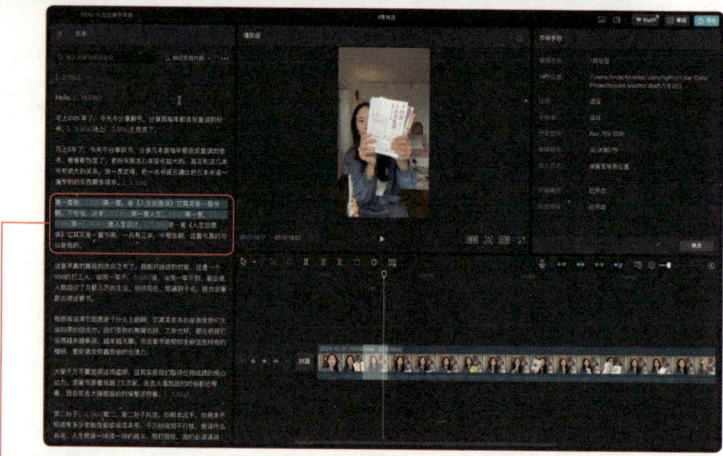

智能剪口播

智能剪口播

录制时重复的部分，有了这个功能便能很方便地剪辑掉

识别字幕

通过智能剪口播功能，删掉失误的片段后，再利用剪映的识别字幕功能，就能一键把字幕识别出来。当然，识别之后还需要我们人工校对一下，某些同音字或者环境噪声都会影响字幕的识别准确度。如果你对默认字体不满意，也可以替换为更加美观的字体。想要在字幕上标注重点，直接选中相应文字，调节格式即可。

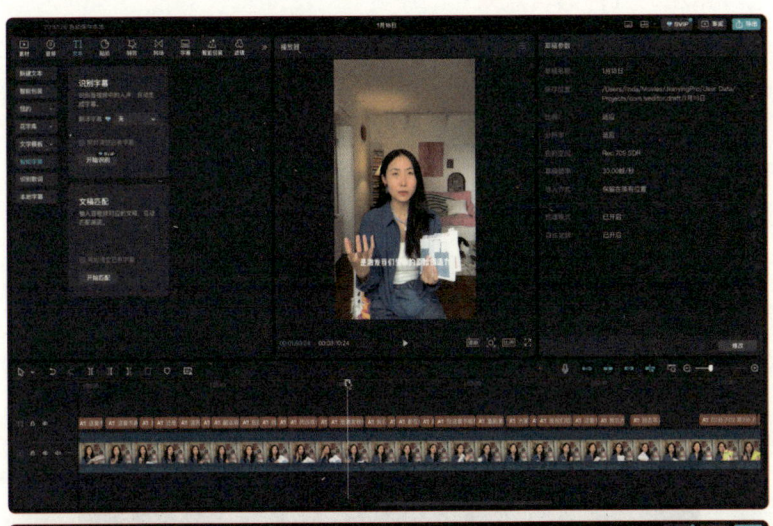

识别字幕

到这里，视频就粗剪完成了。

是不是很简单？

很多人认为需要专门学习的剪辑，其实10分钟就能搞定。

倘若你想让视频更吸引人，可以继续对其进行包装，加入一些视频效果，让最终的视频更有节奏感，提升完播率。

常用的几种剪辑效果

有一些很简单但非常好用的剪辑效果。

放大：把镜头放大一定的倍数，起到强调的作用。倘若你认为某句话非常重要，或者是非常离谱，就可以把这个视频片段放大，让读者感受到这种情绪。

缩小：将视频画面缩小，起到引用的作用。比如你在视频中引用了别人的一句话，就可以通过把这个视频片段缩小，和正常的视频部分区别开来，观众就会更清楚这是一个引用。缩小同样可以起到强调的作用。

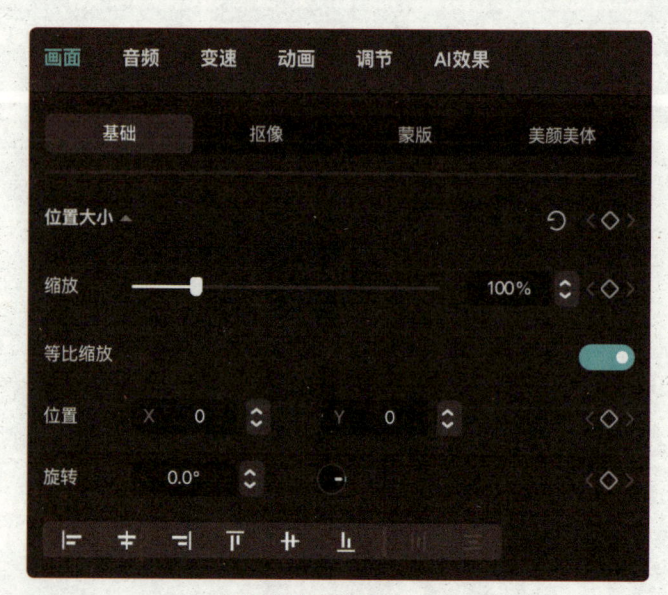

缩放功能即可实现放大缩小

变音：把人物的音色变成另一种人物的。当你在视频中复述一句别人说过的话时，就可以使用变音效果。

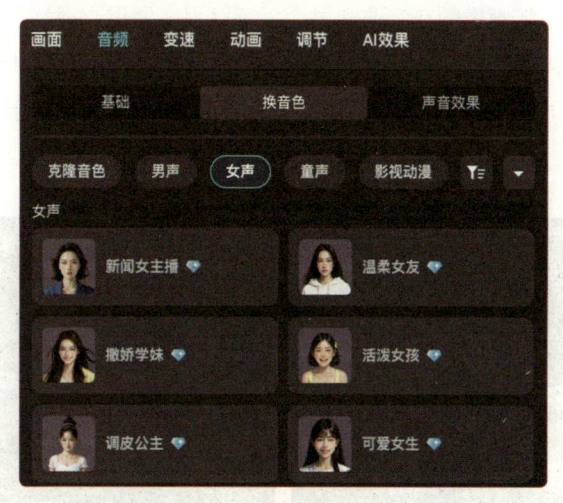

剪映有多种音色可供选择

B-roll[1]：在主要镜头（也称为A-roll）之外加入图片、视频等补充性画面，帮助观众更好地理解情境，起到增强故事性、娱乐性，提升

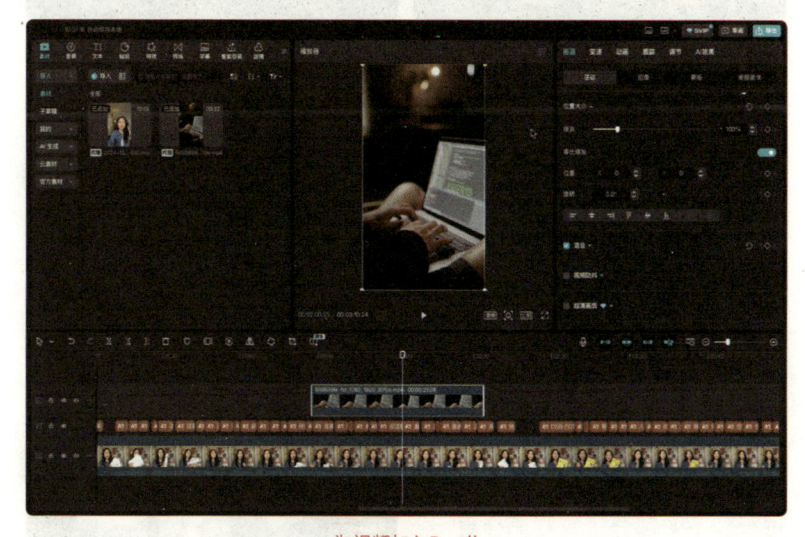

为视频加入B-roll

[1] 这是影视剪辑用语，指与主要镜头无关的额外素材，与后面的A-roll相对应。——编者

信息密度等效果。比如,在讲到"熬夜加班"的场景时,就可以插入一段晚上用电脑工作的B-roll。

花字:视频中的花字非常灵活,可以用来做重点提炼,对人物状态、视频内容进行补充解释,或者直接用花字来展示干货代替口播,等等。同时需要注意,视频内容才是重点,不应让花字过于花哨,本末倒置。

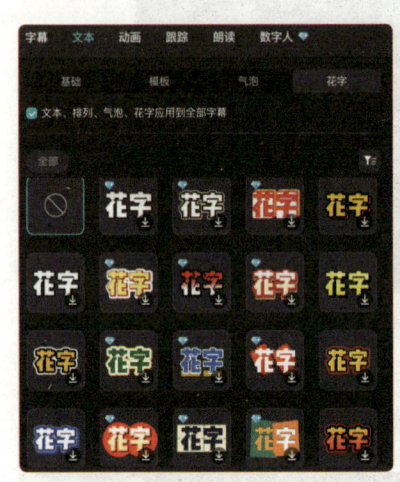

花字库

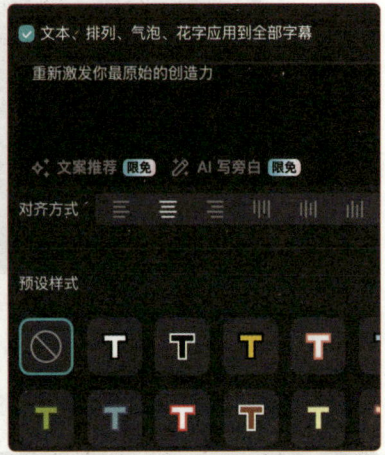

文本编辑处也有简单的花字效果

转场:如果你的视频分成几部分,可以在两部分之间加入转场,这就像是文章中"分段"的功能,让观众知道视频进行到下一部分了,视频会更有逻辑。

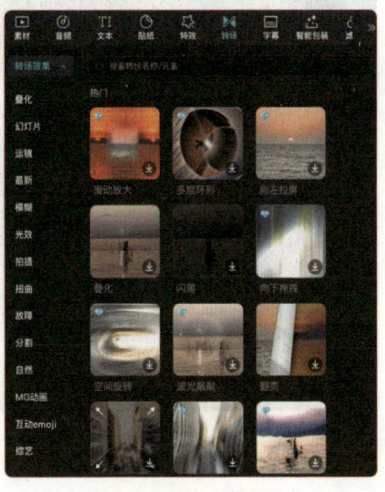

剪映中有各种转场效果

背景音乐：合适的背景音乐能增加氛围感、增强娱乐效果，让视频更有节奏等。但音乐审美的养成很难一蹴而就，你可以建一个歌单，平时多积累一些不同风格的背景音乐。

　　音效：剪映有非常强大的音效库，比如笑声、打字声、转场声等等。口播中加入音效，能增强口播的趣味性，增强节奏感。但音效的使用也需要节制，否则会一直打断观众的注意力，让人厌烦。

音乐库　　　　　　　　音效库

　　除了以上这些，你在刷视频时，也可以多留心，遇到自己喜欢的剪辑效果就记录下来，模仿着剪一剪，想想如何用到自己的视频中。

　　但必须记住的是，视频效果绝不是越多越好、越复杂越好。剪辑是为内容服务的。视频包装的核心目的，是更好地展示内容，而不是炫技。一定要根据创作主题，选择适当的效果。倘若你分享的是一个相对严肃的观点，或者是知识类内容，就不宜用过多效果，也切忌花哨。不要为了加特效而加特效，这样视频只会变成一个"怪物"，让观众厌倦甚至反感，适得其反。

精力有限的时候，将更多精力放在内容上，而不是剪辑上。

后期美颜

镜头很严苛，而且拍摄时的光线条件也会影响我们的面部状态。如果你对镜头中的面部状态不够满意，可以利用剪映的美颜功能对视频中的人物面部进行后期处理。顺便提一下，美颜相机App拍摄的视频清晰度较差，影响观感，不建议在拍摄时使用各种美颜相机App。

不过，千万不要追求夸张的美颜效果。比如，过分瘦脸或小头，会导致视频中景物的线条发生扭曲；磨皮太重，会导致人物有种假人感。过度美颜，并不会让观众认为我们美，反而会影响到观众的观看体验。不完美的真实好过完美的虚假。

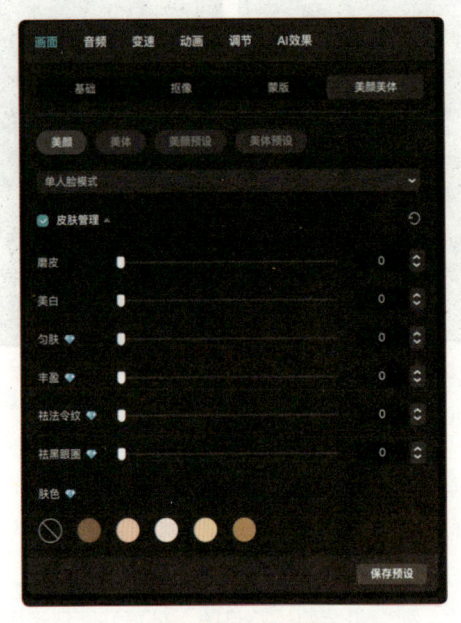

剪映的部分美颜功能

另外，美颜功能容易占用电脑内存，如果在剪辑开始时就加入美颜效果，很容易加重电脑处理器负担，导致电脑发热，剪映卡顿，甚至闪退等。我一般会在视频已经剪辑、包装好之后再加入美颜效果，然后直接导出成片发布即可。

要不要找剪辑师？

很多人认为剪辑很麻烦，能不能找剪辑师帮自己剪辑？

如果你刚开始拍视频，连20条视频都没亲自剪辑过，还没有拍出过几条爆款视频，最好不要把剪辑交给别人。

这主要基于以下两个原因。

第一，剪辑是锦上添花，不是雪中送炭。雷军在《小米创业思考》中表达过这样的观点：我们追求的极致，能否成为产品/服务的核心竞争力？如果不能，那么这样的追求，就是炫技，是"自嗨"，是华而不实的噱头，只会招致失败。

你刚开始做小红书不久，很可能文案都没写好，甚至啰啰唆唆写一大堆，这时候就算给你最优秀的剪辑，也不能拯救这篇笔记。什么时候可以找人剪辑？当剪辑真的成了账号"卡点"的时候。

第二，你必须亲自实践，才能摸索出适合你的剪辑风格。毕竟，并不是找到剪辑师，把视频发给对方，对方就会像变魔术一样剪出你满意的内容。你想要强调哪部分？用什么方式强调？某个场景你想要如何展示？你想要的整体剪辑风格是什么样的？……这些问题都要反复和剪辑师沟通。而沟通的基础在于：你知道什么样的视频风格是适合你的。

剪辑本身就是视频创作者必备的技能，躲也躲不掉。

不管为绕过去多努力，最终都会绕回来。

练习

在上一节练习中,选择你最喜欢的一段练习视频,导入剪映,剪掉空白和重复啰唆的地方,添加字幕,并加入3—4个剪辑效果,得到一个视频成片。

第八章

如何复盘？
偶然出爆款靠运气，
持续出爆款靠复盘

说来奇怪，很多人都问我是否需要日更，但问我如何复盘的人却少之又少。

不复盘，只更新，不过是把错误重复千千万万遍，这种低效的勤奋除了感动自己，是不可能让数据有半点提升的。

一旦有了复盘思维，你会发现，数据惨淡的笔记并不令人沮丧，反而令人兴奋。数据不好，是选题不好，文案啰唆，还是标题、封面太简单？以上这些问题，是你创作时一直存在的短板吗？如果是，你是不是需要集中精力去攻克它？如果不是，你该如何避免下次犯同样的错误？

每一次复盘，都是对你创作过程和思维方式的反思。复盘能直接让你看到自己的不足和优势，并及时调整内容策略，不会一而再再而三地跌入同一条河流。保持下去，创作能力一定会有大幅提升。

如何复盘才能持续写出爆款？

小红书自带了非常好用的数据分析工具，可以直接用来做笔记复盘。[①]

点开一篇笔记的右上角三个点，找到下方出现的"数据分析"按

[①] 截至发稿，小红书复盘数据最多统计至笔记发布后 14 天，也就是复盘数据是笔记发布后 2 周内的数据。在绝大多数情况下，笔记数据经过 2 周已经稳定。

钮，就能看到笔记分析，包含笔记诊断、笔记基础数据、观众趋势、观众来源分析及观众画像这5个模块，每个模板都有非常详细的数据。[1]

对这些指标进行分析，很容易发现笔记的问题，从而有针对性地提升。

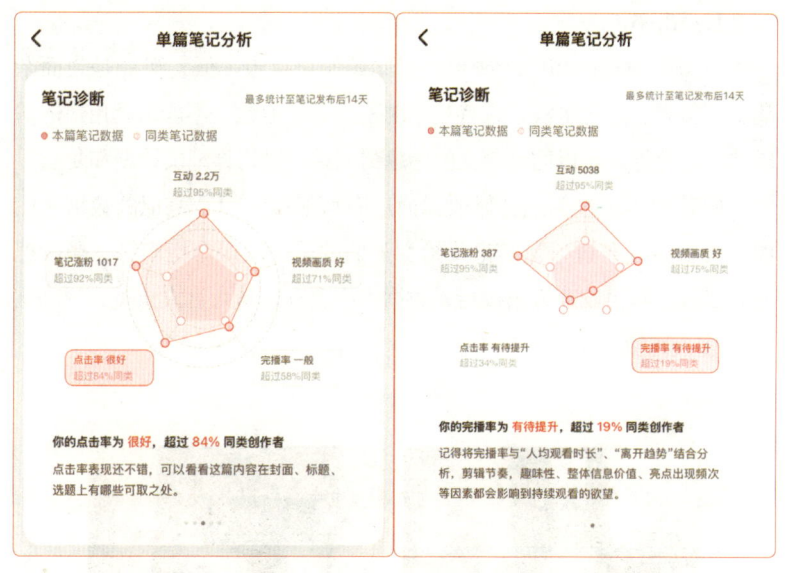

笔记1的笔记诊断　　　　　　　　笔记2的笔记诊断

笔记诊断

笔记诊断是数据分析中最有参考价值的模块。通过这个模块，能看到笔记的点击率、涨粉数、互动数、画质、完播率5个指标，以及与同类笔记的对比。倘若某一项指标明显偏低，比如笔记2的点击率和完播率均落在"同类笔记数据"五边形之内，就需要进一步分析原因。

但有时无须过度复盘。比如，虽然笔记1的笔记诊断显示"完播率一般"，但考虑到该笔记观看人数很多（接近23万），完播率一定会被

---

[1] 考虑到图文笔记的数据分析指标更简单，且视频的数据分析指标完全囊括了图文的数据分析指标，因此本节选择视频笔记作为分析案例。

稀释，因此这个指标是正常的，无须复盘。

当然，每项指标都高于同类也是非常理想的情况。比如笔记2，互动数超过5000，已经属于爆款笔记，但也会出现某项指标不佳的情况。

复盘思路

1.点击率

点击率由封面和标题决定。因此，如果点击率低，可能是封面杂乱、不美观、过于平淡，或者是标题不具备利他性，不能引起用户的情感共鸣，等等。可以回到前文的标题封面篇，进行详细的诊断和复盘。

倘若内容是过关的，修改封面后有可能极大提升笔记的数据。比如，我曾经发布过一篇笔记《给女孩们的第一次保命指南》，当我把封面修改成和男友双人出镜后，数据直线上升，从几百人点赞，飙升至8000多人点赞。

原封面　　　　　　　　　　修改后的封面

2.人均观看时长和完播率

人均观看时长是点开这篇笔记的用户平均观看时长。

完播率是看完全部视频的人数除以点开这篇视频笔记的人数。

这两个指标和内容直接相关。[1]

一般来讲，偏娱乐类、剧情类的笔记，因为更有趣味性，完播率更高，而干货类、观点类的笔记，完播率相比之下，则会低一些。所以，不要盲目和不同赛道的内容比较完播率。

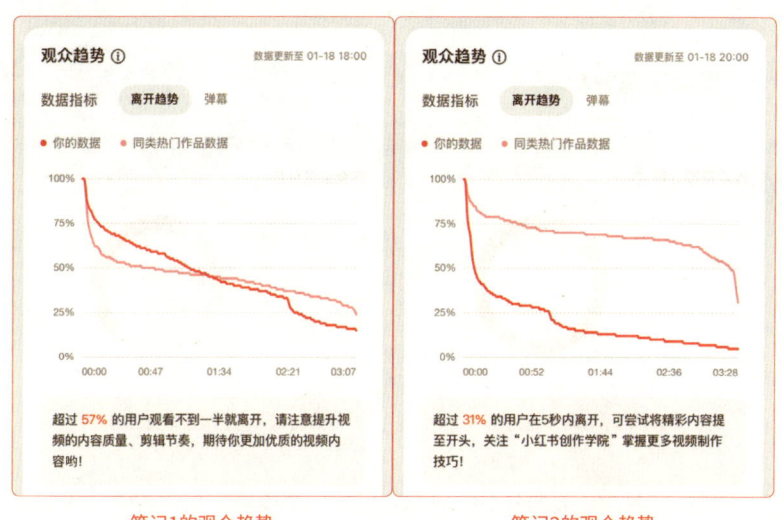

笔记1的观众趋势　　　　　　　　笔记2的观众趋势

数据分析中，有一个模块是"观众趋势"，描述了观众在视频不同节点的存留情况。比如，笔记1前半部分的观众留存率很高，但中间开始插入品牌广告，因此一部分观众选择离开；笔记2的趋势线则一直匍匐在"同类热门作品数据"的趋势线下方，且31%的用户在5秒内离开，考虑到笔记2的点击率很好，说明选题吸引人，但内容有硬伤，就要重点从文案上找原因。

除了提升文案，也可以通过一些技巧提高完播率，比如，将吸引人的部分前置，删去脚本中信息量较低的部分，增加信息量，剪辑时在原视频中加入图片、视频，或者利用一些剪辑技巧更形象地展示相对枯燥

---

[1] 在互联网公司的具体实践中，这两个指标实际都会经过一些阈值过滤等操作，且具体计算方法也可能时有更新。为清晰起见，本书采用最简化的描述。

的内容，提升语速等。

3.涨粉数

发布的笔记能使粉丝增长多少，就是涨粉数。

为什么笔记不涨粉？这部分内容，已经在文案一章详细分析过了。这里不再赘述。

观众来源分析

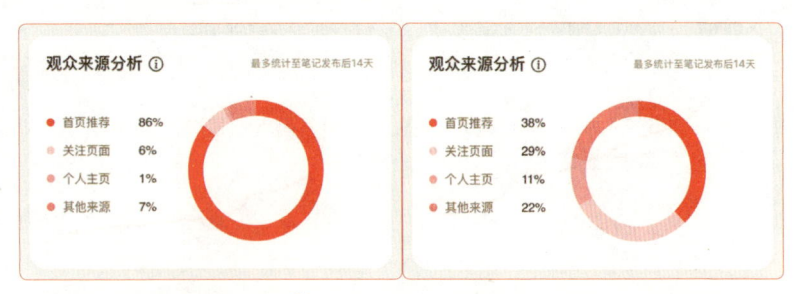

观众来源分析 ①	最多统计至笔记发布后14天	观众来源分析 ①	最多统计至笔记发布后14天
● 首页推荐 86%		● 首页推荐 38%	
● 关注页面 6%		● 关注页面 29%	
● 个人主页 1%		● 个人主页 11%	
● 其他来源 7%		● 其他来源 22%	

爆款笔记的观众来源[①]   数据较一般的笔记的观众来源

观众来源，是数据分析中很有意思的一个模块。在实践中，我发现很多学员都格外关注"首页推荐"。一旦首页推荐比例变低，便战战兢兢，觉得自己被"限流"了。

其实完全没必要这样想。

从推荐算法的角度讲，首页推荐是一个结果，不是原因。 不是因为你的笔记没有被首页推荐，所以数据差，而是因为你的点击率低，或者是点进去之后人们的停留时间过短，因此被算法判定为笔记不够优质，不够吸引人，才会自动降低笔记的曝光率，不再持续推荐——毕竟流量有限，算法要追求效用最大化，就必须传播更受欢迎的内容，筛选掉没那么受欢迎的内容。

提高首页推荐的办法很简单，只有一个：做好内容。

---

① 注意本图中的具体数字仅代表这篇笔记的观众数据，只是为了说明爆款笔记的观众来源以"首页推荐"为主，不同笔记观众来源的详细占比不同。右图同理。

复盘文档

你可以制作一份复盘表格，记录已发布的笔记，并进行复盘。在这份表格中，你能直观地看到你在不同阶段的数据变化。

笔记点赞量	笔记标题	类型	复盘记录

笔记复盘表

表格中的"复盘记录"一栏，可以分两方面去写，一方面写本期笔记中做得好的地方，另一方面写需要改进的地方。对发现的问题，在下一篇笔记中，必须有意识地优化或改正，这样才能走出"低效勤奋"的泥潭。

当然，对新人来说，一开始的笔记数据大概率会令人沮丧，毕竟你初来乍到，这很正常。这时候，切忌死盯着某一篇笔记长篇大论地复盘（欠缺实践时，对很多事物认知不足，过度复盘很可能走入死胡同）。你可以每周发布几篇笔记，然后对一两周内发布的笔记集中时间进行复盘，也许更容易发现问题。

当然，有时候，你的思维就是会被卡住，愣是看不出来笔记的问题到底在哪里。这时，你可以把笔记发给3—4个会讲真话的朋友，让他们告诉你如果刷到你这篇笔记，他们是否会点击，会点击的原因是什么。如果不点击，不点击的原因又是什么，点击后是否会点赞、收藏，相应的原因又是什么。

他人视角，往往更犀利、客观。

是否需要投"薯条"?

"薯条"是什么?

"薯条"可以理解为小红书的内容加热工具。[①]

用户为某篇笔记购买"薯条",选择一个推广目标(比如提升笔记点赞收藏量、阅读播放量、粉丝关注量、主页浏览量等),并确定期望推广的人群画像后,小红书算法就会按要求对笔记进行推广,努力达到推广目标。[②]

如果你笔记的初始数据还不错,想冲一冲,可以投些"薯条"试试看。但如果你的笔记发布了好几天,点赞数都没过百,那么想让笔记数据变得更漂亮,你就要花非常非常多钱,这并不划算。

同时,并非所有的内容都可以用"薯条"加热,比如药品类笔记就受到非常严格的限制。具体可以参见"薯条"投放页面的《薯条内容加热规范》。

如何发布一篇笔记?

万事俱备,只剩发布了。

一、上传图片或视频

点击小红书主页下方的红色加号,上传图片或视频。上传后的图片和视频,还可以通过小红书内置工具进行简单调整,比如加滤镜、花字等。

二、写标题和文案

将写好的标题和文案复制到页面中。

[①] 点击笔记右上方的3个点,在下方就能找到"薯条推广"。
[②] "薯条"推广页面上明确表示:"薯条"能否达到预估的推广效果和内容质量相关。

三、添加话题

点击"#话题",可以自行输入和本篇笔记相关的关键字,之后系统会跳出一些热度比较高的话题,可以选择部分添加。

小红书发布界面

四、其他常用功能

对探店、旅行类笔记,可以标记地点,给用户指路。

倘若是带货笔记,可以在下方"添加商品/门店推广"处关联相关的产品[1]。

倘若该笔记是与品牌合作的笔记,品牌方会在内容发布前通过蒲公

---

[1] 关联商品和品牌合作属于商业化内容,相关细节会在小红书变现部分分享。

257

英平台下单。在笔记发布前，你需要点击高级选项，选择内容合作，关联该品牌订单。

五、发布

你可以选择直接发布，或者定时发布。

发布时间不会决定笔记数据。

虽然发布时间可能会影响笔记初期的曝光量，但小红书的算法更多是基于笔记的内容质量、互动情况、与用户的兴趣匹配度，以及算法对内容的一系列复杂评估等非常多的因素进行推送。我的学员和我在很多时间段都发布过爆款笔记，包括早上8点前和深夜12点后。不要畏首畏尾，大胆发布吧。

如何规划内容发布频率？

要不要日更，一周更几次，这是令很多人头疼的问题。

在我刚开始做小红书时，以图文为主，那时的更新频率是每周3—4次，一般不会超过4更。

这个频率也是我和工作节奏磨合后确定的。那时我工作很忙，于是我会利用工作日早晚的时间，产出2篇内容，加上周末的1—2篇，就能实现每周3—4次更新。[1]

但是，当我开始做视频后，事情完全不一样了。

视频的制作周期更长。和图文相比，视频写完文案后还要经过拍摄和剪辑，占用的时间更长。最开始我对视频还不够熟悉的时候，做一篇视频笔记花费的时间甚至是做一篇图文笔记的3—4倍。即便那时我已经成为一个自由职业者，但如果想一周更新3篇高质量的视频笔记，我就

---

[1] 实际上非常忙碌。我经常告诉学员：想做好小红书，一定要做好将全部业余时间投入进去的准备。

没有做其他任何事情的时间了。

我从靠下班时间周更3—4次，变成了全职周更2—3次，到最近写书期间，我经常半个月都没有更新……

更新的频率，是非常灵活的。

如果你刚开始做小红书，在能力范围内尽量多更。多更新的目的，是尽快熟悉内容的制作流程，并通过数据反馈确定自己的优势赛道，之后，你就可以稍微降低更新频率，提升更新质量，打磨出更优质的内容，这样才有机会做出能涨粉的优质爆款笔记。

但这绝不是日更。**很多人日更并非出于勤奋，而是出于焦虑。**不更新，就觉得流量要下降，就觉得要错过一个个热点，必须通过更新来缓解焦虑。

人一旦焦虑，动作就会变形。你会忘记，更新是手段，而不是目的；你会忘记，获取流量的核心是创造对用户有用的内容，而不是重复机械劳动。你会在一次次看似勤奋的更新中，忽视最本质的东西：你的知识储备和内容制作技巧。

你发布的笔记越来越多，可数据却始终在个位数徘徊。你怪罪是账号的问题，是小红书限流，却从不花哪怕10分钟，去仔细看看你发布的这么多篇笔记——它们没有任何进步。你害怕面对这些，因为你一旦发现自己如此勤奋却依然得不到好结果，你会崩溃的。

所以，你怪平台，怪限流，却从不敢怪自己。

勤奋解决不了任何问题。否则，能考上清华的一定是最能熬夜的同学，能成为拥有百万粉丝的博主一定是发布笔记数量最多的人了。

不经过思考、复盘的勤奋，从来都是自己感动自己。

当然，你也不要走入另一个极端，为了打磨好一篇笔记而迟迟不敢发布。**至善者，善之敌。完美主义并不值得称颂，事物在试错中前行。**

你的思考越多，实践越多，爆款才会越做越多。

别怕什么失败。失败不是结果，只是一种中间状态。

经我测试，如果你有工作，图文笔记一周更新4篇已经极其疲惫了，而对一个有工作或有家庭、有孩子的人来说，视频笔记一周3更已经是强度非常大的工作了。

当然，实际的更新频率和你当下的工作、生活节奏有关。

不要有更新焦虑。

不要陷入爆款诅咒："魔鬼"有时披着爆款的外衣而来

在本书的创作部分即将完结之际，我想分享一件几乎算是在做小红书时最重要的事，即便是资深博主，也不一定能意识到，甚至会因此失足，那就是：

一味追求爆款，并不是一件好事。

爆款是有"诅咒"的。

"魔鬼"会披着爆款的外衣而来。

一、陷入爆款"诅咒"的"Alice们"

我有一个学员Alice，想在小红书上分享英语学习方法。她曾经写过一篇爆款笔记，但没有涨粉。她想不明白为什么，于是向我求助。

看完那篇笔记，我立刻就明白了问题所在。

Alice的那篇爆款笔记分享的是国内某部热播剧的台词，文案也都是围绕此剧展开的。

我问她："你把自己想象成用户。看到这篇笔记，你会怎么做？"

"如果我对这部剧感兴趣的话我会点开看。"

"看完之后呢？"

"就结束了。"

一味地分享台词、电影、书籍，而缺少自己的观点、经历、思考，说实话，想这么做出爆款非常简单。但是，这对大多数个人IP类账号并没有助益，颇有饮鸩止渴的意味。

毕竟，Alice的目标是做一个英语类账号。如果因为分享台词能爆而一味地去分享台词，为了追求爆款而创作，一定会离自己的初心越来越远。最后自己的账号不仅做成了一个工具号，对自己的事业、收入也没有任何帮助。

现实中,"Alice们"比我们看到的多得多。

尤其是刚做小红书不久的朋友,很容易被爆款带偏。

比如,不断重复创作曾经写过的爆款选题,却发现数据一次比一次差,白白浪费了时间。①

再比如,做影视解说类、台词分享类等,看起来爆得更轻松,但对打造个人IP并没有帮助,变现也会陷入困境。

这就是爆款"诅咒"。其实,**看起来最容易走的路,往往是最难的路**。而一开始走起来艰难的路,反而会让你越走越轻松。

当然,这并非指你不能去分享台词、书单,而是要结合前文分享过的文案技巧,让内容更有温度。如果你写出某篇爆款,也可以继续沿用该选题继续创作几篇笔记,但内容上,一定要有新东西,否则,不仅数据会越来越差,不断炒冷饭也一定会影响用户对你内容质量的信任程度。

二、决定不做什么,比决定做什么更重要

在我做AI算法工程师的职业生涯中,有一件令我印象深刻的事。

AI算法工程师的工作,顾名思义,主要负责优化AI算法,并观察点击率、人均停留时长等业务指标。一个优秀的算法优化,应该能带来业务指标的增长,比如点击率上升,或者是人均停留时长变长等。②

某一天,平台的点击率和用户人均停留时长出现了显著提升,算法工程师们却慌了,开始紧急排查问题。

经过排查,他们发现由于技术故障,某些擦边内容被优先展示了。擦边内容往往很容易吸引人点击,并且让人停留,因此导致了点击率和

---

① 很多新人会认为这是"限流",其实根本不是,而是因为你的内容质量随着重复创作而下降,在这个话题上,你没有太多可以分享的了。从用户的视角看,第一次看到这个内容觉得新奇,但是第二次、第三次以及更多次看到,只会觉得无聊,甚至厌烦。
② 对不同的业务,算法工程师们的优化目标也不尽相同。这里仅做简单举例。

人均停留时长的增长。但是，这种增长，是损害平台生态的，倘若只是看到表面的数据增长而心花怒放，忽视了增长背后的问题，长此以往，这个平台将口碑滑坡，甚至退出市场。

雷军在《小米创业思考》中提过一个案例。小米公司曾经研发了一款高性价比的洗衣机。虽然这款产品给公司带来了不少收入，但最后雷军还是叫停了相关业务。因为这款产品和公司的战略——围绕智能手机，构建智能生活——没有任何关联。他说：

"容易实现的增长未必是高质量的增长，可能是资源的不合理消耗；成交金额增加未必是公司体质增强了，也可能是虚胖。"

决定不做什么，比决定做什么更重要。

特别是在你有了一些创作经验后，你会发现做爆款并不难，比如引战、发表一些极端言论、煽动对立情绪，甚至是抄袭别人辛辛苦苦创作的内容，都能让你用几十分之一甚至上百分之一的精力获得更好的数据。

如果你的目标只是做出爆款，你一定会走入这些歧路。没错，你会获得看似增长的数据，但这带给你的，只是消耗健康的虚胖，而不是能力与账号影响力的增长。

等你回过神来，也许已经无药可救，病入膏肓。

那些辛苦写了但不爆的笔记，对创作者来说，是极其重要的学习。

我很喜欢李诞的一段话：

"如果你一出发就去练怎么'炸场'，你也不太可能变成一个'炸场'演员，你的上限太低了，你的上限就是一天又一天迎来送往的观众，你会慢慢发现，'炸场'其实挺容易的，你会收获一天又一天无意义的成功。……如果追求'炸场'，追求名利，你会一无所获，或者更惨，你会变成一个庸人，甚至一个坏人。"

练好自己，"炸场"是自然而然的事。

我们要追求的，是练自己，而不是"炸场"。

三、破圈必死？

有人说：破圈必死。

我想说的是：不破圈必死，破圈才能活。

我一直在破圈。

做了2年图文后，我开始拍视频。几年前，刚开始拍视频时，我不知道怎么写一个吸引人的视频脚本，对着镜头也很容易磕巴，视频的点赞量是图文的1/10。但我决定绝不能再做回图文——更大的挑战，才能带来更宽广的成长空间。

数月的低谷期过后，我开始频频做出爆款视频。

在内容上，我也不会局限于某一个赛道。我做过的内容，包括大学、职场、爱情、采访、读书等。每开辟一个新的赛道，就开辟了一个新的可能。

博主@徐精灵Jennie在向我咨询的时候也提到了这一点。她发现，自己每成功破圈一次，粉丝量都会迎来一次新的增长。这几乎是所有大博主的成长路径。

但很多人太怕了。加入新赛道后，一旦发现数据不好，就马上退回舒适区。有些人还会用"限流"这个并不存在的借口来回避笔记真实存在的问题。

当然，你可以选择留在舒适区，享受着不会失败的快乐。但是，你的舒适区一定会慢慢缩窄，到最后，你会失去仅有的容身之所。这时，你再想动弹，已经没有了勇气和力气。你最终被舒适圈"杀"掉了。

在保证基本面的前提下，不断尝试，不断投资。也许10个都失败了，但只要有1个成功，你就多了一条活下去的路。

怕什么失败？谁没失败过？

雷军说得好："咱得静悄悄地干，输了呢，就当没干过。"

总有一次会成功的。

输了呢，咱就当没干过。

第九章

用 AI 做小红书：从灵感、文案到变现

2022年，ChatGPT一经发布便轰动全球。

3年后，DeepSeek横空出世，上线仅1个月，下载量就突破1亿次。

看似"高大上"的人工智能技术，不再是令人眼花缭乱的模型、代码，而是"飞入寻常百姓家"，化身每个人都能拥有的随身智能助手，用它强大的知识库，不知疲倦地回答我们几乎所有的问题。

在创作中，AI[①]也早已成了我的左膀右臂。

同时，小红书上也涌现了非常多的AI类爆款笔记和账号，不少账号还有了品牌合作的机会。

很多人觉得AI很难，需要系统学习。

事实并非如此。

AI只是一个工具，是可以帮我们拓展思路、解答问题的工具。

但怎么问，这就是个门道了。

毕竟，只有提出好问题，才能得到好答案。

---

① AI，artificial intelligence（人工智能），在本章中主要指AI工具。目前市面上有非常多的AI工具，本章以ChatGPT为主进行操作。换成其他AI工具，比如DeepSeek，方法同样适用。

如何将AI调教成比你还聪明的小红书助理？

如何用AI做小红书，这是一个太宽泛的问题，注定得不到好答案。但如果把这个问题分解为：

如何让AI提供适合我的赛道方向？

如何让AI就某个话题给我提供创作灵感？

如何让AI修改我的文案，让它更吸引人？

如何让AI给出吸引人的封面和标题？

如何让AI帮助我复盘一篇笔记的数据？

你就会发现：

答案，昭然若揭。

AI精准定位赛道：它比你更懂你！

我应该做什么？

赛道问题一直是很多人纠结的问题。

没关系，AI能给你意想不到的思路。

在第二章中，你也许已经撰写过2份资料：七维定位表和四象限图。将这2份资料分别发给ChatGPT，然后加上一句话：

我是一个小红书博主。附件中是我的背景资料。你可以结合这些资料，分析出3—4个适合我的，并且在小红书上受欢迎的/好变现的赛道吗？同时，指出我做这些赛道的优势与不足，以及针对不足，我应该如何弥补。

很快，ChatGPT就能给你一份详细的回答。

我将一份4年前的自我分析资料发给了ChatGPT。ChatGPT给我的赛道建议，和我后来做的非常相似。

当然，你也可以再进一步，让它给你这些赛道下的一些热门选题：

针对适合我的赛道，给我10—20个这个赛道下的热门选题。

它会迅速给你对应赛道下的热门选题。但需要注意的是，部分选题可能具有时效性，也有一部分选题不够准确。选题上，不能过分依赖AI，把它当作拓展思路的工具即可。

练习

选择任意AI工具,将你的七维定位表和四象限图发给它,按照上面的话术,让它给出3—4个适合你的赛道,并且对比你自己找到的赛道和AI给你的赛道之间有无差别。

AI创作文案6步法：专治没灵感和写不出！

写文案是件头疼的事。不仅对小白来说如此，对大博主来说也是如此。因此，当AI工具普及后，很多人最关注的话题就是：

"怎么让AI帮我写文案？"

对这个问题，我有一个坏消息和一个好消息。

坏消息是，如果你只想通过一个简单的指令，就让AI帮你写出爆款文案，几乎是不可能的。否则，现在的爆款笔记，应该大部分都出自AI——毕竟它1分钟不到就能写出一篇文案，而且还可以24小时无休止地工作，可比博主们一篇脚本苦哈哈地写上几小时甚至几天高效多了。

但好消息是，如果你把AI当成一个聪明的助手，一步步引导它，它就能给你提供非常好的点子，最终和你一起，完成一篇非常出色的文案。

下面，我以"沉迷短视频对人的影响"为例，分享利用AI创作文案的6步法。[1]

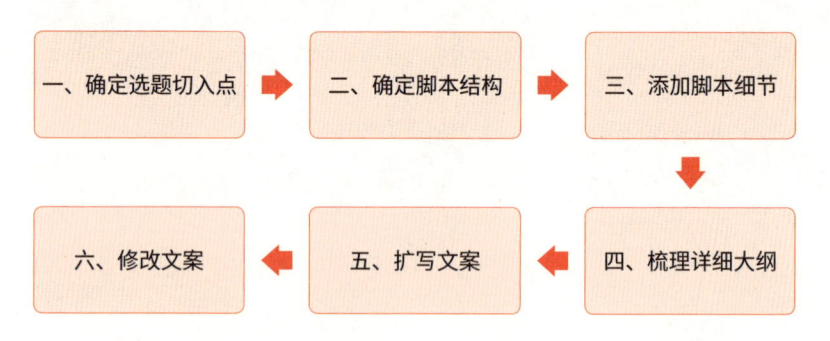

一、确定选题切入点 → 二、确定脚本结构 → 三、添加脚本细节

↓

六、修改文案 ← 五、扩写文案 ← 四、梳理详细大纲

一、确定选题切入点

我是一个小红书博主，想写一篇以"沉迷短视频对人的影响"为主题的小红书视频笔记，有哪些好的切入点？给我10个。

这一步，能将一个模糊的主题转化为小红书用户关注的话题。

---

[1] AI的回答是千人千面的。本章的AI回复仅代表我得到的回答。如果你对AI的回答不满意，也可以多次发问、追问，直到得到让你满意的回答。

> 我是一个小红书博主，想写一篇以"沉迷短视频对人的影响"为主题的小红书视频笔记，有哪些好的切入点?给我10个。

写"沉迷短视频对人的影响"这个主题，你可以从多个角度切入，让内容更有吸引力。以下是10个不同的切入点：

1.时间流失感：刷5分钟短视频，结果2个小时没了？——探讨短视频如何消耗时间，让人不知不觉错过真正重要的事。

2.注意力被劫持：为什么你越来越难专注？——分析短视频如何影响人的专注力，导致工作、学习、阅读效率下降。

3.短期快感与长期空虚：为什么刷短视频越快乐，生活越无聊？——对比短视频的即时满足感与现实生活中的目标缺失，揭示"快乐债务"现象。

4.记忆力下降：你是不是越来越记不住东西了？——讨论短视频如何影响大脑的深度思考和长时记忆。

5.碎片化信息焦虑：看了1000条短视频，还是不知道怎么做选择。——讲述短视频的信息流如何让人习惯接受浅层信息，难以深入思考。

6.短视频如何塑造你的价值观：你喜欢的，不一定是你选择的。——分析短视频算法如何影响人的兴趣、审美、消费观甚至人生选择。

7.真实社交能力退化：现实中越来越不会聊天了。——探讨沉迷短视频是否减少了人与人的真实社交机会，让人更难深入交流。

8.睡眠质量下降：短视频是让你熬夜的真正原因。——讲解刷视频导致的多巴胺成瘾如何影响作息，让人长期睡眠不足。

9.你被短视频偷走了多少可能性：本来想健身，结果刷了一晚上短视频。——讲述短视频如何占据时间，阻碍个人成长与自我实现。

10.短视频戒断实验：一个月不刷短视频，我的生活发生了什么变化？——以实验形式记录戒断短视频的真实体验，观察专注力、情绪、时间利用的变化。

这些切入点可以使你的笔记更有吸引力，并让受众产生共鸣。你更喜欢哪个方向？

AI给出的选题切入点

二、确定脚本结构

我很喜欢最后一个切入点"短视频戒断实验"，基于这个切入点，给我3个比较吸引人的脚本结构。[①]

这一步可以激发创作灵感。有了它，你就能知道这个选题到底该如何展开。你也可以多提问几次，直到得到满意的结构。

> 我很喜欢最后一个切入点"短视频戒断实验"，基于这个切入点，给我3个比较吸引人的脚本结构。

[①] AI智能体都具有一定的记忆功能，因此同一个主题的对话可以在一个对话框内进行，不必每次重复发送个人身份、背景等。

基于"短视频戒断实验"这个切入点,我给你3个不同的脚本结构,每个都有不同的叙事方式和情绪调动方式,方便你选择最适合的风格。

脚本结构 3[①]:戏剧化叙事 →代入感强

适合风格:故事型、情绪波动大

1.开头(设定戏剧化场景,引发情绪)
- 画面:**半夜1点,手机屏幕的光打在脸上,主角刷短视频刷到眼睛发红。**
- 旁白:"我本来只想看5分钟,结果……2个小时过去了。"
"这次,我决定挑战30天不刷短视频。"

2.挣扎阶段(强化对比+夸张呈现)
- 第一天:"没短视频的晚上,我感觉……**太难受了!**"
- **无聊时的反应:** 疯狂翻手机,找不到什么能代替短视频的东西。
- **诱惑测试:**"朋友发给我一个短视频,我能忍住不点开吗?"

3.习惯重塑(故事转折)
- "一周过去了,我开始习惯这种状态。"
- **用别的方式填补时间:** 开始做饭、跑步,甚至手写日记。
- **突然意识到:**"原来,我之前真被短视频'困住'了。"

4.戒断后的收获(戏剧化呈现变化)
- 生活节奏改变:"现在的我,居然能早睡了!"
- 社交能力变好:"和朋友吃饭,竟然不会一直想着滑手机!"
- 情绪稳定:"以前总是焦虑,现在竟然更快乐了!"

5.结尾(情感共鸣+行动号召)
- "如果你也觉得短视频在'偷走'你的生活,不如试试看,哪怕只是一天。"
- "你敢挑战一天不刷短视频吗?"

AI给出的脚本结构

[①] 篇幅有限,此处只展示其中一个结构。

三、添加脚本细节

我很喜欢"脚本结构3",结合这个结构,给出5—10个用户可能感兴趣的/新颖的/能帮助到大家的点。

有了脚本结构后,就要进一步充实脚本,加入有独特性的观点,让内容言之有物。

> 我很喜欢"脚本结构3",结合这个结构,给出5—10个用户可能感兴趣的点。

既然你喜欢脚本结构3(戏剧化叙事),那么我们可以在这个结构里加入一些用户感兴趣的细节,让整个视频更有吸引力。以下是5—10个用户可能感兴趣的观点,可以插入脚本中,让视频更有共鸣感和讨论度。

1. "我每天到底刷了多少短视频?"
◆**用户痛点:** 很多人以为自己刷得不多,但实际上可能每天累计超过3小时。
◆**表现方式:**
· 画面:主角打开屏幕时间统计,震惊地发现一天刷了3小时46分钟。
· 旁白:"我以为自己只是偶尔刷一下,没想到一天加起来竟然有3个多小时?!"

2. "为什么一旦开始刷,就停不下来?"
◆**用户痛点:** 短视频的设计让人容易上瘾,停下来很难。
◆**表现方式:**
· 场景1:原本想刷5分钟,结果被连环推荐吸引,一直停不下来。
· 场景2:刷到好笑的视频,大脑分泌多巴胺,越看越想看更多。
· 旁白:"短视频像一个无底洞,每次都告诉自己'再刷一条',但永远停不下来……"

3."第一天不刷短视频,我的身体居然不适应?"

◆**用户痛点**:短视频成瘾后,不刷会焦虑、不安,甚至出现"戒断反应"。

◆**表现方式**:

·场景1:手习惯性想拿起手机,但又忍住了,表情痛苦。

·场景2:翻来覆去找事情做,但始终觉得少了点什么。

·旁白:"以前只觉得'刷短视频是个小习惯',但当你戒掉它,你才知道自己有多依赖它。"

4."不刷短视频后,我的时间变多了,但我竟然有点无聊?"

◆**用户痛点**:短视频填补了空闲时间,不刷之后不知道干什么。

◆**表现方式**:

·场景1:早晨醒来,下意识想拿手机,但又想起自己在挑战。

·场景2:坐在沙发上发呆,尝试打开一本书,但读不进去。

·旁白:"以前我总觉得'没时间',但当短视频消失后,我突然不知道该怎么打发时间了……"

5."不刷短视频后,我发现世界变得更清晰了。"

◆**用户痛点**:短视频让人习惯碎片化,导致现实中的专注力下降。

◆**表现方式**:

·场景1:外出散步时,突然发现以前从没注意过的街景。

·场景2:听朋友说话,发现自己能真正专注于对话,而不是心里想着"等会儿再刷点视频"。

·旁白:"短视频把我的注意力切割成碎片,而不刷之后,我才真正感受到'活在当下'。"

…………

AI给出的部分脚本细节

如果你对某个细节更感兴趣,也可以继续提问,让AI帮你进一步解释,或者提供更详细的数据支撑等。

四、梳理详细大纲

AI已经给了你具体的脚本结构和脚本细节,这时候,你可以进一步梳理它们,选择你认为不错的部分,将结构和观点融合,得到一份详细的大纲。

下面是我结合第2、3步的信息梳理出的详细大纲。可以看出,这份大纲已经非常详细了。

	场景画面	口播/字幕内容
开头	半夜1点,手机屏幕的光打在脸上,主角刷短视频刷到眼睛发红。	我本来只想看5分钟,结果……2个小时过去了。
	打开屏幕时间统计,震惊地发现一天刷了3小时46分钟。	这次,我决定挑战30天不刷短视频。
第一周:挣扎阶段	手习惯性想拿起手机,但又忍住了,表情痛苦。	没短视频的晚上,我感觉……太难受了!
	翻来覆去找事情做,但始终觉得少了点什么。	以前只觉得"刷短视频是个小习惯",但当你戒掉它,你才知道自己有多依赖它。
	朋友发给我一个短视频,我能忍住不点开吗?	
第二周:适应阶段	早晨醒来,下意识想拿手机,但又想起自己在挑战。	一周过去了,我开始习惯这种状态,只是有时候……
	坐在沙发上发呆,尝试打开一本书,但读不进去。	以前我总觉得"没时间",但当短视频消失后,我突然不知道该怎么打发时间了……
第三周:习惯重塑阶段	开始做饭、跑步,甚至手写日记。	慢慢地,我开始用别的方式填补时间。
	外出散步时,突然发现以前从没注意过的街景。	短视频把我的注意力切割成碎片,而不刷之后,我才真正感受到"活在当下"。
	听朋友说话,发现自己能真正专注于对话,而不是心里想着"等会儿再刷点视频"。	
	人物幡然醒悟……	突然意识到,原来,我之前真的被短视频"困住"了……

续表

	场景画面	口播/字幕内容
第四周：习惯重塑阶段	原本每天0点准备睡觉，结果一刷就刷到了凌晨2点。	现在的我，居然能早睡了！
	戒掉短视频后，晚上11点上床，睡得比以前更踏实。	
	之前看书10分钟就走神，现在能一次看1小时。	以前我以为是自己没毅力，但其实是短视频训练了我"无法专注"。
	工作时，以前每5分钟就想刷一次手机，现在能高效工作2小时。	
	聚餐时，以前大家都低头刷短视频，现在真正开始聊天。	以前的我，以为短视频带来了快乐，其实它让我远离了现实中的朋友。
	发现自己更愿意与朋友面对面交流，而不是通过短视频"获取社交快感"。	
结尾	回顾第1天到第30天的变化，比如人物状态的对比，从焦虑到平静，以及屏幕使用时间的变少。	30天前，我以为刷短视频只是个消遣，现在，我才明白，它影响了我的思维方式、情绪，甚至生活方式。它偷走的不仅仅是时间，它偷走了比时间更宝贵的东西。所以，试试看吧，哪怕一天不刷短视频，看看你会发现什么。
	在日记本上写下最后的感悟。	

我利用AI给的信息梳理出的详细大纲

当然，这一步你依然可以利用AI来完成。比如，你可以告诉它：

用你给的第3个脚本结构和刚刚给的10个用户可能感兴趣的点（不一定全用上，根据情况使用就好），帮我写出一份完善的视频大纲。

但我更喜欢自己动手。因为梳理大纲的过程，也是主动思考的过程，在这个过程中，我会得到新的点子和一些关于视频如何拍摄的启发。我使用AI的原则是：

让AI启发我，帮助我思考，但绝不能让它替代我思考。

五、扩写文案

根据这份大纲，扩写出最终的文案或脚本。回顾本小节最开始的部分，有了详细的大纲，这时候再写文案，是不是就轻松太多了？

当然，在这个过程中，你不必完全遵守这份大纲，你需要加入自己的判断：大纲的某部分是必要的吗？这个句子够直白吗？这个画面应该如何拍摄才能更有吸引力？有没有更好的开头？各个环节之间应该如何衔接才能更自然？等等。

当然，遇到任何问题，你都可以和AI讨论，得到你需要的答案。

六、修改文案

当你写出完整的文案后，可以将文案发给AI，让它给你进一步的修改建议。

这是我创作的一篇以"沉迷短视频对人的影响"为主题的视频文案。这篇文案有什么优点和不足之处？请给我具体的修改建议，让这篇文章可能获得更多的赞（也可以换成其他具体的目标）。

你可以根据AI的合理建议，继续修改若干次文案。

上面6个步骤，每个步骤你都可以进一步细化，比如：

我是一个小红书视频博主，想以某话题创作一篇小红书笔记，我希望这篇笔记吸引哪一类受众群体，我希望这篇笔记的风格是娓娓道来的/有感染力的/幽默的……给我一个符合要求的脚本结构。

又比如，在文案修改阶段，你也可以提出更有针对性的问题：
如何把这篇文案改得更口语化一点？
我希望开头能更吸引人，应该怎么修改？应该加什么画面？
文案有哪些部分可以删掉？
等等。

总的来说，想让AI给你切实可行的建议，提问时一定要包含以下3部分：

1. 给出身份。

2. 阐述背景。

3. 明确结果。

在向AI提问时,我同样遵循了这个原则:

我是一个小红书博主——给出身份。

我想写一篇以"沉迷短视频对人的影响"为主题的小红书视频笔记——阐述背景。

给我10个好的/有新颖度的/反常规的切入点——明确结果。

只依赖AI写文案,是不可能成为一个优秀的创作者的。

AI就像是做菜的食谱。你可以按食谱买到对应的食材,也可以在食谱的建议下炒出好吃的小菜。但归根结底,新鲜的菜还是得自己挑,烹饪的本事还是得自己练。

AI可以给你灵感,给你大纲,给你文案的改进方向,**但最终——承担判断和执行角色的,是你,而不是AI。没有任何人能帮你获得判断力和执行力。**

练习

选择选题库中的某一个选题,按照上述方式,在AI的辅助下写出一篇文案。

AI制作标题和封面：点击率飙升不是梦！

如何制作合适的标题和封面，一直是小红书创作者的痛点，甚至有时候，我在上面花费的时间不亚于写文案。

对这个难搞的问题，你同样能通过"给出身份＋阐述背景＋明确结果"的方式，来获取AI的帮助。比如：

【给出身份】我是一个小红书视频博主，【阐述背景】在写一篇主题为"教大家下班做小红书发展副业"的视频笔记，受众是职场人群。附件中是我的文案（如果你已经写完了文案。当然，如果你还没写文案，省略这一步也没关系）。【明确结果】请你结合小红书在该话题下的爆款笔记，完成两件事：

第一，给我10个爆款标题。

第二，给我5个封面设计思路，要求突出职场属性，且吸引眼球。

看看AI给了我什么！这些标题和封面思路，都相当有网感！部分标题结构不错，但是用词稍显生硬，你可以再润色一下。它给出的封面拍摄思路也非常清晰，能节省不少自己构思的时间。

好的，下面是针对你的视频笔记的一些建议：

10个吸引点击的标题
1. 下班后赚7位数？揭秘我的小红书副业成功秘诀！
2. 如何利用下班时间做小红书副业？职场人的赚钱攻略
3. 从零到百万：职场人士如何在下班后打造赚钱的小红书账号
4. 职场人做副业必看！下班后如何用小红书实现财富自由
5. 小红书副业收入暴涨秘籍：如何利用闲暇时间赚取额外收入
6. 教你如何用下班时间做小红书赚钱，普通人也能轻松上手！
7. 如何在繁忙的工作后做小红书副业？超实用赚钱方法大揭秘
8. 职场人必备：下班后做小红书副业的成功案例与经验分享
9. 用下班时间赚大钱：我的小红书副业之路与实操技巧
10. 职场人如何通过小红书赚取副业收入？详细步骤与实战经验分享

5个封面设计思路

1. 职场与小红书结合：

·设计一个分屏封面，一侧是忙碌的办公室场景，另一侧是小红书的界面。中间可以有箭头或过渡效果，显示从职场到副业的转变。

2. 成功与收入展示：

·使用图表或数字展示收益增长，比如一张带有"7位数收入"的大图，旁边有"副业成功"的标志性符号（如钱袋、上升的箭头）。

3. 对比效果图：

·设计一个对比图，左边是传统职场生活的忙碌状态，右边是轻松愉快的小红书副业操作。用文字强调"从职场到副业"的转换。

4. 职场与副业人物插图：

·使用插图或卡通风格的角色，左边是穿西装的职场人士，右边是用手机拍摄小红书内容的角色。封面上可以加上"下班后赚取额外收入"的字样。

5. 引人注目的文字：

·使用大字体的标题，比如"下班后如何赚7位数？"并用对比色突出显示。在封面的一侧可以放一些与小红书相关的图标或元素，以吸引职场人群的注意。

AI给出的标题和封面思路

现在，小红书中也出现了不少用AI制作的封面。但在实际创作中，如果内容和AI不相关，我还是建议你多去实拍图片。没有拍摄思路，就让AI给你思路。从品牌合作的角度讲，大多数品牌还是青睐真实的、有"人感"的笔记风格；从个人能力的角度看，拍摄也是博主的必备技能，无论如何都无法绕过。

AI复盘：笔记数据不好？这么改！

小红书创作最难的问题之一在于没有反馈：

哪里做得好，哪里做得不好，很容易摸不着头脑。

没关系，别忘了我们还有一个理性、中立、客观的老师——AI。

利用AI进行笔记复盘，也许它的一句话就能解决你的卡点。

参考结构如下：

我是一个小红书博主。下面是我发布的一篇视频/图文笔记。

笔记标题为×××，文案为×××，获得点赞数是××，收藏数是××。封面为附件中的图×。

附件中的图×为本篇笔记的数据分析细节（小红书笔记的数据分析截图）。

这篇笔记数据较好/不好，请帮我分析一下，这篇笔记有什么优点/需要改进的地方？

我曾经发布过一篇成长类笔记，数据一般。按照上述方法提问后，AI给的建议如下所示：

在AI的建议中，第3点"视频节奏和剪辑"和第4点"调动观众参

> 从你提供的信息和笔记内容来看，这篇笔记的观点很有深度，分享的内容也十分实用。不过，依然有改进空间。要提升视频的表现，可以从以下几个方面考虑改进：
>
> **1.标题和封面的吸引力**：虽然标题很有冲击力，但封面可能需要更具视觉吸引力或更清楚地表达视频的核心价值。尝试使用更明亮或对比色强烈的背景，确保文字清晰可见，同时可以加入一些符号或图形来增加视觉冲击力。
>
> **2.内容的切入点**：你分享了很多有用的学习技巧和生活建议，但

281

内容可能过于密集和深入，部分观众可能感到信息量过大。可以尝试将内容分成几个部分，制作系列视频，每个视频专注于一个主题，这样观众更容易消化和理解。

3. 视频节奏和剪辑：检查视频的剪辑和节奏，确保每个部分都紧凑有力，避免冗长的解释。可以加入一些动态元素，如图表、关键词弹出等，使视频更加生动和更具互动性。

4. 调动观众参与：在视频中加入问题或调查，鼓励观众在评论区分享自己的经验或观点，这样可以提高观众的参与度和视频的互动性。

5. 优化SEO（搜索引擎优化）和关键词：确保视频标题、描述和标签包含相关关键词，这样有助于视频在平台上被更多潜在观众发现。

这些调整可以帮助你的视频在小红书上获得更好的表现。希望这些建议能对你有所帮助！

与"尤其实用。该笔记内容相对严肃，部分用户会感觉到有压力，可以通过调整个人表现和调整剪辑节奏来优化。

需要注意的是，AI绝非完全正确，它会犯错。它提出的建议，可能实用，但也可能对解决问题没有太大帮助，甚至是与你的要求背道而驰。因此，AI给出的答案，依然要经过人脑的过滤。

我做AI算法工程师时，同事之间经常会说一句玩笑话：所谓人工智能，就是脱离了人工就不存在的智能。[1]

---

[1] 从专业角度讲，AI模型由海量的数据训练得到，训练数据的质量直接决定了AI模型输出结果的质量。如果训练数据存在偏差、噪声或错误，即使算法再优秀，也会产生不可靠的结果。每一个令人惊艳的AI模型背后，都有大量人工对数据进行筛选、清洗、标注，否则就会出现"garbage in, garbage out（垃圾进，垃圾出）"的情况。

练习

选择一篇你用心制作,但数据并不好的小红书笔记,利用本节提供的方法进行复盘。仔细阅读AI给你的改进意见,并判断对自己是否有帮助。

小红书中的AI类账号：涨粉迅猛，变现模式多元

小红书上出现了很多以AI内容为主的博主。

有些博主会利用AI生成的图片来讲述故事，某个以宠物为主题的AI账号已经有了与宠物用品的品牌合作。

有些博主会利用AI进行艺术设计，制作有美感、有创意的视频，其中有的博主与食品、汽车等品牌等都有过合作。

有博主会售卖用AI设计的壁纸、手机壳、帆布包、挂画等产品。

还有些博主会分享AI用法、不同AI工具的对比，售卖AI相关的知识付费课程，等等。

除了做AI博主，更多博主选择分享自己与AI互动的故事，以及AI使用经验等，也创作出非常多的小红书热门笔记。

AI会替代创作者吗？

AI时代来临，有人高呼：自媒体已死！

真的是这样吗？

不得不承认，在诸如新闻解读、书单分享、图书评论、电影解说及很多领域的经验分享、避坑指南等方面，AI已经可以独立创作出不错的内容。各大搜索引擎都已经接入AI，帮助解答用户搜索的各种问题。

这种工具人风格的内容，你完全可以作为一个指导者，指导AI完成。

但是，在这些内容中，"你"是隐身的。

也就是说，AI的文字，永远不会出现你的故事、经历和情感体验。

它可以写出一篇通过手术治疗阿尔茨海默病取得突破的新闻，但它写不出，这篇内容让你想到了去世多年的姥姥。她离开这个世界前，已经连你妈妈都不认得了，却逢人便说，外孙女上了大学，又读了研究生。它写不出，你看到这则新闻时沉默了很久，你想，如果这个手术早点出现就好了。

它可以写出一篇很详细的图书介绍。即便是对《那不勒斯四部曲》这样的大部头小说，它也能在1分钟之内写出一篇非常生动的书评。但它写不出，小说中有一段话支撑你走了很久。它写不出，你总在某个夏夜想起莱农、莉拉和尼诺躺在伊斯基亚岛海边的沙滩上，你甚至能感受到海风吹拂到你脸上。它写不出，莱农和莉拉这两个在真实世界中永远不存在的女性，却一直在你身旁。

它可以告诉你如何寻找合适的人生伴侣，如何筛选掉不合适的人，为恋爱和婚姻提供更安全的解决方案。但它无法阻止有人会打破你的一切标准出现。AI给你提供一条正确的路，没错，你父母也是这么做的，可你会沿着这条正确的路一直走下去吗？人和机器不一样，人就是明明知道对错，有时却无法执行对的一面。有的人就是会对错误的人心动，人就是会犯错，人就是会为错误摔得头破血流、皮开肉绽，等教训长入血肉，方可罢休。

预制菜盛行的时代，有锅气的馆子反而一座难求。

在AI能批量产出内容的时代，有活人感的内容，只会越发稀缺。

这样真实的、有"人感"的内容，不仅能拉近用户和博主的距离，功利点讲，品牌方也是不吝啬预算的。

更何况，判断力和执行力才是做自媒体的底层能力。就算AI给了你一个100分的方案，判断方案是否可行，如何落地，以及具体执行，都得靠你自己。

AI只是提供了更多知识。但判断力和执行力弱的人，不会因为知识量的增加而变强。

创作是一条很诚实的路，你在这上面投入的所有时间，最终都会反映在你的数据上。AI不是创作者的敌人，而是创作者最得力的助手。和AI配合好，才能把更多的精力，投入更重要的事情上。

你的生命和情感体验，是AI永远无法替代的东西。

小红书都有哪些变现方式？
如何做一个能赚钱的小红书？

第三部分

小红书变现

第十章

如何做一个
能赚钱的小红书?

小红书的变现模式主要分为以下几种：

品牌合作、笔记带货、店铺卖货、小清单、直播。除店铺外，其他变现方式都要求粉丝数达到1000以上，并开通小红书"蒲公英"。[1]

开通"蒲公英"的方法很简单：点击个人主页左上角的三道杠，点击创作者中心，找到全部服务，点击博主合作，按照提示往下走，完成实名认证，设置报价和联系方式即可。[2]

品牌合作

品牌合作是小红书最主流的变现方式之一。

品牌合作主要的形式，是品牌挑选与自己产品风格、卖点契合的博主，通过付费的方式，邀请博主发布笔记，宣传该品牌产品。比如，我曾经和很多护肤品、电子产品、家居和汽车等类型的品牌合作过。

但是，很多人会说："我看你也没接过什么广告啊？"

这是因为，小红书上的品牌大多会采用"自然植入"的模式进行合作。

---

[1] 这里指本书出版时的规则，未来这些规则可能发生变化。
[2] 小红书的排版和版面名称会随更新而变化，但总的来说，"蒲公英"的开通方法非常简单，如果以上名称发生了变化，大家可以直接去小红书搜索"如何开通蒲公英"，几分钟即可搞定。本章介绍的其他流程性操作同理。

比如笔记《AI+自媒体=王炸！用AI做小红书真的太牛了》，分享的是我用AI工具做小红书的方法，就是品牌合作笔记。当然，虽然是合作，但这个方法和AI工具确实是我生活中频繁使用的。因为分享的方法非常实用，这篇笔记发布当晚就成为爆款。

一篇品牌合作笔记

品牌合作的两种形式

品牌合作一般有两种形式。

一种是报备合作，需要博主的粉丝数达到1000，开通"蒲公英"后，品牌[①]会在"蒲公英"中挑选合适的博主发出邀约。博主接受邀约后，双方会在微信中进一步了解报价、返点等合作细节。如果确定合作，品牌就会通过小红书"蒲公英"平台下单，博主则负责产出符合品牌要求的笔记，并按照约定时间发布笔记。

另一种是非报备合作。这类合作不经过"蒲公英"下单，品牌和博主在微信中沟通，确定合作后直接发布。

如何获取更多的品牌合作机会？很多新人喜欢去"蒲公英"招募大厅报名广告合作，但这个方式接单成功率并不高。大多数合作机会，还是通过品牌媒介在"蒲公英"后台向博主发送合作邀约、主动联系博主挂在主页的联系方式等达成的。

有些个人博主，为了提高接单成功率，会与MCN（多频道网络）公司合作。通常MCN公司有更多广告资源，可能会在某种程度上提升博主接单成功的概率[②]。当然，对通过MCN公司接到的品牌合作，博主

[①] 实际上，大多数品牌都不会直接和博主联系，而是通过第三方媒介，让他们找到适合自己品牌的博主。为了降低大家的理解成本，这里统一用品牌代替。
[②] 接单成功率和博主的风格、账号内容、粉丝量也有非常紧密的关系。

还要让MCN公司参与分成，分成比例在20%—50%不等，甚至会更高。

品牌合作如何报价？

报备合作和非报备合作应该怎么报价呢？

一般来说，个人IP类账号，报备视频笔记的报价是粉丝量的10%左右，报备图文笔记的报价通常比报备视频笔记的略低。倘若博主有过一些独特的经历，比如参加过某知名节目，有一定的社会影响力，在其他平台上有一定体量的粉丝并且同意免费分发，虽然账号粉丝不多，但是笔记数据却非常好，或者内容制作精良，等等，则报价会更高。非报备视频笔记的报价是粉丝量的6%—7%。

举个例子，如果一个拥有10万粉丝的个人IP类博主小A，报备视频笔记报价在10000元左右，那么非报备视频笔记报价在6000—7000元。

但报价并不等于博主的收入。

首先，在合作中，品牌和个人博主均需要向平台额外支付10%的服务费。比如，小A的视频报价是10000元，品牌下单时需要向小红书平台支付11000元，其中1000元为服务费。小A在提现时，小红书也会扣除10%作为平台服务费。对签约MCN机构的博主，这个比例会略低，在6%—9%之间。

其次，博主还要返一定比例的金额给到媒介方，也就是给博主提供合作机会的第三方媒介。返点一般在报备价格的20%—35%之间，具体需要看媒介公司与品牌的要求。

对小A来说，如果返点要求为20%，那么创作一篇报备视频笔记，小A能得到10000元×（100%-10%-20%）=7000元的合作收入。

到这里，你肯定会想：如果品牌想和一个拥有10万粉丝的博主小A合作一条视频笔记，那么报备要花11000元，而非报备只需要花6000—7000元，凭什么选报备呢？

首先，小红书严格打击"暗广"笔记。不经过"蒲公英"平台报备的品牌合作笔记，影响了平台和用户的利益，很容易被小红书判定为"暗广"，发布后很容易收到违规提示。笔记一旦违规，就会被强制限流，无法自然曝光，用户也无法主动搜索到这条笔记，博主个人也会承担一定的风险，比如违规次数多了，"蒲公英"等级就会降低，影响报备合作接单。当然，小红书也不是完全禁止非报备合作，但要求博主在视频和文案处申明利益相关，即要明确告知，这篇笔记是在某某品牌的赞助下拍摄的。

此外，品牌报备笔记还有更多玩法。比如，博主产出笔记后，品牌可以对该笔记进行付费投流，让其被更多人看到。现在，小红书也开始逐步支持品牌投放后查看该内容带来的产品转化率，对品牌进一步优化投放方式有非常重要的指导作用。

品牌合作的利与弊

品牌合作的优势在于，只要博主持续优化内容，增大粉丝体量，合作报价就会越来越高，相当于博主给自己"涨工资"。一般情况下，一个拥有30万粉丝的博主，按月均2—3条品牌合作来算，每个月也能有4万元以上的收入。

不过，品牌合作本质上还是一种"被人选择"的过程。

接单情况会受到博主的内容风格、数据，以及经济环境的影响。因此，很多博主会努力在内容中留出"广告位"，以提高被品牌选中的概率。倘若哪段时间博主的数据不好，品牌想找该博主的意愿也会降低。这个也很好理解，倘若你是品牌方，你也不会想花上万元投一个数据惨淡的博主吧！

但是作为内容创作者，又有谁能保证自己篇篇爆款呢？这也导致几乎每个博主都有不同程度的数据焦虑。相信我，如果下次你和一个博主朋友约晚饭，最好问清楚当晚对方是否有笔记要发布，倘若不幸真的遇上了，那你们的谈话就会被对方每分钟61次查看手机的频率打断。倘若那篇笔记数据还不好……不说了，我朋友劝我删掉这句话。

现在，品牌合作早已不是博主在小红书平台上的唯一变现模式。而且，在经济形势不稳定的时候，部分品牌在小红书上的投放预算也会缩减，而投放预算一旦缩减，意味着有些博主的合作单量会降低，导致博主收入下跌①。这也让很多博主不得不学习新的变现模式。

但对正在入行小红书的人来说，这是很好的机遇。新变现模式的出现，比如笔记带货、直播带货、小清单、店铺卖货等，让博主可以以买手或店铺主理人②的身份变现，新人也有了弯道超车的可能。

毕竟时势造英雄。

笔记带货

下面是我曾经偶然发布的一篇带货笔记。

带货笔记

---

① 但总的来说，不管经济好坏，大多数品牌依然有广告投放需求，以此来将产品宣传出去。因此，经济环境对博主的影响也因情况而异，比如某些品牌可能会砍掉高报价博主，某些品牌可能会更看重笔记数据，某些品牌可能会选择投放更多的中小型博主，某些品牌可能因为产品更符合当下经济、社会的趋势而增加预算和投放，等等。
② 买手，一般指筛选商品，并通过笔记、直播带货或开通小清单的博主，博主承担了选品和销售的角色。店铺主理人则是有自己的店铺，既可以通过笔记和直播销售，也可以通过店铺直接出售店铺内的商品。

在上面这篇笔记中,我分享了自己用便笺做读书笔记的方法。发布前1小时,我突然意识到,一定会有很多人问我要便笺链接。于是,我在小红书商城中找到了这款便笺,挂在了视频中。

现在这篇笔记的互动数已经超过6000。而这款便笺,也在1个多月中,销量由原本的个位数,到突破1300份,销售额过万元,我也得到2000多元的佣金。其间,我没有和任何品牌方联系,沟通成本为0。

很多人会担心挂车(购物车)笔记没有流量。其实,并非挂车笔记没有流量,而是生硬地介绍卖点,用户不喜欢看,自然没有流量——你接到任何推销电话也是第一时间挂掉,对吧?想要卖出产品,不仅要突出产品的优点,更要从用户的痛点/利益点出发,分享这个产品能给用户带来的好处。直到今天,还有很多陌生人跑过来告诉我这个方法真的太牛了,读书一下就能抓住重点了。

倘若某个产品能帮用户实打实地解决问题或者带来利益,小红书的用户是不吝下单的。

笔记带货如何操作?
第一步:进入买手合作页面

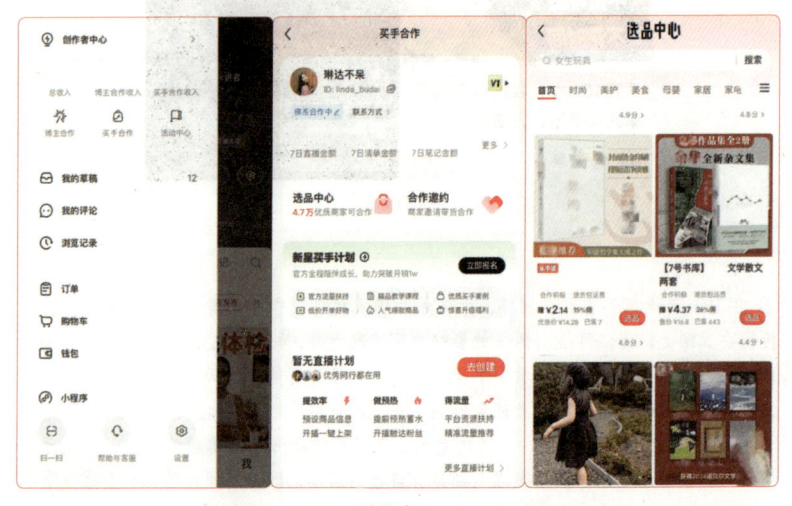

选品中心

进入个人主页，点击左上方的三道杠，点击创作者中心并选择买手合作（也可以直接点击买手合作），然后点击选品中心，这时能看到有很多产品可供选择。

第二步：选品

以某长袖T恤为例。该产品的佣金为20%，也就是成功带货一件，能赚到标价的20%。点击商品右下方的选品按钮，能看到"以89购买样品"字样。对买手来说，可以以更优惠的价格拿到样品[1]。

但是，必须格外注意"样品退还和履约规则"。倘若没有履约，比如未能按时发布笔记或直播，或者是产品拿到手之后由于某些原因，不愿继续合作，则需要向商家发起合作终止申请，否则将影响买手等级。

不同的产品的退还和履约规则可能不同，在购买样品前需要仔细阅读。

第三步：履约

收到选品后，倘若认为选品过关，就可以根据上一步的"履约规则"开始创作。

如果你的履约方式是发布带货笔记，那么在笔记发布前，你需要点击下方的"添加商品/门店推广"，点击"商品合作"，关联该商品后，再进行发布[2]。

如果你的履约方式是直播带

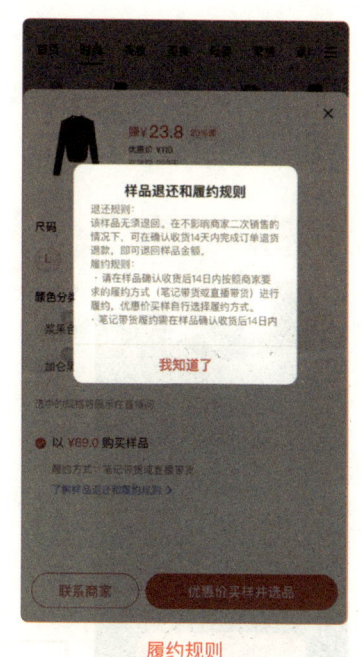

履约规则

---

[1] 某些品牌可能会给博主更低的拿样价格，以及更高的带货佣金。具体需要博主与品牌方主动沟通，由博主的内容质量、粉丝量等因素决定。
[2] 注意下页的图只做示范使用，并非实际的履约笔记。

笔记履约

货，那么在直播开始前，你需要点击右侧"添加商品"按钮，关联带货商品，之后开始直播。

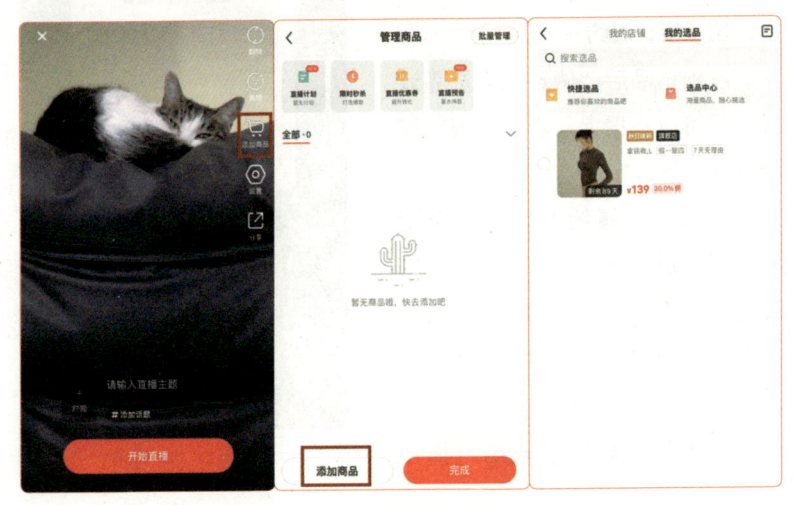

直播履约

在这个过程中，还有一点需要注意。

不要盲目去带高佣金的商品。因为小红书商城还在发展中，品类还在逐渐丰富,有些商品的价格会比其他平台高很多。佣金高不一定等于利润高。我曾经见过一个博主挂了一套书,这套书比其他平台的价格整整高出了30%以上。他并非有意为之,而是因为平台中只有一个商家在卖这套书。小红书的用户都很聪明,倘若价格合理,为了节省时间成本,愿意直接下单。但倘若这个商品明显高于平均价格,那用户肯定会三思而后行,甚至对博主本人的信任度打一个折扣。宁愿少赚钱,也不要被贪欲蒙蔽了双眼,竭泽而渔。

直播

除了笔记带货,小红书还可以通过直播带货。

最初,小红书孵化出董洁、章小蕙等极具小红书风格的明星主播。当年,董洁在小红书进行了两场直播带货,单场直播GMV(商品交易总额)超3000万元,累计涨粉超50万人,成为小红书第一位出圈的明星主播。同年10月,章小蕙单场直播GMV破亿,小红书电商也拥有了首位破亿买手。

接着,越来越多的明星开始在小红书直播。比如,李诞直播时,并不会花大部分时间介绍产品卖点,而是会阅读网友的来信,或打趣,或分享独特又幽默的见解,并在聊天中出其不意地引入产品。

曾有一个姐妹来信,讲述她在亲密关系中控制欲过强,因此非常苦恼。李诞回复道,并非她控制欲强,而是因为思维进入了死胡同,过度将书中的理论套到自己身上,过于"清醒"了。这时,他顺势引入某品牌的酒,劝慰对方不必如此"清醒",也要更换一些阅读趣味。

现在,越来越多的个人博主和商家陆续入场小红书直播,小红书直播用户数和直播间购买订单数都出现了大幅度增长。

当然,直播并非一定要卖货。

如今,越来越多的个人创作者开始通过直播和网友聊天,分享职场经验、成长方法、英语学习经验等内容。在这些非商业化的分享式直播中，博主能即时回答观众提出的问题，与观众互动。优质的分享式直播，不仅能增强粉丝黏性，也能给博主带来粉丝量的增长。

这些小红书的热门直播间，都有鲜明的小红书特色。

不喧嚣，不夸张，和用户做朋友，分享有价值的内容，而不是"3，2，1，上链接"。

如何在小红书开播？

开启一场直播非常简单。

点击小红书内的红色加号，选择"直播"，即可开播。

不过，为了吸引更多用户观看直播，提高直播间热度，很多博主会在开播前一周左右进行直播预告。制作直播预告也很简单，点击个人主页左上角三道杠，然后依次点击主播中心和直播预告。

直播预告填写完毕后，你可以点击"关联笔记"，即可将直播预告关联到过去已发布的笔记上，这样用户在刷到这些笔记时，就能看到直播预告，方便用户预约直播。直播结束后，笔记关联的直播预告会自动消失。

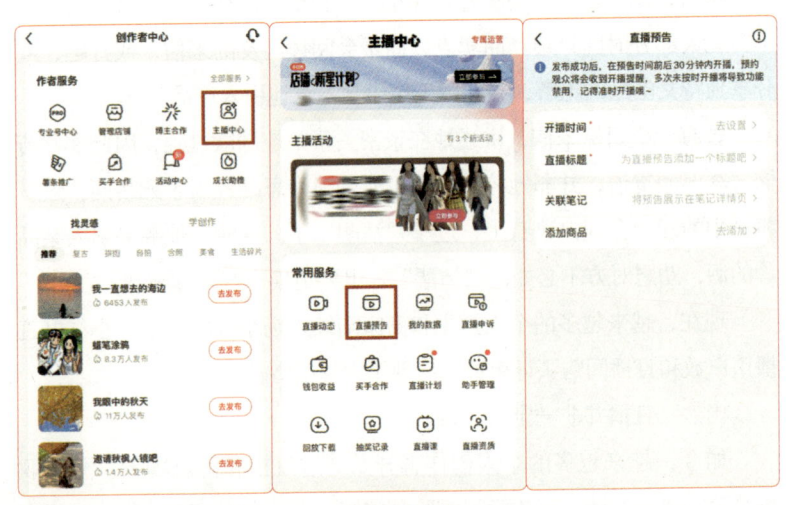

发布直播预告

小清单

小清单能直接展示在你的个人主页上[①]，只要别人通过你的小清单下单，你就可以获得佣金。

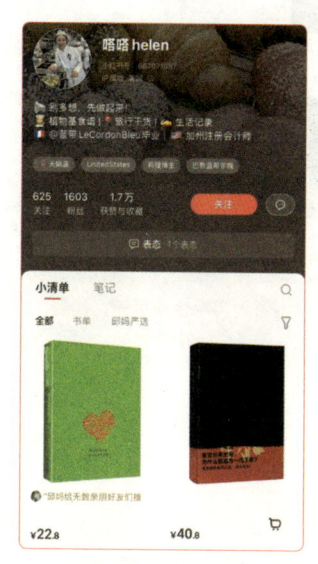

博主主页的小清单

小清单的开通和选品也很简单。按照类似笔记带货的方法，进入买手合作页面，点击"小清单"，就能将选品批量加入小清单，展示在主页小清单页面上。

需要注意的是，虽然小清单不需要像笔记带货一样履约，发布带货笔记或直播，但是，想要卖出更多产品，依然要和内容相互配合。比如，你写了一篇和"如何写手账"相关的笔记，就可以在笔记发布前，将你用到的手账好物加入小清单中，并在评论区问及相关产品时，在评论区发送商品链接，以此来提升小清单的购买转化率。

[①] 当用户点进一个小红书主页，默认看到的界面是笔记页面，需要向右滑动才能看到小清单的具体产品。

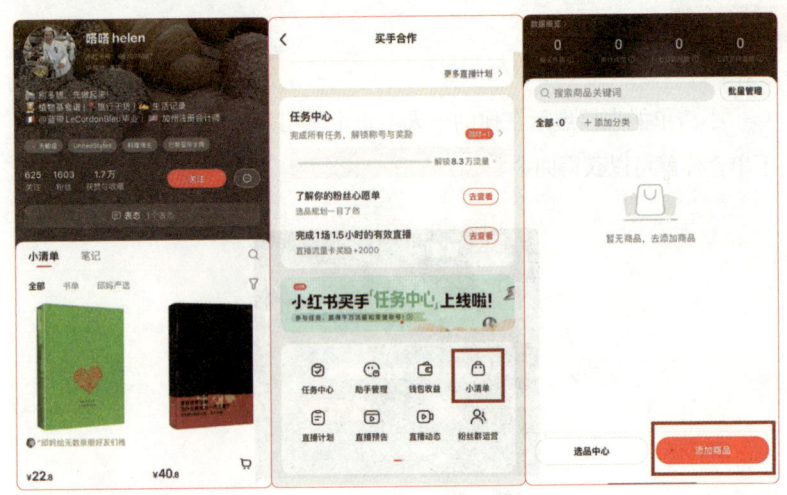

博主主页的小清单　　进入买手合作页面，找到小清单　　点击"添加商品"即可

开通店铺

以上变现方式都要求博主粉丝量超过1000，并且开通"蒲公英"。如果你没有1000个粉丝，能不能卖东西呢？

当然可以。

小红书0粉丝就可以开店。如果你有自己的产品，或能接触到供应链，也可以通过开店铺的方式来卖货。

如何开通小红书店铺？

小红书的开店方式非常简单，进入创作者中心，选择开通店铺，跟着流程一路操作即可。

很多人到"请选择主体类型"这一步会非常犹豫。小红书店铺分为个人店、个体工商户、企业/公司三种主体类型。主体类型一旦选择，入驻后无法修改。那到底应该怎么选择适合自己的店铺类型呢？可以从以下方向去考虑。

开通小红书店铺

店铺类型	考虑因素
个人店	经营类目受限，比如无法经营3C数码（部分）、家用电器、家具建材、珠宝玉石、母婴用品（部分）、保健品等。无须营业执照，通过身份证认证即可开店。不能进行广告投放。
个体店	经营类目比个人店更多元，但无法经营保健食品、保健用品等。需要提供个体工商户营业执照。不能进行广告投放。
企业店	全类目可售。可以达人带货，可以投流推广，变现模式多元。如果有线下店铺，可以关联线下店位置。平台对引流的限制更少。需提供企业/公司营业执照、品牌资质等。开通成功后，企业店会在主页昵称处展示蓝V标识。

选择适合自己的店铺类型的考虑因素

对已经有一定规模，或者有投流需求的商家、品牌，可以开通企业店，其他根据实际情况选择个人店或者个体店即可。

对不同主体类型的店铺，分别有哪些可售卖类目、禁售类目，以及具体的规则和权益等，小红书在"选择主体类型"这一步都附带了详细的文件，开通时一定要仔细阅读。

小红书店铺如何变现?

开通店铺后,可以点击个人主页的"管理店铺",或者前往小红书千帆[①]进行商品上下架等一系列店铺管理。

上架商品后,你可以发布和商品有关的笔记,并挂上商品链接。步骤和前面提到的"笔记带货"类似。同样,店家也可以通过直播卖货。对部分企业店铺,除了自己发笔记、直播带货,还可以通过付费或分佣的方式,邀请博主带货,进一步提升产品销售量。

此外,小红书店铺和小清单是冲突的,只能选择其中之一展示在个人主页上。

其实,开设店铺并非商业类账号的专属,越来越多的个人IP类博主也开设了自己的店铺,根据自己的特长和喜好,售卖自己的产品。比如,我就开设了店铺,销售我自己的小红书课程和一对一咨询。但是个人IP类账号毕竟不是商业类账号,因此切忌过硬地介绍和展示产品,而是要将产品自然地融入有个人特色和思考的笔记内容中。

与品牌合作相比,其他变现方式对粉丝量的要求更低。所以,即便你是新人博主,也很可能获得非常不错的收入。

当然,这4种变现模式,同样存在着挑战。

选品至关重要。只有选到质量好、用户需求大的产品,才能让大家欣然买单,并多次复购。而且,在不同的季节、节日,用户需求也会发生变化,这就需要博主不断提高"买商",能敏锐地洞察用户需求。买手们也可以通过第三方平台了解小红书的近期爆品。

同时,任何销量高的笔记,都不是随随便便做出来的,都包含了对用户痛点/利益点的精准洞察,对卖点的视觉化、口语化呈现,简洁明了的文案,等等,其底层逻辑依然是一篇高质量笔记,也同样遵循着本书中的内容制作逻辑。

[①] 小红书店铺后台管理系统,有手机版和网页版。

违规了怎么办？别怕！凡困难皆有解法

不仅是品牌合作笔记、带货笔记，在小红书平台上任何笔记都可能违规。

对商业类笔记①来说，如果博主夸大甚至虚假宣传，或者商家在小红书后台上传的商品资质不齐全，就很容易违规。

比如，在某款产品的功效宣传中，用了"最好""最快"这类极端字眼，或者靠修图实现美白、去黑眼圈、脸部毛孔隐形等效果，甚至虚构出产品本来就没有的功效，比如某护肤品保湿效果不错，但不具备抗老功能，笔记却无中生有，为它"创造"了一个抗老功能……这些都是商业类笔记特别容易踩的雷区②。小红书毕竟是一个公众内容平台，任何广告宣传都要遵守《广告法》，不得虚假、夸大宣传误导消费者，这应该是博主和品牌的默认共识。

还有一部分产品，像医药医疗器械类，比如隐形眼镜、脱毛仪、血糖仪等，以及理财、保险类产品，都需要品牌提前上传资质，博主也要在内容中加入某些信息进行告知③。否则，也可能收到违规通知。

笔记一旦收到违规通知，将被强制停止推荐。原本数据还在涨的笔记，曝光量会断崖式下跌。

不要慌。

仔细阅读站内信通知，根据违规提示修改内容，点击"帮助与客服"，进行笔记申诉。倘若违规内容已删除，笔记将在一定时间内申诉通过，恢复推荐。

但很多人还遇到过另一种情况：我这篇笔记这么积极、阳光、正能量，为什么还是收到了违规通知呢？

不要慌。

---

① 品牌合作笔记和带货笔记统称为商业类笔记。
② 具体细则可以登录小红书"蒲公英"平台网页版（https://pgy.xiaohongshu.com），点击帮助中心查看具体细节和案例。
③ 在品牌合作中，品牌一般会告知博主如何在笔记中加入产品，无须博主自行了解。

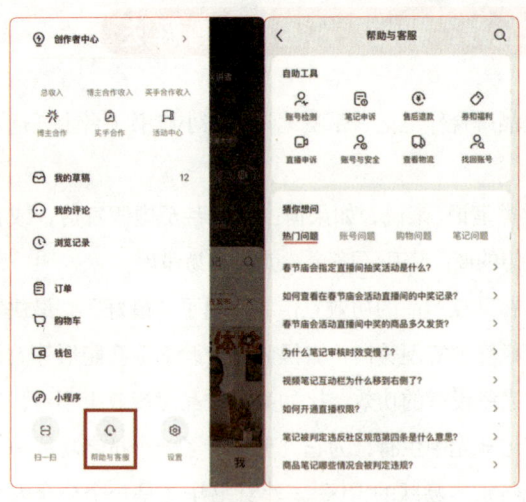

笔记申诉流程

  小红书的审核分为机器审核和人工审核两种，无论是哪种都可能出错。如果你确定这篇笔记没有任何违规，就可以进行申诉。申诉成功后，笔记会继续被算法推荐，不用担心影响数据。我的学员@糖小小开挂了的某篇职场笔记发布后被误判违规，她申诉成功后，笔记被重新推荐，获得了9.3万个赞。

  不过，在小红书上，有些内容很容易与社区价值观相悖，出现违规且申诉失败。比如部分和医疗（比如承诺疗效、药方分享等）相关的话题等。这也很容易理解，即便这个药方治好了你或者是你的宝贝、家人、朋友等，但每个人体质不同，倘若真出现病症，最好的方法还是去医院。所以，在这类话题上，小红书采取严格的措施也是为每个用户负责的表现。

  还有一些违规情况，比如笔记中暗含自己的联系方式，或者是大肆联系其他用户，以宣传自己的产品或服务；盗用别人的原创图片、视频、文案等；在站内发表和社区价值观相悖的内容；与别人对骂，攻击他人，甚至发表一些反动言论；等等。倘若这些情况屡次发生，轻则被禁言，重则被封号。

  因此，在日常创作中，一定要遵守社区规范。

跟不上，就出局！
自媒体，唯一不变的就是变化。
创作者应该怎么办？

第四部分

小红书新趋势

小红书改变了我的生活。

4年前，我绝不会想到，下班后的一闪念，竟将循规蹈矩20多年的我带上了一条完全不同的路。此前，我和很多正在看此书的你们一样，也认为自己喜欢稳定的生活。我从前对生活的期待，是工作，是攒钱，是在上海买一套房。然后结婚，生个孩子。

而小红书，让我突然意识到：

这些，并不是我想要的。

这4年，我见到很多原本以为稳固的事情慢慢瓦解。企业大幅裁员，稳定的工作瓦解。结婚率下降，离婚率上升，稳定的婚姻瓦解。上海五大新城中的四个放开限购，落户政策越来越宽松，生育率连年下降……稳定的保障体系，也渐渐瓦解了。

变化才是世界的真相。一切都在变。

世界是，小红书也是。

第十一章

自媒体，唯一不变的就是变化

很多人可能不太理解，但我特别喜欢说一句话：

"起号太快可能会毁了你。"

我有一个博主朋友，她和我差不多同年开始做小红书，和我苦哈哈的状态不同的是，她做出爆款和涨粉异常轻松。用她的话说：

"没花什么心思，发一篇爆一篇。"

不到1年，她小红书的粉丝数涨到了30万。

过了1年，我们再见时，她有些焦虑地和我说：

"大家的口味变化好快。我之前的内容系列已经做不出爆款了。这段时间，我一直在摸索新的风格，但还没有找到。数据低迷很久了。"

社会环境在变，用户的喜好在变，所以内容一定也要变。

我做小红书这4年

这4年，是变化的4年。

4年前，我每周末都要去图书馆或咖啡店学习，在小红书上的分享也以学习、自律类的内容为主。这些内容并不精美，甚至封面、文案排版都稍显杂乱，但出乎意料地受到了很多用户的喜欢。

正巧，那时的用户喜欢这种自律向的内容。

但不到1年，这种风格的笔记就过时了。

但是，一切并没有消失。相似的内容，开始披上不同的外衣出现。

自律开始披着赚钱的外衣出现。这也不难理解：倘若我们多问自己几个问题，就会发现，自律给我们带来的最大的吸引力之一，就是它可能为未来创造更好的生活。计划开始披着学习的外衣出现。"主题月学习法""主题周学习法"都曾一度在站内爆火……

同样发生变化的，还有日常类vlog[①]。

最开始，很多小红书用户喜欢这样的vlog：

[①] 如本书前文所述，vlog有多种类型，记录日常只是其类型之一。

早上从精致的卧室中醒来，磨咖啡，运动，然后是煎蛋做贝果，吃早餐……

在普通人稍显粗糙的生活中，这样精致、有美感的画面激发了很多用户对美好生活的向往。这种精致的vlog一度在小红书爆火，甚至直到现在，很多人还以为vlog等于精致日常。

但很快，用户的喜好又变了。

精致的vlog迅速过时。人们开始对精致祛魅了。

这也许是因为，被这类视频吸引的受众，在他们想记录自己的日常时，发现这些博主看起来自然轻松的画面，自己花了几个小时还是难以复刻；也许是因为，这类视频中出现的越来越多的广告，让用户开始厌倦、疲惫；也许是因为，人们逐渐发现，精致的生活只存在于视频中，而不可能存在于自己真实的日常里……

网友1： 我个人不喜欢看那种非常精致，摆拍痕迹太明显的视频，就是那种为了拍视频而去做某件事，为了视频去生活这类的视频。

👍 5799

网友2： 不想再看到流水线化的vlog了，比如早上起床、拉窗帘、跳操、喝咖啡，还有各种"××上学的一天""××上班的一天"。真的很假好吗！

👍 1.2万

网友3： 工作后很反感那些引发焦虑的vlog，比如"××月入十万"这种，下班后我真的就想放松一下！

👍 8999

越来越多的人希望看到更有真情实感的内容，而非过度的表演。

同样，一切并没有消失。在小红书内，有一类截然相反的日常vlog开始出现。

它们的场景并不精致，甚至有些粗糙，文案也更幽默、接地气。它们不像精致生活类vlog，有种虚空离地之感，而是将你我在真实生活中都体验过的喜怒哀乐浓缩起来，源于真实，却不流于平淡。偶尔还能说我之所想，做我所不敢做，和用户极度共情，让人颇有找到"互联网嘴替"的爽感，用户的压力也得以宣泄。

这样，也就不难理解，为什么这类vlog往往都能获得非常高的点赞量了。

所以，自媒体人要有一个共同的认知：

没有任何一个"流量密码"会一直奏效，我们必须不断求变。一旦你接受了这个变化，并适应了它，你将穿越周期，任风向如何转换，也不会被打倒。

解读小红书新趋势：创作者应该怎么办？

作为一个小红书创作者，在埋头创作的同时，更要抬头看天，把握好方向，才能持续创作出高质量的爆款。

那么近些年，小红书有什么新趋势呢？[1]

不再追求表面的精致

倘若你留意，就会发现，小红书上场景精致、服化道精致的内容，数据惨淡的比比皆是。而那些"看似"用手机随手拍摄的视频，却能获得十几万人甚至几十万人点赞。

很多年前，在自媒体刚刚进入我们生活的时候，精致的画面和场景作为新鲜的信息出现，确实能够抓人眼球。但多年过去，大众已经对精致却空洞的内容感到厌倦。

---

[1] 这里的新趋势，并非指具体的选题，而是从近些年的站内热门事件、各种爆款内容的演变中，总结出来的大方向。

现在，越来越多的创作者不再拘泥于形式，而是将注意力回归内容本身，视频风格也更生活化。这样的博主，在AI时代，反而更有人味，让用户更想亲近。

对人生重新思考，不再按照别人口中的标准答案而活

"人生是旷野不是轨道。"这句话，曾经在小红书风靡一时。

但这仅仅是一个开始。

自那之后，越来越多自我觉醒的内容出现在小红书上，引起无数人共鸣。

一边是企业降本增效，大规模裁员，被迫离开职场的年轻人开始意识到没有稳定的工作；另一边，留在工作岗位上的人，也并非高枕无忧，他们在更严酷的工作环境中，被迫思考工作给人带来的意义究竟是什么。与此同时，成长环境更自由的"00后"逐渐进入社会，也将他们这一代人身上的自由感带到职场中。

即便网络上依然存在批判性声音，但更多人开始放过自己，允许自己停下，允许自己休息，允许自己犯错，允许自己晚婚……

他们意识到：人生只有一次，意义是自己赋予的，不必按照别人口中的标准答案而活。

他们用实际行动告诉社会：

谁说中国人的一生都在追求"上岸"？

即便慢一点，我也要去探索，我究竟想过什么样的人生。

这届年轻人，不愿意吃职场大饼了

越来越多人意识到，职场是复杂的，人与人之间会存在利益冲突与博弈。不是做好工作就能升职加薪，也不是收入高就会感到幸福——倘若个人时间被过度挤压，人也会有严重的被工具化的感受。更何况，没有稳定的工作。昨天还坐在办公室，今天可能就会被裁员。当裁员越来越普遍，很多人开始思考：

工作带给我的究竟是什么？

于是有了这样的爆款笔记：

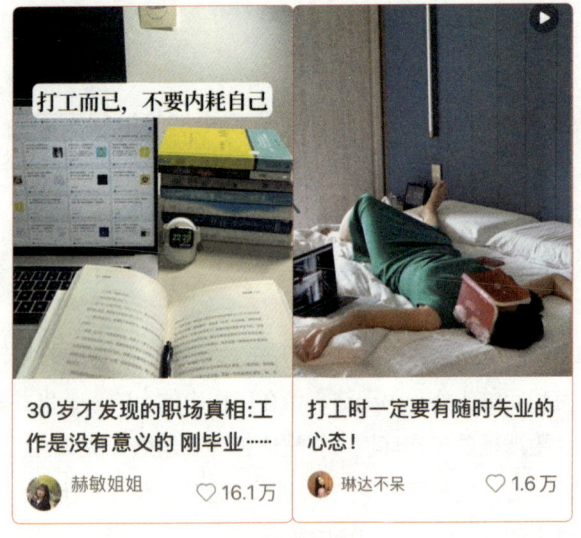

工作思考主题笔记

越来越多人意识到，工作并不等于把工作完成。工作中，要涉及多方合作甚至扯皮，万一遇到性格不合的领导或同事，整个工作过程将变得极其痛苦。特别是对刚进入职场的新人来说，人微言轻，没有其他收入，几乎没有反抗的能力，只能隐藏起情绪，默默忍受。于是有了很多以"不要在工作中索取情绪价值""如何与合不来的领导/同事相处"等为主题的爆款笔记。

越来越多人意识到，工作之所以能牵动自己的神经，是因为这是自己唯一的收入来源。对家里没"矿"的普通人来说，想要打工不内耗，唯一的方法，就是丰富自己的收入渠道。于是，越来越多人开始探索副业。

这些笔记背后的核心都非常相似：对大多数普通人来说，职场只是用劳动换取收入的平台，并非人生意义的投射。如果生活中只有工作这一件事，那么财务和精神都将陷入极其被动的境地。要学会把生活的意义和工作剥离开来，才能在职场中少些内耗，在生活中多些幸福感。

赚钱

其实，赚钱类话题一直是各个内容平台的热点话题。受经济环境的影响，近些年热度持续走高。

不少博主在站内分享自己的赚钱方法、做副业的方法，很多都能拿到不错的数据。但这类话题切忌"自嗨"，不要将内容变成一场浮夸的表演，甚至是炫富。你可以在封面标题上展示自己的成果，吸引用户点击，但内容一定要给出干货。否则，不仅数据难以保证，过于"水"的内容，甚至是虚假的内容，还会让博主在用户心中的形象一落千丈。

女性意识觉醒

随着社会的发展，越来越多的女性开始关注自身权利、成长困境等话题。

比如，很多女性开始讨论，被凝视时的别扭感、对所谓主流审美的思考、性教育、生育女性的职场困境，以及此前很少出现在大众视野中的生育损伤，等等。女性应该是什么样子的？这在小红书上是一个没有答案的问题，因为女性可以是任何样子的。在这里，30岁、40岁未婚都不是难以启齿的事。这里的女性来自各种行业，过着五花八门的生活，有人高薪也有人知足常乐。

女性意识的觉醒不是男女对立，在这个趋势下，女性对男性也有了更多元的视角——一个男性也不一定要遵循社会规训而活，他可以不成功，他可以是温柔的，他可以是以家庭为重的。

当然，某些涉及性别的讨论必须把握尺度，不要过分激烈和对抗，否则很容易被判违规。

传统文化持续出圈

中国传统文化开始以新的面目在小红书平台上火热登场。

博主@江寻千的打铁花视频在小红书获得102万人点赞，全网爆火；李子柒回归，在有的平台一夜之间涨粉几百万。越来越多的博主也开始走近非遗文化，加入传播者中。

除了非遗，还有持续出圈的中国传统文化。比如，八段锦——更适合中国人的"帕梅拉（健身操）"，道教是怎么反内耗的，《道德经》的智慧，解读《孙子兵法》，学习《黄帝内经》，练习太极，等等。

传统文化类笔记在小红书的爆火，不仅源于文化自信，更是因为传统文化蕴含的哲理和智慧，在这个信息鱼龙混杂的年代，更显珍贵和稀缺。

养生

很多人都会有一个疑问：都说养生赛道很火，真的吗？

写到这里，我看了看我的桌子。

现在我脖颈上贴着三伏贴[①]，手边放着一杯茶，茶是我用不久前买的某老牌企业生产的红豆薏米茶包煮的，据说可以祛湿。刚刚我还吃了一颗黑芝麻丸——写书真的太容易掉头发了！我还会每天吃一片叶黄素片，以保护每天被过度使用的视网膜。除了这些，冰箱里还有我储藏的豆浆和燕麦片，燕麦片是无任何添加的燕麦压制而成的，吃起来口感寡淡，但膳食纤维可以促进我的肠胃蠕动，对久坐的人来说，这一点尤其重要。我的食品柜里还放着黄芪片，是我贴三伏贴的时候医生看了舌苔给我开的，据说可以补气固表。虽然我不太懂，但医生说的总没错，更何况"补气固表"这四个字听起来就很响亮。我也不知道怎么回事，总会丢三落四的我，这黄芪片竟然一次也没忘记吃。

有些惊讶。我并非一个会主动关注养生资讯的人。可以说，这些行为，都或多或少地受到了环境的影响，其中一个重要来源就是小红书。

养生并非中老年人的"专利"。

每年三伏天一到，晒背[②]都会重新在小红书流行起来。

还有各种养生茶，比如痛经茶、祛湿茶、舒肝茶、气血茶等。甚至

[①] 三伏贴是中医一种常用的外治方法。在三伏天时，将中草药做成膏药贴在人体穴位处，达到调理效果。

[②] 中医认为，在三伏天晒背，能利用自然的阳热之气，温通经络，驱散寒湿，保养身体。

只是一个简简单单的煮苹果水,都能在小红书上拿到高赞数据。这种小成本的养生方式,甭管效果如何,总能给人带来些心理安慰。

以上仅仅是养生类内容的冰山一角。进入职场后,在繁忙的工作节奏下,每个人或多或少都会有一些身体上的小毛病,从而主动或者被动地注意养生。但同时也需要注意,养生类内容有一定的敏感性,内容上不应夸大疗效,否则很容易违规。毕竟,每个人的身体情况不同,如果身体真的不舒服,还是去医院最靠谱。

AI

2022年,ChatGPT问世。这是一款互动式AI工具。ChatGPT背后的模型,由海量数据训练而成,突破了传统搜索引擎的限制,可以完全个性化地对用户的问题提出解决方案。一经发布,立马引起全球轰动。截至目前,ChatGPT不仅能够和人类对话,还具备了识别场景和人物情绪的能力,可以通过视频的方式,与人面对面交流。

很多人感叹,10多年前的科幻电影《她》中的场景,竟然变成了现实。

3年后,也就是2025年,DeepSeek轰动出世,上线1个月下载量破亿。

这些年,如何使用AI成了全网爆火的话题。

目前在小红书上,与AI相关的话题主要有AI工具教程、不同AI工具的对比,以及更实用的内容,比如分享AI是如何与各行各业结合,提高效率和创造力的。

比如,我就曾发布过如何用AI学英语、如何用AI做小红书等主题的内容。因为内容实用有新意,数据都不错。很多职场人还会将AI和工作内容结合,比如用AI写代码、写周报、做PPT等。

AI已经是当下的热点,也必然是未来持续的热点之一。作为一个曾经的AI算法工程师,我非常建议大家,不要仅仅为了做自媒体而学习AI,更要在生活中实际使用AI,感受它给你的生活带来的便捷和灵感。

AI时代已来。

与AI相关的笔记

重新找回与他人和世界的连接

如今,越来越多的人意识到,没人能成为一座孤岛。人们开始重新找回与他人、与世界的连接。比如,露营、户外兴起,搭子文化等,就是一种信号。小红书也顺应趋势,举办了如慢人音乐节、马路生活节等诸多线下活动,让小红书用户走出线上,拥抱真实的生活。

当然,人与人的连接并不止线下,很多用户会通过"听劝改造""听劝旅行"的方式,在小红书上寻求其他人的意见。包括热度居高不下的MBTI,也是年轻人寻求身份认同的重要方式之一。同时,城市散步、抱树疗愈也先后成为热点,靠散步重新感受生活了几年甚至十几年的城市,与一棵树建立感情。

看到具体的人,回到具体的生活。

重新建立与自己的连接

2015年,我第一次读《观呼吸》,接触到冥想。

我按照书中的方法,闭上眼睛,把注意力集中到呼吸上。

听起来一切都很简单。但是,我很快发现:

我很难将注意力集中到呼吸上。

我脑海中不断冒出各种各样的想法。它们就像一颗颗五颜六色、横冲直撞的弹力球，在我大脑里面来回弹跳。我的注意力总会被这些球吸引，从一颗球跳到另一颗球，我无法将注意力集中到呼吸上。

这时，我第一次具体地觉察到，原来我每天会产生这么多想法，它们会唤起我的快乐、恐惧、好奇、抵触等情绪，并做出一系列自动反应；原来我一直被情绪噪声控制着，而不是被真正的自我掌控着。

这是我第一次和自己的连接。

近些年，冥想开始成为小红书的热点话题之一。一起出现的，还有吸引力法则、显化等。在当今浮躁焦虑的环境下，这些尝试，让我们有机会拨开大脑中的噪声，辨别出自己的真实想法，并从旧的思维模式、行为模式中走出来，发现全新的自我。

有些人把这类内容称为疗愈。我不太喜欢这个名字，更喜欢叫它"重新建立与自己的连接"。

近些年，这类话题热度持续走高。但需要注意的是，它们同样存在一定的违规风险。分享时，不要夸大。同时，这个行业也有很多鱼目混珠的人，一定要擦亮眼，防止上当受骗。

不管是做个人IP类账号，还是商业类账号，都可以结合这些新趋势去优化内容、产品。当然，这些趋势并非全部。平日，也要多关注用户的留言和反馈。主动获取多元信息，多观察，多上网，多和具体的人交流，也能帮你迅速发现新趋势，御风而行。

7块夺命暗礁：永远别去这些地方！

查理·芒格说过一句很有名的话：

要是知道我会死在哪里就好啦，我将永远不去那个地方。

第一次读到这句话时，我还没有踏出大学校门。我读不懂，甚至觉得这句话被过誉了。

在社会摸爬滚打几年后,我才发现,这句话蕴含着很深的智慧。

做小红书也是如此。你可以靠各种各样的方法做好一个账号,但做不起来的人却是有共性的,他们往往都触碰了以下"死亡暗礁"。

暗礁1:急于求成

发了一篇笔记就想爆。无法接受自己耗若干小时打磨的笔记数据惨淡。写出一篇爆款就急于变现。一篇笔记爆了,没有涨粉,又要纠结很长时间。如果发了30篇还没有水花,就觉得自己被平台针对了,甚至觉得自己曲高和寡……有些人则是陷入相反的境地:日更。这是另一种形式的急于求成。

如果单纯花时间有意义,那么做得最好的应该是不需要休息的机器。

毛泽东在《实践论》中提到:

战争的领导者,如果他们是一些没有战争经验的人,对于一个具体的战争(例如我们过去十年的土地革命战争)的深刻的指导规律,在开始阶段是不了解的。他们在开始阶段只是身历了许多作战的经验,而且败仗是打得很多的。然而由于这些经验(胜仗,特别是败仗的经验),使他们能够理解贯串整个战争的内部的东西,即那个具体战争的规律性,懂得了战略和战术,因而能够有把握地去指导战争。此时,如果改换一个无经验的人去指导,又会要在吃了一些败仗之后(有了经验之后)才能理会战争的正确的规律。

这段话陪我度过了数个低谷期。

吃败仗,才能把握战争的规律。吃败仗,才能掌握创作的规律。

暗礁2:怕被熟人看到

很多人做小红书最大的障碍,不是写内容,而是担心"被熟人看到怎么办"。

小红书上有非常多笔记,教大家如何屏蔽熟人。这些方法,根本不能百分之百保证你不会被认识的人刷到。

可很少有人讨论：我们为什么担心被熟人刷到？被熟人看到真的有那么可怕吗？

事实上，在别人的世界中，你我都是微不足道的NPC（游戏中的非玩家角色），是他们茶余饭后的几分钟谈资——也许连几分钟都谈不上。如果是这样，被他们看到又如何呢？每个人最关注的永远是自己，是自己的生活。

不如大大方方地做，被刷到后坦坦荡荡地承认。担惊受怕，揣度别人对自己的想法，只能影响自己的创造力，让你畏首畏尾，这样是做不出好内容的。

暗礁3：居高临下

妈妈经常把她喜欢的内容转发到家庭群中。我总是不看。有一次我偶然点开，发现这些笔记的点赞量都很高，甚至上万。我一篇篇看过去，发现这些曾经被我判定为"不吸引人"的内容，竟也包含不少智慧。也许它们的呈现形式并不符合我这类青年人的口味，但无疑能让长辈感觉更真实亲近。

我意识到：人是多种多样的，内容也是。不吸引你的内容，不代表不能吸引其他人。

好的观察者，在工作时的自我比较小。自我比较小才会愿意去看、去听。哪怕看到的和听到的跟自己的经验不太一样。[1]

自我太强滋生傲慢，傲慢带来偏见，偏见会阻碍你前进。当你刷到一篇笔记时，不要居高临下地评判它，而要心平气和地观察它。你可以不认同它的内容，但要接受差异的存在，并思考差异背后代表了什么。只有这样，才能总结出规律，并让规律为你所用。

做个批评家很简单，做个观察者却很难。

但即便如此，还是要做个观察者，而非批评家。

---

[1] 这段话并非我的原创，而是我偶然读到的一段话，可惜并没有找到准确的出处。

暗礁4：希望一劳永逸

在做博主的路上，你也许会遇到一些"流量密码"，恭喜你，你也许会靠着它做出一些爆款，吸引一些粉丝。但渐渐地，你会发现，用户似乎不那么喜欢它了，再过一段时间，它完全失效了。

不要留恋，果断放下它。

博主不是一劳永逸的工作，博主是必须不断扩充新知、新体验的工作。听起来很累，事实上确实如此。你当然可以停下来休息（很多时候，休息可以让你做出更好的内容），但只要你还在工作，就不要幻想能靠一招制胜，不要停止学习。

与此同时，不要过度计较付出，不要期望用小成本（往往指时间和精力成本）博取大收益。有位博主找我咨询，她靠"随手拍"做到了近9万粉丝，但总粉丝量已经一两年没涨过了。我和她沟通后发现，几年前过于顺利的经历，让她不愿意再花很多时间打磨内容，总想靠"随手拍"再次做出爆款。可过往的经验已经用尽，想要再次做出好内容，必须经过更精细的准备。

读到这里的你，可以回顾一下第三章提到的"不可能三角"。

暗礁5：被数据低谷期过度影响心态

生活就是一条大河，我们身在其中，会经历一个个波峰波谷。

在数据低谷期，心态受到影响也很正常。但如果任由自己陷进去，很可能早早放弃，倒在黎明到来前的夜色中了。

人人都喜欢波峰，但人在波峰的时候，却是懒得思考的。

陷入低谷期反而是一个很好的信号。它迫使你去反思，你的内容有什么需要调整的地方？突破它，你才会更进一步。当你凭借自己突破一个个低谷后，你的自信心会越来越强。

如果你被卡住很久，那一定要想一想，你是不是需要充电了？好的内容是冰山一角，而知识储备，是隐藏在水面下的巨大冰山。去阅读，去旅行，去和形形色色的人交流，去把目光从小红书和各种网络平台中移开，在生活中找到新的支点。

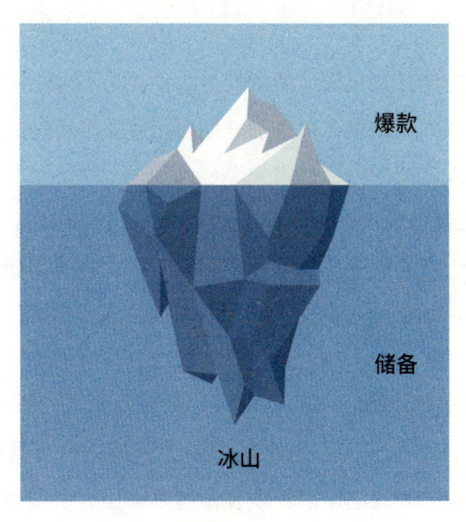

好的内容是冰山一角

当你有了新的体验、新的生活、新的思考，你将带着新的内容凯旋。

暗礁6：嫉妒

当你打开小红书首页，就能看到谁的笔记获得了几万人甚至几十万人点赞；当你点开某个博主的主页，就能看到他最近的粉丝增长了多少。

尤其是当你自己身处低谷期，各种数据停滞不前时，这一切将更刺眼。

你会无比沮丧、懊恼，甚至嫉妒。很正常。这些负面情绪，大多数人都感受过。

但即便如此，我还是想给你一个掏心窝子的建议：

不要只停留在看到嫉妒、接受嫉妒上，而是要追求超越嫉妒。

也许嫉妒在短时间内能激发你的动力，甚至让你小有成就，但是长时间看，这种负面情绪会吞噬你。你会将这种负面情绪投射到正在做的这件事上，你会开始讨厌做这件事。即便你成功了，你也会变得很痛苦。

任何将动力建立在负面情绪上的努力,都是不可能持久的。

不是胜了敌人你就赢了,关键是你自己变强了还是变弱了。

不要将他人之得视为自己之失。

马斯克曾经说过:"如果你有'零和博弈'的心态,那么你会认为取得成功的唯一方法就是从别人手中获取,因为你觉得蛋糕是固定的,如果你想成功,就必须拿走别人的蛋糕。因为这个思维,有些很聪明的人会做傻事。"

竞争意识损害竞争力。

做一件事,不是为了和谁比较,是为了把这件事做好。心中的地图,应该是自我的完成进度表:现在进行到哪里,哪里做得不好,哪里做得漂亮,如何把事情做得更漂亮……而不是别人的成绩单。

更何况,世界是一张巨大的开放式考卷。那些比你厉害的人,就是考了高分的人,是你的老师。从他们的答卷中,你可以学习到很多东西,高兴还来不及。想要走得长远,必须摒弃单打独斗模式,要和他人建立起友好的合作关系。

更何况,蛋糕的大小不是一成不变的。

"蛋糕的大小会迅速增长。比如和过去相比,我们有了更多的产品和服务。我们应该警惕自己是否有意无意地内化了'零和博弈'的心态,这是错误的,要关注如何将蛋糕做大。"这是马斯克的另一段话。

通过本书的方法,你从自己身上挖掘内容,就是在做你自己的蛋糕。这块蛋糕能做多大,有多少人成为你的顾客,和其他人有多成功都没关系,只取决于你自己。

因为,你的蛋糕口味和他们的不一样。

没人会拒绝一块新口味的蛋糕。

暗礁7:盲目追求流量

不必多言,这块"礁石"处,沉了太多艘曾经名声响当当的"船"。

守住底线。

敬畏内容。

敬畏每一位用户。

这7块暗礁，就是查理·芒格说的"会让人死去的地方"。每块暗礁下，都沉没着无数艘船。其实偶然触礁并不可怕，每个博主都碰到过它们。但如果反复触礁，再坚固的船也会沉没。

如果可以，永远别去这些地方。

结尾：真正的力量始终在你手里

项飚在《把自己作为方法》中说：

"知识分子能做的有限的事就是社会动员。动员，也就是说力量还是在别人那里，你不过是让他意识到自己的力量。"

我谈不上知识分子，只是一个在小红书平台靠自己拿到过一些成果的人。而我写作本书的目的，也不仅仅是想把行之有效的方法教授给你们，更重要的是，我希望每个人都能意识到：

做小红书并非难事。你本身就拥有力量，只是这力量被枯燥的应试教育消磨，后来又在日复一日的格子间里蒙尘。时间一长，你都完全忘了你还拥有它。

不要被过去的经历和想法束缚。不要活在过去的框架里。

你的力量，它足以让你习得做小红书需要的任何技能，即便未来趋势再次变化，你也能举一反三，自信驾驭。

能量是你，创意是你，无边的生命力，更是你。

在小红书之外，希望这本书也能给你启发，给你力量与鼓励。

请一定相信：真正的力量始终在你手里。